古代歷史文化研究輯刊

二四編

王明蓀 主編

第 20 冊

河北佛教文化遺存及其旅遊資源的開發利用（上）

崔紅芬、文志勇 著

國家圖書館出版品預行編目資料

河北佛教文化遺存及其旅遊資源的開發利用（上）／崔紅芬、
文志勇 著 -- 初版 -- 新北市：花木蘭文化事業有限公司，
2020〔民109〕
目 4+222 面；19×26 公分
（古代歷史文化研究輯刊 二四編；第 20 冊）
ISBN 978-986-518-270-0（精裝）
1. 佛教史 2. 文化遺址 3. 旅遊業管理 4. 河北省
618　　　　　　　　　　　　　　　　　109011146

ISBN-978-986-518-270-0

古代歷史文化研究輯刊
二四編　第二十冊　　　　　　　ISBN：978-986-518-270-0

河北佛教文化遺存及其旅遊資源的開發利用（上）

作　　　者　崔紅芬、文志勇
主　　　編　王明蓀
總 編 輯　杜潔祥
副總編輯　楊嘉樂
編　　　輯　許郁翎、張雅淋　美術編輯　陳逸婷
出　　　版　花木蘭文化事業有限公司
發 行 人　高小娟
聯絡地址　235 新北市中和區中安街七二號十三樓
　　　　　　電話：02-2923-1455／傳真：02-2923-1452
網　　　址　http://www.huamulan.tw 信箱 hml810518@gmail.com
印　　　刷　普羅文化出版廣告事業
初　　　版　2020 年 9 月
全書字數　261654 字
定　　　價　二四編 21 冊（精裝）台幣 62,000 元

河北佛教文化遺存及其旅遊資源的開發利用(上)

崔紅芬、文志勇　著

作者簡介

　　崔紅芬，河北省河間人，蘭州大學敦煌學研究所博士畢業，首都師範大學歷史學院博士後出站。現為河北師範大學歷史文化學院教授，博士生導師，2012 年入選教育部新世紀優秀人才。主持完成國家社科基金項目 4 項，2018 年主持在研國家社科基金「冷門絕學」項目 1 項，2019 年作為首席專家主持國家社科基金重大招標項目 1 項。主要從事歷史文獻、西夏佛教和中國佛教史研究，發表專業論文 100 餘篇，出版論著 4、譯著 4 部。

　　文志勇，甘肅蘭州市人，蘭州大學外語系俄語本科專業，陝西師範大學西北民族研究院博士畢業，主要從事歷史文獻學及民族學等研究。現為河北師範大學圖書館副研究館員，先後發表論文、譯文近 30 篇，與他人合作翻譯出版譯著《孔子和壇記》、《西夏語文學》（合譯）和《西夏物質文化》（合譯）；參與完成國家社科基金 4 項，2019 年主持在研國家社科基金 1 項，2019 年主持國家社科基金重大招標子課題 1 項。

提　　要

　　歷史上的河北既是農耕文化與游牧文化、漢族文化與少數民族文化的交匯處，也是絲路佛教文化與儒道文化、京畿文化等多元文化發展中心，多文化融合發展給後世留下了彌足珍貴的文化遺產。本研究主要梳理佛教在河北發展及其文化遺存，兩晉南北朝時期的鄴城和襄國作為佛教文化中心，有佛圖澄、道安佛教僧團的輝煌，也有二祖慧可、三祖僧璨早期禪宗文化的發展。現存的響堂山石窟、佛教藝術、石刻經、臨漳佛教造像、曲陽石刻經、張家口下花園石窟等見證了絲綢之路文化和藝術的傳播與融合發展。隋唐統一，鎮州、趙州、定州、大名、幽州等地佛教繼續發展，義玄在鎮州創立臨濟宗、從諗在趙州弘揚趙州禪。機鋒棒喝的臨濟禪法、清幽委婉的尺八音樂和源遠流長的茶禪文化對後世佛教文化、乃至東亞佛教文化產生了很大影響。宋遼金是歷史分裂時期，出現北宋、遼和金等佛教發展中心，以宋真定府遺存宋代佛教建築最為著名。元明清時期，河北作為京畿重地，漢藏佛教文化融合繁榮，前朝寺院建築、塑像繪畫等得到重新修葺和妝鑾。正定、承德和張家口等地遺存豐富的佛教建築、藝術和碑刻等。河北佛教文化遺存豐富而多樣，各地地形地貌、自然風景獨具特色，並具有環渤海、京津的區位和交通等優勢，各類旅遊資源本可相互補充完善和共同開發利用。然而河北在保護、開發和利用佛教文化資源方面明顯滯後，成為京津冀三地一體化和協調發展的短板，分析河北佛教文化旅遊中存在的問題，提出一些合理化的建議，希望能為河北經濟建設服務。

本成果得到河北省教育廳人文社會科學
重大攻關項目（ZD201620）的資助

目

次

緒　論

第一節　我國佛教文化遺存概說

佛教作為三大世界性宗教之一，公元前五世紀左右產生於印度，在印度大約有一千八百年的發展歷史，經歷了原始佛教、部派佛教，大乘佛教和密乘佛教時期。印度也保存了與釋迦牟尼的生平、出家、修習和弘法相關的佛教遺跡和佛教石窟藝術群，如佛陀誕生地迦毗羅衛，成道地菩提伽耶，初轉法輪地鹿野苑、涅槃地拘尸那迦、巴拉巴爾石窟、卡爾利石窟、阿旃陀石窟、那爛陀、雞足山、祇樹園處等。十二、三世紀印度佛教逐漸衰落，佛教卻在中國生根、發芽和碩果累累。印度佛教與中國傳統儒道文化、不同民族文化和地域文化相互融合發展而形成具有中國特色的佛教，並外傳其他國家和地區，對世界佛教文化的發展產生了很大影響。

佛教在中國的發展經歷了不同歷史時期，也經歷逐漸中國化的發展進程。周叔迦先生將中國佛教的發展分為佛教齋懺祭祀時期（漢代佛教、三國佛教）、般若思想時期（西晉佛教、東晉佛教）、三學並弘時期（十六國佛教、宋齊佛教）、眾師異說時期（梁陳佛教、北魏佛教、北齊北周佛教、隋朝佛教）、八宗鼎盛時期（初唐佛教、盛唐佛教、中唐佛教、晚唐佛教、五代十國佛教）、流派蔓延時期（北宋佛教、南宋佛教、遼金夏佛教）、零落衰微時期（元代佛教、明代佛教、清代佛教）。〔註1〕每一歷史時期都是佛教與東土文化融合階段，出現了不同階段的發展特色，至隋唐時期佛教八大宗派形成，佛教經典

〔註1〕參見周叔迦：《周叔迦佛學論著集》（上冊），北京：中華書局，1991年。

被翻譯成漢文，大量中土撰述、疑偽經出現流傳，佛教實現中國化，也進一步世俗化和民間化。

佛教作為一種外來文化，能在中國生根發芽以及發展壯大，能在傳統文化中佔有重要地位，至今仍然起著不可忽視的作用是一個複雜的問題。季羨林先生曾講道：「對佛教在中國歷史上和文化史、哲學史上所起的作用，更要細緻、具體、實事求是地加以分析，以期能作出比較正確的論斷。這一件工作，不管多麼艱巨，是遲早非做不行的，而且早比遲要好，否則我們就無法寫什麼中國哲學史、中國思想史、中國文化史，再細分起來，更無法寫中國繪畫史、中國語言史、中國音韻學史、中國建築史、中國音樂史、中國舞蹈史，等等。」〔註2〕

趙樸初對佛教中國化也有論述：「佛教文化是中國傳統文化的一部分……現在有一種偏見，一提中國傳統文化似乎只是儒家文化一家，完全抹殺了佛教文化在中國傳統文化中的地位，抹殺了佛教徒對中國文化的貢獻。這是不公平的，也是不符合歷史實際的。其實魏晉南北以來的中國傳統文化已不再是純粹的儒家文化，而是儒佛道三家匯合而成的文化形態了。自從東漢初年佛教傳入，經歷近兩千年的歲月，它已滲透到中國社會的各個領域，並產生了廣泛的影響。」〔註3〕實際上，兩漢之際，隨著僧人外來交往和佛經傳入，佛本生故事、佛傳故事、佛教建築藝術以及佛教塑像、繪畫藝術等也傳入中國，並與中國傳統建築、文化、藝術和思想等相互吸收融合，出現了具有印度風格、印度與漢文化融合、印度與藏文化融合以及漢藏文化相互融合的佛教文化等。不同文化相互吸收融攝的局面在魏晉南北朝時期更進一步完善，這一時期，外族入主中原而廣泛接受中原文化和外來的佛教文化，極大促進了各民族文化、不同地域文化的相互借鑒融合發展。儒釋道文化相互吸收融合成為中國傳統文化的形態。湯一介曾說：「中國文化曾受惠於印度佛教，印度佛教又在中國得到發揚光大。」〔註4〕經過兩千餘年的發展，佛教已經融入到中國社會生活、文化、經濟發展、建築藝術、語言詞彙等各個方面，在各地遺存了各具特色的佛教石窟、佛教藝術、佛教建築、碑刻、經幢和佛教思想、佛經文獻和相關風俗習慣等。

〔註2〕季羨林著：《季羨林論佛教》，北京：華藝出版社，2006年，第6頁。
〔註3〕趙樸初：《佛教與中國文化》，北京：中華書局，1988年，第3頁。
〔註4〕湯一介：《佛教與中國文化》，北京：宗教文化出版社，1999年，第2頁。

　　兩千多年來，絲綢之路上不同時期、不同區域、不同地點發現的考古遺跡、文獻文物或圖像等見證了不同文明、文化、宗教的相互碰撞、對話和交流，揭示了沿途各民族交融互動的歷史。存留的佛教文化遺產豐富，如新疆的達瑪溝小佛寺遺址、丹丹烏里克遺址，龜茲故城佛教遺跡、克孜爾千佛洞等；甘肅遺存石窟群，即敦煌莫高窟、西千佛洞，安西榆林窟、東千佛洞、水峽口石窟，肅北一個廟石窟、五個廟石窟、玉門昌馬石窟、永靖炳靈寺石窟、張掖馬蹄寺和文殊寺石窟，武威天梯山，天水麥積山石窟，慶陽北石窟寺；寧夏固原須彌山石窟、中寧石空寺石窟；西藏拉薩藥王山查拉普魯石窟、阿里東嘎皮夾遺址；陝西的彬縣大佛寺石窟、榆林懸空寺、延安石泓寺（川子河石窟）和萬佛寺石窟，及西夏羅兀城遺址石窟等；河南洛陽龍門石窟、鞏義石窟、安陽北齊石窟（小南海石窟）和靈泉寺石窟等；河北邯鄲南北響堂山石窟、中皇山摩崖石窟、水峪寺石窟、承德避暑山莊及周圍寺廟等；山西大同雲岡石窟、天龍山石窟等；重慶大足石窟、安岳石窟；雲南劍川石窟；浙江飛來峰；山東青州石窟等。其中以敦煌莫高窟、河南洛陽龍門石窟、山西雲岡石窟、大足石窟最為著名，保存自南北朝至唐宋時期大量的造像、繪畫、壁畫等，他們先後入選世界文化遺產名錄。

　　寺院既是佛教文化的載體和傳媒，充分反映不同文化融合在寺院建築形制與布局的變化；寺院也具有社會屬性，不同時代背景與政治、經濟、建築風格、人文風俗等密切相關。「寺」本是漢朝一種官署的名稱，隨著佛教從傳入，外國僧人來到中原王朝後，安排他們住在鴻臚寺，從此以後，「寺」與佛教僧人有了密切關係，寺院也成為佛教活動的場所。《後漢書》記載：「大起浮屠寺，上累金盤，下為重樓，又堂閣周回，可容三千許人，作黃金塗像，衣以錦綵。每浴佛，輒多設飲飯，布席於路，其有就食及觀者且萬餘人。」[註5]「上累金盤」指印度窣堵坡塔，且有金屬作的塔剎，「下為重樓」表示漢朝的多層木樓。漢代有的佛寺規模很大，能容納三千多人，有黃金妝奩的佛像。寺院有石窟寺、山林寺院、庭院式寺院等多種類型。

　　寺院與佛塔密切相關。塔起源於印度，漢譯意思是「窣堵婆」、「塔婆」等。佛教產生之前，他是印度的一種古代建築，耆那教等都有塔的信仰。塔最初樣式是一個覆盆狀的半圓形墳墓，在上方以傘和杆加以裝飾，一般用磚

〔註 5〕（宋）范曄撰：《後漢書》卷 73《陶謙傳》，北京：中華書局標點本，1973 年，第 2368 頁。

或石頭修成，下面為基壇，頂部設平臺，周邊有石質欄楯，欄楯上刻有不同的裝飾花紋和圖案。最初的「塔」不等同佛塔，但佛教在印度創立之後，佛塔的起源建立與佛教信仰有著密切關係。

佛教紀念塔主要紀念佛陀，其內涵教義可分為意、身、語三種，意之塔，代表最基本的精神實質以及佛陀所有的空寂明淨；身之塔，代表佛陀、菩提薩埵等化身；語之塔，則代表著一切有文字的東西，即佛陀的訓教或經文。從形式上可分為八種即疊蓮塔、菩提塔、和平塔、殊勝塔、涅槃塔、神變塔、神降塔、吉祥多門塔。相傳在阿育王時期已興建了八大處寶塔和金剛座。

到九至十一世紀時期在東印度、衛藏和阿里等地八大佛塔的內容佔有很大比例。這些作品作為佛教圖像的傳播媒介隨著金剛乘佛教傳入中土而逐漸盛行開來。八塔即八尊如來塔，依佛教經典記載，佛祖釋迦牟尼涅槃後，他的遺體火化，弟子們將其舍利分成八份，分別建塔供養，出現了八種類型的佛塔，即如來塔、菩提塔、智慧塔（法輪塔或吉祥多門塔）、破敗外道塔（大神變塔）、神降塔（三十三天神塔）、分合塔（光明塔或真慈塔）、殊勝塔（尊勝塔）、涅槃塔。這八種塔類型不一，造型各異，代表了佛祖釋迦牟尼一生從誕生到涅槃的八大成就，藏傳佛教信仰者常以建造八靈塔來紀念佛陀一生為拯救萬物有靈而建樹的無量功德，充分體現了「塔即是佛，佛即是塔，修塔如修佛，禮塔如禮佛，佛塔一體」的佛教信仰觀。

佛塔傳入中國，與中國傳統建築、理念和習俗等相結合，又與藏地傳統建築風格相互吸收結合，佛塔的形制也不斷演變發展，形成了多種文化元素相融合的佛塔類型，佛塔與寺院其他建築相互呼應，構成一個完整的整體。塔的形制和用途也有不同，在形制上有仿宋樓閣式、仿唐密簷式（有空心和實心之分）、藏傳風格的覆缽式和複合式（由樓閣式和覆缽式組合而成）等。在用途上有紀念塔、舍利塔、貯藏佛經塔、瞭望塔和驅災辟邪的風水寶塔等。如西安大慈恩寺內的大雁塔是唐永徽三年（652）修建，是現存較早的唐代四方樓閣式磚塔，為了保存玄奘從印度取回的佛經、佛像而修建。

不論寺院、石窟寺、佛塔形制本身即是佛教建築遺存，寺院內所存各朝碑刻、陀羅尼經幢，石窟寺內遺存造像、繪畫等也是豐富的文化遺存，充分體現了佛教建築的中國化特色和繪畫、造像之文化雜糅特點。

我國各地遺存豐富的佛教寺院、石窟寺、佛塔，以及與之相應的音樂、

禮儀、節慶和信仰等。這是珍貴的傳統文化結晶，具有極高的歷史、藝術、科學和研究價值，也具有潛在的文化價值、經濟價值等。

　　絲綢之路上諸多名勝古蹟等被列為世界文化遺產、世界文化與自然遺產、世界自然遺產，其人文價值受到世界的重視和認可，他們是人類共同繼承的文化及自然遺產，融神秘、自然、典雅於一體，是藝術、宗教、科學、自然的巧妙結合，具有較高的保護價值、研究水平和成果。這些世界文化遺存已經成就了敦煌學、大足學、宗教藝術和石窟學的研究。淵源流傳的佛教文化在中國歷史上留下了燦爛輝煌的佛教寺院、佛塔、石窟寺、佛教造像碑、經幢等，是中國文化的自豪和驕傲，也是中國人民給世界文化發展的貢獻。

　　由陸路和海路傳入的佛教（大乘漢傳佛教、藏傳佛教、小乘佛教）在中國都得到一定程度的發展。佛教文化早已成為中國傳統文化的一部分，對中國政治、經濟、文化、藝術、建築、思想、語言文字、音韻學、音樂、舞蹈、民間習俗等方面都產生非常大的影響，既在各地遺存燦爛而輝煌的佛教石窟、佛教寺院、佛塔建築、佛教藝術和文獻資料等，也有遺存造像、塑像、繪畫、壁畫和大量佛教文獻等。各地遺存的優秀佛教文化遺產是人類文明演進過程中形成的獨特而珍貴資源。我國各地遺存的佛教文化遺存已成為學術研究和發展當地文化旅遊的珍貴資源。

第二節　佛教文化遺產與本研究範圍界定

一、佛教文化遺產的概念

　　各地遺存的與佛教相關的文物、文獻和遺跡等都屬於佛教文化遺存的範疇，佛教文化有有形和無形之分。佛教文化遺存包括「佛教」、「文化」、「遺產」三個方面的主要內容。

　　「文化」在中國古代著述和西方論述中雖都有闡釋，但這也是一個很難界定清楚和精準的概念，受到民族、階級、歷史、地域、風土人情、傳統習俗、生活方式、思維方式和性別等因素影響，文化是非常寬泛而又最具有人文意味的概念。文化是人類在社會歷史發展過程中所創造的物質財富和精神財富的總和，涉及到哲學、日常生活、藝術、音樂、文學、語言學、音韻學、建築、醫藥、節日、民族習俗、服飾、宗教、制度、心理等諸多方面。

「佛教文化」是與佛教發展相關的思想體系、文學創作、詞彙語言、音韻學、藝術、建築、天文、曆法、音樂、醫藥、民族關係、典章制度、習俗等，包括物質的和非物質的，即佛教建築、藝術、繪畫、佛教服飾、佛教思想、哲學、典章制度、佛教文學等，以及在佛教影響下的政治、經濟、文化制度、倫理道德、佛教教育、民風民俗、佛家飲食、茶禪文化、喪葬文化、佛教園林文化、佛教節日文化等。

「遺產」原指父母留下的財產。隨著社會的發展，「遺產」的內涵不斷擴展和提升，發展成為「祖先留給全人類的共同的文化財富」，其外延也由一般的物質財富發展成為看得見的「有形文化遺產」、看不見的「無形文化遺產」和天造地設的「自然遺產」。〔註6〕

1972 年聯合國教科文組織頒布的《保護世界文化及自然遺產公約》將世界遺產分為文化遺產和自然遺產，世界遺產是人類共同繼承的文化及自然遺產，是人類發展過程中遺存下來的不可再生的具有極高歷史、藝術和科學價值的人造文化工程或者是人與自然聯合工程、考古遺址等。《保護世界文化及自然遺產公約》對「文化遺產」進行界定，包括以下幾個方面的內容，即從歷史、藝術或科學角度看具有突出的普遍價值的建築物、碑雕和碑畫、具有考古性質成份或結構、銘文、窟洞以及聯合體；從歷史、藝術或科學角度看在建築式樣、分布均勻或與環境景色結合方面具有突出的普遍價值的單立或連接的建築群；從歷史、審美、人種學或人類學角度看具有突出的普遍價值的人類工程或自然與人聯合工程以及考古地址等地方。佛教文化遺產是我們的先輩留給後世最為寶貴的文化資源，不僅要具有極高的人文價值和較好的環境質量，而且還要有較高的保護價值、具備研究水平與研究成果，將遺產文化價值、遺產保護、遺產管理、合理利用和學術研究有機結合在一起。

「文化遺產」即是我國法律中的「文物」，1930 年國民政府設立「中央古物保管委員會」，並頒布了《文物保存法令》以管理和保護國家古物。新中國成立後，又先後頒布一些法令，如《禁止珍貴文物圖書出口暫行辦法》《古文化遺址及古墓之調查發掘暫行辦法》等，積極保護文物，防止文物外流，將一些遺跡列入全國文物保護單位的範疇。1982 年我國頒布了《文物保護法》，

〔註6〕顧軍、苑利著：《文化遺產報告》，北京：社會科學文獻出版社，2005 年，第 1 頁。

2005 年國務院頒布的「關於加強文化遺產保護的通知」，規定文化遺產包括物質文化遺產和非物質文化遺產。

我國的法律法規對於文化遺產的表述雖有所差異，或指物質文化遺產和非物質文化遺產，或稱有形文化遺產和無形文化遺產，但實際所指應該基本相同。

物質文化遺產即有形文化遺產，包括不可移動和可移動的文物，其中不可移動的指具有歷史、藝術和科學價值古遺址、石窟群、古墓群、建築群、壁畫、石刻經、石刻畫以及在建築式樣、分布均勻或與環境景色結合方面具有突出普遍價值的歷史文化名城（街區、村鎮）等；可移動的文物包括歷史上各時代的重要實物、藝術品、文獻、手稿、圖書資料等。

非物質文化遺產即無形的文化遺產，指各民族人民世代相承的，與群眾生活密切相關、世代相承的各種傳統文化的表現形式和文化空間，有口頭傳統、傳統表演藝術，民俗活動和禮儀與節慶、有關自然界和宇宙的民間傳統知識和實踐、傳統手工藝技能等以及與上述傳統文化表現形式相關的文化空間，如語言、藝術、社會風俗、禮儀、節慶活動、傳統手工藝、飲食、傳統音樂、歌舞、醫藥、信仰和民間故事等。

國務院頒布的「關於加強文化遺產保護的通知」還指出「我國文化遺產蘊含著中華民族特有的精神價值、思維方式、想像力，體現著中華民族的生命力和創造力，是各民族智慧的結晶，也是全人類文明的瑰寶。保護文化遺產，保持民族文化的傳承，是連結民族情感紐帶、增進民族團結和維護國家統一及社會穩定的重要文化基礎，也是維護世界文化多樣性和創造性，促進人類共同發展的前提。加強文化遺產保護，是建設社會主義先進文化，貫徹落實科學發展觀和構建社會主義和諧社會的必然要求。」

可見，文化遺產與當今社會、傳統或是方式有著密切交融關係，有突出性，也具有普遍價值。黨的十八以來，高度重視中華優秀傳統文化和文化遺產的傳承、發展和保護，提出文化自信。十九大報告指出：「文化是一個國家、一個民族的靈魂。文化興國運興，文化強民族強。沒有高度的文化自信，沒有文化的繁榮興盛，就沒有中華民族偉大復興。要堅持中國特色社會主義文化發展道路，激發全民族文化創新創造活力，建設社會主義文化強國。」

佛教文化遺產是文化遺產的重要組成部分，發展弘揚優秀傳統佛教傳統文化，保護佛教文化遺產是文化自信的具體表現，也是弘揚優秀傳統文化的

具體體現。保護和利用好優秀的佛教文化遺產也是打造佛教文化旅遊的基礎和保障。

二、本研究範圍的界定

「河北」一詞即指今河北省，即環繞著北京，東面與天津毗鄰並緊傍渤海的範圍。河北的東北部與遼寧接壤；東南部與南部與山東、河南兩省相連；西面是太行山，與山西省為鄰；西北部、北部與內蒙古交界。然而古代的河北與北京、天津同為一體，兩漢三國時屬於冀州、幽州、并州小部分；兩晉南北朝時河北屬於冀州、幽州和司州，先後隸屬後趙、冉魏、前燕、北魏、東魏、北齊、北周等不同政權。隋朝河北地區分屬多個郡，如渤海郡、信都郡、清河郡、魏郡、襄國郡、武安君、恒山郡、趙郡、博陵郡、河間郡、涿郡等。冀州、幽州不復存在。唐將全國按照山河大勢分為十道，河北屬於河北道，晚唐時河北分別隸屬河朔三鎮，五代時又先後經歷後梁、後唐、後晉、後漢和後周。北宋時，其南部屬河北東路和河北西路，河北北部則屬於遼國南京道、西京道東部、中京道西部；金朝統轄河北全境，依然將河北分為西路、東路；元代屬於腹裏，明朝屬於北直隸，清代隸屬直隸省，民國時期改稱河北。河北佛教文化遺存對天津、北京有著千絲萬縷的聯繫。

歷史上，河北所屬行政區劃多有變化，地理位置重要，交通便利，是農耕民族、游牧民族文化的交匯處，更是佛教發展的中心，沿陸路絲綢之路東來的佛教文化和沿海路絲綢之路北上的佛教文化在河北地區融攝發展。佛教自漢代傳入冀州大地，經歷曹魏、兩晉南北朝十六國、隋唐、宋遼金、元明清的發展，遺存了大量的佛教物質和非物質文化遺存。河北佛教文化遺產是中國優秀傳統文化的重要組成部分，也具有重要的可開發、保護和利用的文化旅遊資源。

本課題以不同歷史時期和主要地域為切入點，既要梳理河北佛教文化遺跡的遺存，又要分析佛教文化遺產保護與利用，並與自然生態建設、產業轉型和美麗河北的建設為契機，對河北佛教文化旅遊提出一些積極建議。一方面積極傳承、保護和弘揚優秀傳統文化資源，另一方面以此帶動河北佛教文化旅遊業的發展，促進河北生態建設、環境改善，提升河北旅遊文化內涵，增加河北人民的經濟收入，不斷提高民眾生態、文化的保護意識和生活質量。

第三節　本課題研究目標、方法與意義價值

一、研究目標

（一）充分瞭解河北佛教文化遺存與特色

河北地處京津冀經濟、文化圈，不僅有豐富的佛教文化遺產資源，而且地理位置優越。我們可以依託京津冀協同開發和發展之機，整合分析河北整體旅遊資源，劃分為石家莊—正定—保定、邯鄲—邢臺、承德—蔚縣等幾個旅遊群，充分利用各類文獻，梳理各地各時期的佛教文化遺存，建立與京津佛教文化遺產的密切關係，打造京津冀佛教文化遺產協調開發利用的經濟文化圈。

（二）分析河北佛教文化遺產的保護與利用現狀

通過實地考察，釐清河北佛教文化遺產現狀，推進佛教物質文化和非物質文化遺產的保護、開發和利用，充分利用各地區不同資源優勢和特色，加大政府投入力度，廣泛吸引不同渠道的資金來源，著力打造正定、承德和邯鄲等幾個佛教文化遺產品牌，加強旅遊文化區建設。例如，可以借助國家級新區建設，恢復定州、正定古城風貌，以大佛寺、臨濟寺、開元寺、大慈閣等為中心，把佛教物質文化建設與相應佛教非物質文化開發利用結合起來，把文化遺產建設與太行山區自然風景的建設協調發展，把佛教文化遺存發掘與當地民俗文化結合起來，優化寺院周邊環境建設，提升佛教文化內涵，打造以佛教文化為主的文化園區建設，可以充分利用良好的自然生態環境，配以佛教文化內涵，把佛教養生和大自然景色結合起來，打造生態旅遊與佛教文化相結合的休閒健康特色旅遊。

結合河北佛教文化遺產資源保護和利用的情況，發現不足，解決問題，把都市旅遊和周邊自然風景區旅遊結合起來，把河北地區的旅遊與京津地區旅遊聯繫起來，共同促進三地佛教文化資源保護、利用和開發，促進不同地區旅遊業的聯合發展。

（三）解決河北佛教文化遺產開發利用過程中存在問題

河北雖然是佛教文化遺產大省，但利用其資源發展旅遊事業並不是很理想。雖然我們與北京距離很近，但我們的旅遊景點的吸引力不夠，在京津冀文化旅遊中河北處於弱勢。為什麼會存在這樣的狀況，這與河北省旅遊景點的建設中存在諸多問題又密切關係，與河北景區硬件和軟件的建設有關，當

然也與我們的宣傳力度不夠有關，河北的旅遊發展不能很好融入於京津旅遊發展之中。

我們課題研究要找到河北旅遊景點存在的問題，提出相應的解決方案，提供給政府。總體上河北佛教文化遺產景區存在體制不完善，各級政府要積極配合，出臺完善政策，解決地方政府、僧界和投資企業之間的利益，協調多方矛盾。採取優惠政策，吸引各方資金，增加基礎設施建設的投入和文物修繕經費的投入，優化周邊生態和人文環境，完善景區周邊的配套設施，如賓館、停車位等。

在佛教文化遺產保護過程中，把傳統文化遺產的保護與科學技術數字化保護結合起來，把佛教物質文化遺產保護和非物質文化遺產的保護結合起來，通過數字技術延續文化遺產的生命力，通過博物館與文化遺產網站的建設，加大宣傳力度，保持文化主體地位，與京津實現數字資源共享。加大執法力度，打擊破壞文化遺產的行為，提高旅遊從業人員的素質，打造舒適、和諧和優美的旅遊環境。

二、研究方法與手段

本課題遵循辯證唯物主義和歷史唯物主義的基本理論和方法，綜合運用以下研究方法與研究手段。

（一）文獻學研究方法

這是本課題研究的基本方法。本研究是跨學科的研究，涉及宗教學、文獻學、歷史學、美術學、民族學和考古學等，綜合運用不同學科的基本理論，在具體研究展開之前，需要充分運用文獻資料研究方法，廣泛收集資料，對相關文獻進行全面調查、統計和搜羅；對文獻進行認真爬梳和反覆研讀，去粗取精，去偽存真，瞭解相關理論研究動態與最新研究方法，釐清河北佛教文化遺產分布，分析河北佛教文化資源歷史及傳播與繼承、發展特點，進而發現問題、分析問題和解決問題，提出切實可行的對策。

（二）田野實證調查研究方法

通過廣泛搜集檔案、文獻資料，對於河北佛教文化遺產有理論認識的基礎上，實事求是和有的放矢進行實地踏勘，走訪當地人，親自瞭解有代表性的佛教寺院、佛塔和高僧大德等在文獻記載之外的情況。走訪當地文物部門，

瞭解每處佛教文化遺產保護和開發情況以及旅遊現狀等，將理論與實踐結合起來，並進行拍攝和進一步詳細收集資料，發現文化遺產在保護與開發中存在的問題，結合京津或他地的經驗提出合理的保護與開發利用的策略。

（三）比較分析研究方法

佛教是我國宗教旅遊中的重要組成部分，對於河北地區佛教文化遺產與旅遊開發研究，可以參見我國其他地區的做法，我們可以借助文獻和實地考察相結合，通過不同地區相同佛教文化旅遊比較研究，吸取他人成功做法，避免他人的不足，分析河北佛教文化遺產資源的特點，使之為河北經濟、文化建設和旅遊事業的發展起積極作用。

三、研究意義與價值

河北有著悠久佛教文化歷史，厚重的文化沉澱。河北豐富的佛教文化、佛教建築和與之相關節慶、社會風俗等都屬於中國文化遺產的一部分，體現著中華民族的生命力和創造力，也是各民族智慧的結晶和全人類文明的瑰寶。文物古蹟是中華民族悠久歷史文化的載體，是我們歷代祖先聰明智慧和辛勤勞動的結晶。佛教文化遺產一旦遭到破壞，將不可逆轉，損失也是不可估量的。

我們在做好古寺院、古佛塔建築、藝術遺跡保護的同時，更要關注佛教文化藝術研究與地方經濟、社會效益實現的關聯性問題，把保護人類文化遺產同環境保護、生態保護、經濟發展的整體規劃結合起來。

佛教文化旅遊是我們宗教旅遊中重要組成部分，中國旅遊業發展很多是依託於遺產資源的遺產旅遊，河北依託佛教文化遺產的旅遊業的發展空間非常廣闊，本課題可以借鑒京津地區成熟的佛教遺址旅遊經驗，遵循「保護是利用的前提」的原則，合理保護和開發河北豐富的佛教文化遺產，提升河北旅遊文化的內涵和品位，使河北旅遊業得到較好的發展，把佛教文化遺產旅遊融入京津冀旅遊文化事業發展之中，使京津冀三地文化協調合作，帶到河北經濟文化的轉型和發展，對提升本地文化的自信心、城市知名度和競爭力等都有積極意義。

保護和開發河北佛教文化遺產還可促進河北旅遊文化多樣性。保護佛教文化遺產是保持民族文化的傳承。佛教文化遺產是連接民族情感紐帶、增進民族團結和維護國家統一及社會穩定的重要文化基礎，也是維護世界文化多樣性和創造性，促進人類共同發展的前提。河北佛教文化遺產有漢傳佛教也

有藏傳佛教，合理開發和利用不同民族佛教文化是貫徹落實科學發展觀，本課題研究還可促進民族團結，對於構建和諧社會也有積極作用。

保護河北佛教文化遺產，挖掘河北歷史上佛教高僧大德的弘法事跡，可促進與周邊國家的佛教文化交流。2015 年的伯鼇論壇設立了宗教分論壇，正如國家宗教局局長王作安所說，舉辦這一分論壇，表明宗教是為影響世界穩定與發展、推動不同文明交流互鑒的重要因素。

臨濟宗產生於河北，臨濟寺不僅是中國臨濟宗的祖庭，也是日本、韓國臨濟宗、黃檗宗、曹溪宗廣大信眾的祖庭。本課題可以充分發揮禪宗臨濟文化，結合趙縣柏林禪寺的趙州禪文化，力求對河北佛教發展歷史、佛教宗派、弘法僧人和寺院建築、佛教與政治關係等做系統的調查梳理，向世人展現河北佛教發展脈絡和輝煌的佛教藝術，以及佛教作為民間外交的形式在對外交往中的作用，也可使學界更好地認識和瞭解河北輝煌歷史和絢麗多彩的佛教文化，推動河北與不同國家、不同地區的交往，擴大河北對外交流，提升河北文化的競爭力。

佛教屬於文化軟實力，心靈的溝通與解脫是它的主要宗教功能，文化的影響是它的外在形象，以安心為目的宗教解脫功能依然是佛教服務於人類的最好方式，也是世界各國佛教徒追求的修行目標。佛教作為文化現象，從古到今都受到重視。改革開放以來，我國實行宗教信仰自由的政策，佛教迎來前所未有的大好局面，寺院得到重新修葺和妝奩，面臨良好的發展機遇，佛事活動興盛而有序，帶動了當地文化和經濟的發展。本課題對於保護河北佛教文化遺產，弘揚優秀的傳統文化，促進人心健康發展和社會和諧、穩定也具有一定現實作用與意義。

總之，本課題的研究不僅具有學術價值，也具有應用價值，值得深入研究，並可以為河北省經濟、文化的發展提供一定的參考和借鑒。

第四節　本課題相關研究成果回顧

河北大地曾是陸路絲綢之路和海上絲綢之路文化傳播的交匯地，是歷史上游牧民族文化和農耕民族文化的交匯地，也是漢文化和少數民族文化的融合發展之地。及至元明清時期，河北又成為京畿重地，多宗教文化得到發展，尤其佛教文化遺存豐富。多年來，學者們辛勤耕耘，在相關研究領域取得了一些成績。

　　梳理學界有關河北佛教研究成果包括佛教資料的整理、單篇論文和碩士論文等，重點是對河北寺院、佛塔以及出土文獻、文物的介紹、考證和研究。主要體現在以下幾個方面：

一、資料整理與研究著作

（一）資料整理

　　河北各地方部門和學者對河北地區遺存的佛教資料曾進行過整理，為學界研究提供了較為豐富的資料。《河北省志‧宗教志》對河北佛教等材料進行較為全面梳理，在第二編「佛教」對佛教發展史、佛教教派、寺院古塔、文化藝術、佛學教育、寺院生活和佛教組織等方面作了介紹。〔註7〕

　　隆興寺是河北正定著名寺院，是全國十大名寺之一，也是全國首批重點文物保護單位。學者對於隆興寺多有介紹，日本關野貞、常磐大定的《支那佛教史跡》刊布他們調查隆興寺轉輪藏時拍的照片。〔註8〕日本伊東忠太、關野貞、塚本靖在《支那建築》中同樣收錄了該照片，並附有簡單的解說。〔註9〕

　　正定縣文物保管所編《隆興寺》對大佛寺的布局、結構、碑刻等做了詳細的介紹。〔註10〕祁英濤的《正定隆興寺簡介》對隆興寺的布局、結構等進行了簡單介紹。〔註11〕正定縣文物保管所編《正定隆興寺壁畫》刊布了隆興寺主殿佛傳故事、鬼子母、諸天等壁畫。〔註12〕《正定隆興寺傳說》對隆興寺進行簡要介紹。〔註13〕《國家歷史文化名城——正定》〔註14〕和《正定大佛之城》〔註15〕對正定城、隆興古剎、群塔麗影、題記、城記、府郡餘韻、

〔註 7〕河北省地方志編纂委員會編：《河北省志‧宗教志》，北京：中國書籍出版社，1995 年，第 47～142 頁。

〔註 8〕〔日〕常磐大定、關野貞：《支那佛教史跡》，支那佛教史蹟研究會，1925 年。

〔註 9〕〔日〕伊東忠太、關野貞、塚本靖：《支那建築》，日本建築學會，1929 年。

〔註10〕正定縣文物保管所編：《隆興寺》，北京：文物出版社，1987 年。

〔註11〕祁英濤：《正定隆興寺簡介》，見《祁英濤古建論文集》，北京：華夏出版社，1992 年。

〔註12〕正定縣文物保管所編：《正定隆興寺壁畫》，北京：文物出版社，2013 年。

〔註13〕《正定隆興寺傳說》，北京：人民美術出版社，1990 年。

〔註14〕武威振、武英偉著：《國家歷史文化名城——正定》，石家莊：河北教育出版社，2006 年。

〔註15〕武英偉、武威振編著：《正定大佛之城》，石家莊：河北美術出版社，2010 年。

歷代雄鎮、北國江南、人才薈萃等作了介紹，附有一些照片。《正定攬勝》則對正定寺院、佛塔、孔廟、榮國府等情況和一些傳說故事梳理匯總。〔註 16〕《石家莊歷史文化精華》分為歷史文化名山、文物古蹟（古代石刻、古代建築、石窟寺及摩崖造像、古代墓葬、錢幣精品、近現代文物和紀念地）、歷史名人、歷史事件、民俗文化等方面對正定歷史文化資料進行搜集整理。〔註 17〕《正定歷史文化讀本》對正定的歷史、寺院和一些高僧進行介紹。〔註 18〕《千年正定城》從正定古城池的前世今生、古城軍政衙署的變遷、歷史文化教育場所的興替、蔚為壯觀的文物古蹟、市井園林的今昔掠影、多元化的正定歷史文化蘊涵、古城的明天更美好等對正定的歷史進行了較全面介紹。〔註 19〕另外，《毗盧寺》〔註 20〕《昭化寺》〔註 21〕等對於河北石家莊毗盧寺和張家口昭化寺等遺存的水陸壁畫進行刊布介紹。

臨濟寺是中國佛教禪宗臨濟一派的發祥地，也是日本臨濟宗的祖庭。臨濟宗是由唐僧人義玄禪師在河北臨濟寺創立的。《臨濟禪寺》是一本宣傳和介紹臨濟宗高僧、寺院佛事活動、名人視察或參觀寺院的小冊子。〔註 22〕《中國名寺高僧》僅用非常少的篇幅對河北正定臨濟寺和隆興寺做了簡要介紹。〔註 23〕臨濟寺編印的《湛賢禪師的等待》《臨濟寺史話》〔註 24〕和正定臨濟寺印《問道長安》《大德風範「臨濟祖庭中興於方丈有明禪師風采錄」》等對臨濟寺的有明禪師有所介紹。

現已出版的《柏林禪寺志》分九篇即寺院概括、人物、法統、中興、傳法文獻、規約儀軌、碑銘、藝文、雜記等對寺院歷史、住錫高僧大德、遺存

〔註16〕施麥生：《正定攬勝》，北京：海洋出版社，1993 年。

〔註17〕政協石家莊市委員會編著：《石家莊歷史文化精華》，北京：中國對外翻譯出版公司，1997 年。

〔註18〕政協正定縣委員會編：《正定歷史文化讀本》，北京：兵器工業出版社，2012 年。

〔註19〕王增月主編：《千年正定城》，北京：人民日報出版社，2014 年。

〔註20〕金維諾主編：《河北石家莊毗盧寺壁畫》，石家莊：河北美術出版社，2001 年。康殿峰：《毗盧寺壁畫》，石家莊：河北美術出版社，2009 年。

〔註21〕河北省古代建築保護研究所編：《昭化寺》，北京：文物出版社，2007 年。

〔註22〕《臨濟禪寺》，正定臨濟寺編印（內部資料），1999 年。

〔註23〕《中國名寺高僧》編委會：《中國名寺高僧》，北京：中國旅遊出版社，2007 年。

〔註24〕賈永輝：《湛賢禪師的等待》，石家莊：山花文藝出版社，2015 年。賈永輝：《臨濟寺史話》，石家莊：山花文藝出版社，2015 年。

碑銘等對趙縣柏林禪寺進行全面介紹和資料匯總。〔註25〕對於趙州和尚從諗的相關資料彙總有《趙州從諗研究資料輯注》一書，把與趙州從諗相關的資料作了彙總輯注。〔註26〕

邢臺開元寺是一座古老寺院，已出版《邢臺開元寺金石志》從古剎青史、塔林遺珍、開元流澤等方面對開元寺的資料進行梳理。〔註27〕《邢臺大開元寺》則從盛世開元、歷史淵源、古剎概覽、重要文物、法脈流傳、叢林文化、名僧法相和名人文化等方面進行資料的梳理。〔註28〕

河北冀州歷史悠久，文化底蘊深厚，佛教興盛，名僧輩出，道安就是其中之一。道安是冀州文化發展的品牌，也是不同地域文化交流的踐行者，《道安蹤跡考析》對道按出家學法和弘法事蹟、地點進行考證分析。〔註29〕冀州市委員會編《釋道安》對道安生活的時代背景、弘法歷程、貢獻影響、社會關係、知名著作等作了一般性介紹和梳理。

邯鄲作為歷史文化名城，東魏、北齊時期佛教盛極一時，遺存有北齊開鑿石窟寺、佛教造像、石刻佛經和臨漳埋藏坑出土的大批石刻佛造像等，如著名的響堂山石窟、中皇山摩崖石刻等。十九世紀二十年代初期，顧燮光調查走訪響堂山及其他河北河南古蹟，出版了《河朔訪古新錄》，圖文並茂，記錄了他實地調查北響堂山洞窟形制、窟龕和刻經等情況。〔註30〕日本常盤大定和關野貞對南北響堂山進行考察，編寫了《後古賢の跡へ》即《續訪古賢之跡》，對洞窟位置仔細標注，對文物繪有線描圖。〔註31〕1936年劉敦楨考察了南北響堂山遺存的寺廟（常樂寺和南響堂寺）建築和石窟，介紹了南北響堂山石窟主要石窟的內部形制和外立面建築遺存。〔註32〕1936年日本水野清

〔註25〕明海主編：《柏林禪寺志》，鄭州：大象出版社，2015年。

〔註26〕張勇：《趙州從諗研究資料輯注》，成都：巴蜀書社，2006年。

〔註27〕冀金剛、趙福壽主編：《邢臺開元寺金石志》，北京：國家圖書館出版社，2013年。

〔註28〕劉順超：《邢臺大開元寺》，北京：方志出版社，2009年。

〔註29〕胡中才：《道安蹤跡考析》，北京：宗教文化出版社，2016年。

〔註30〕顧燮光、范壽銘編：《河朔訪古隨筆》二卷，《河朔訪古新錄》十四卷附《河朔金石目》十卷、待訪一卷，刊《石刻史料新編》第二輯，12冊，臺北：新文豐出版社，1979年，第8863～9023頁。

〔註31〕〔日〕常盤大定：《續訪古賢之跡》，《支那佛教史蹟踏查記》，東京：國書刊行會，1973年，第492～507頁。

〔註32〕劉敦楨：《河北、河南、山東古建築調查日記》，《劉敦楨文集》（三），北京：中國建築工業出版所，2007年，第187～190頁。

一和長廣敏雄對響堂山進行了系統的調查、測繪、拍攝，勘察的成果出版，即《河北磁縣河南武安響堂山石窟》（日文版）。〔註33〕

十九世紀八十年代馬世長帶領北大考古系實習隊對南響堂石窟進行了全面的測繪和文字記錄，發表了《南響堂石窟新發現窟簷遺跡及龕像》，介紹了石窟原貌圖版和細部數據。〔註34〕參加馬世長考察隊的孟繁興認為「原設計可能是將第3窟開鑿在第1窟之上，成為樓閣式的建築。〔註35〕趙立春將響堂山石窟的「塔形窟」分為「覆缽式」和「樓閣式」兩種，並按演變規律分為三期。北響堂為「覆缽式」，南響堂為「樓閣式」。〔註36〕

對於南北響堂山石刻形制、資料進行調查考證，也有一系列的考古和某一領域的研究成果。李裕群的《北朝晚期石窟寺研究》一書中涉及鄴城附近諸石窟內容，對鄴城附近石窟的形制、題材、分期以及人物服飾紋樣、洞窟裝飾紋樣等進行介紹。〔註37〕

徐炳昶、顧頡剛負責對響堂山及附近石刻作了調查整理，何士驥等人整理出版了《南北響堂寺及其附近石刻目錄》〔註38〕。張林堂主編的《響堂山石窟碑刻題記總錄》（一、二）對響堂山、水浴寺的刻經、碑刻等題記圖版和錄文進行刊布，為研究響堂山造像藝術和刻經提供了豐富的資料。〔註39〕《北響堂山石窟刻經洞——南區1、2、3號窟考古報告》對北響堂山南區1、2、3號窟考古報告，刻經洞的歷史與藝術，佛典、偈頌和佛名，以及考古測繪中三維數字化的應用等方面進行考證。〔註40〕

邯鄲地區佛教興盛，禪宗、天台、華嚴等宗派在此都有所發展。邯鄲市民族宗教事務局編《邯鄲市重點寺觀教堂圖集》以圖文並茂的形式簡單介紹

〔註33〕〔日〕水野清一、長廣敏雄：《河北磁縣河南武安響堂山石窟》，京都：東方文化學院京都研究所，1937年。

〔註34〕邯鄲市峰峰礦區文管所、北京大學考古實習隊：《南響堂石窟新發現窟簷遺跡及龕像》，《文物》1992年第5期。

〔註35〕孟繁興：《南響堂石窟清理記》，《文物》1992年第5期。

〔註36〕趙立春：《響堂山北齊塔形窟述論》，《敦煌研究》1993年第2期。

〔註37〕李裕群：《北朝晚期石窟寺研究》，北京：文物出版社，2003年，第1～56頁。

〔註38〕何士驥、劉厚：《南北響堂寺及附近石刻目錄》，《石刻史料新編》（第3輯），臺北：新文豐出版社，1979年，第327～496頁。

〔註39〕張林堂主編：《響堂山石窟碑刻題記總錄》（一、二），北京：外文出版社，2007年。

〔註40〕峰峰礦區文物保管所、芝加哥大學東亞藝術中心著：《北響堂山石窟刻經洞——南區1、2、3號窟考古報告》，北京：文物出版社，2013年。

了邯鄲地區的主要寺院、道觀和教堂等。《邯鄲佛教志》對邯鄲地區的寺院和
僧人作了介紹。邯鄲二祖寺與禪宗二祖慧可禪師可有密切關係，邯鄲二祖寺
編的《二祖集》對禪宗、禪宗資料進行匯總梳理；《慧可大師傳》對慧可大師
的生平進行整理。月愛寺編的《月愛寺簡介》《妙一傳記》對月愛寺和復建月
愛寺的妙一禪師進行簡單介紹，妙一禪師屬於明末清初以來弘傳金頂毗盧派
的僧人，其學法和弘法活動將河北、東北、四川等地結合在一起。

　　清康熙、乾隆時期在承德修建避暑山莊和十餘座寺院，即溥仁寺、溥普
寺、普寧寺、普祐寺、安遠廟、普樂寺、普陀宗乘之廟、廣安寺、羅漢堂、
殊像寺、須彌福壽之廟、廣緣寺等皇家寺院，有藏傳佛教寺院和漢傳佛教寺
院。《承德大佛寺》〔註41〕《普寧寺之謎》〔註42〕《承德寺廟與佛像》〔註43〕
《安忠和說承德》〔註44〕《承德名勝大觀》〔註45〕等簡明扼要地從不同角度
對承德的佛寺、佛像等進行介紹。

　　涿州位於華北平原的西北部，西靠太行，北接燕山，東臨渤海，是我國
北方軍事重鎮幽州的屬邑，也是南北文化碰撞、交流和融合的地域。自遼以
後，其地理位置越來越重要，佛教文化也十分興盛。《古涿州佛教刻石》對北
魏、隋唐、遼金、元明清時期的佛教刻石進行梳理匯總，為學界研究提供了
珍貴的資料。〔註46〕

　　此外，戴建兵主編《隆堯碑誌輯要》〔註47〕《深澤碑刻輯錄》〔註48〕等
收錄一些佛教碑刻，是對河北碑刻研究的資料彙集，為研究提供了便利。

（二）相關研究著述

　　隨著《妙法蓮華經》的翻譯和《觀音經》的單獨流行，觀世音菩薩的信
仰逐漸流行開來，觀音經典和造像日益豐富，還出現了大量有關觀世音菩薩
信仰的疑偽經、靈驗故事。妙善公主作為觀世音菩薩中國化的典型代表，河
南、河北、四川和浙江等地都有妙善公主的故事流傳，被視為妙善公主四大

〔註41〕王舜、陳淑華編著：《承德大佛寺》，北京：中國戲劇出版社，2000年。
〔註42〕安忠和、陳淑華主編：《普寧寺之謎》，呼和浩特：遠方出版社，2000年。
〔註43〕馮術林編著：《承德寺廟與佛像》，北京：中國戲劇出版社，2001年。
〔註44〕安忠和：《安忠和說承德》，北京：中國戲劇出版社，2007年。
〔註45〕王舜編著：《承德名勝大觀》，呼和浩特：遠方出版社，2010年。
〔註46〕楊衛東：《古涿州佛教刻石》，石家莊：河北教育出版社，2007年。
〔註47〕戴建兵：《隆堯碑誌輯要》，天津：天津人民美術出版社，2016年。
〔註48〕戴建兵：《深澤碑刻輯錄》，石家莊：河北人民出版社，2017年。

故鄉。河北邢臺南和縣被視為妙善公主的故鄉之一,《觀世音與白雀庵》對白雀庵和妙善公主的傳奇故事進行論述,〔註 49〕當然書中的諸多觀點尚值得進一步商榷和重新論證。

馮金忠的《燕趙佛教》分為上下兩篇,上篇主要梳理了從兩漢到元代燕趙佛教發展歷史;下篇對燕趙寺院建築布局、塑像、壁畫、鑄造工藝、碑刻、摩崖刻經、石經、名僧、民俗、詩僧文士等都有涉及。〔註 50〕張志軍《河北佛教史》分十六章,即兩漢——大教東漸、魏晉——含苞待放、東晉——蓮華初開、北朝——浴火重生、隋朝——佛教復興、盛唐——黃金時代、晚唐——禪宗繁盛、五代——諸宗分化、北宋——禪宗廣大、遼金——帝室崇佛、元代——顯密並存、明朝——生機凝滯、清朝——藏興漢衰、民國——復興契機、當代——重新崛起、奇葩——佛教藝術等方面對河北佛教有較為詳細的考證研究,這是目前最為全面的河北佛教史著述。〔註 51〕

趙立春的《河北響堂山北朝刻經書法》對響堂山石刻像、刻經即書法等情況進行梳理,考證響堂山刻經的年代,認為響堂山刻經與北魏、北周的滅佛有很大關係。〔註 52〕臺灣學者賴鵬舉則認為安陽小南海石窟群是北齊僧稠「盧舍那」禪法的實例,且影響了同一文化區域的南響堂山石窟群。〔註 53〕

二、相關研究論文

學者研究成果多集中在正定寺院、壁畫,邯鄲石窟寺、刻經等方面,大體可分為幾個方面:

（一）繪畫、塑像、建築研究

正定的隆興寺因建築具有歷史時代特色和保存內容較為豐富,受到學界的關注。梁思成的《正定調查紀略》從建築學的角度對隆興寺摩尼殿、轉輪藏殿、慈氏閣等建築,開元寺正殿、磚塔和鐘樓,文廟,陽和樓,天寧寺木塔,廣慧寺華塔,臨濟寺青塔等進行考察研究。〔註 54〕祁英濤、李士蓮、聶連順的《摩尼殿壁畫揭取、修復的技術操作》主要對摩尼殿壁畫揭取前、揭取及修復壁畫

〔註 49〕王兆榮、王芳編著:《觀世音與白雀庵》,北京:社會科學文獻出版社,2008 年。
〔註 50〕馮金忠:《燕趙佛教》,北京:中國社會科學出版社,2009 年。
〔註 51〕張志軍《河北佛教史》,北京:宗教文化出版社,2016 年。
〔註 52〕趙立春:《河北響堂山北朝刻經書法》(全三冊),重慶:重慶出版社,2003 年。
〔註 53〕賴鵬舉:《絲路禪法與圖像》,臺北:財團法人圓光佛學研究所,2002 年。
〔註 54〕梁思成:《正定調查紀略》,《中國營造學社彙刊》1933 年第 4 卷第 2 期。

復原安裝的過程與方法做了詳細的論述，指出每一步都是一項複雜、慎密的工作，通過此項工程，既保存了中國古代的壁畫藝術，同時也培養了這方面的技術人員。〔註55〕孔祥珍的《牟尼殿主要木構件承載能力和節點榫卯研究》對大佛寺內的大悲閣、轉輪藏和慈氏閣及摩尼殿進行描述，對摩尼殿的建築構造進行考證。〔註56〕聶金鹿、林秀珍的《正定隆興寺摩尼殿斗拱修配與安裝紀實》論述了摩尼殿在修復工程中對其斗拱的修配與安裝過程的整理。〔註57〕

　　溫涵清的《88 年前的正定隆興寺大悲菩薩照片》探究印行於 1914 年的《全國鐵路旅行指南》上的正定隆興寺大悲菩薩照片，分析了千手千眼觀音僅存合十雙臂的原因及所補 40 隻木臂的原因，指出此次發現的這張照片是目前所見的最早的千手觀音的照片。〔註58〕魏娟、杜平、李秀婷的《千手觀音何以成為正定隆興寺所供主尊》對隆興寺名稱的由來和千手觀音菩薩所具有的含義進行了分析探討，認為隆興寺所供主尊的原因從三個方面進行考證。〔註59〕劉友恒的《正定隆興寺千手觀音手臂問題辨誤》通過隆興寺現存碑刻資料對千手觀音手臂問題做四個方面的探討，通過四個方面的分析，可以讓讀者更為清晰地明瞭千手觀音手臂問題。〔註60〕杜平、梁曉麗的《隆興寺摩尼殿山中觀音始塑年代考》對摩尼殿內的山中觀音開始雕塑的年代進行探討，並指出摩尼殿佛壇上供養的文殊、普賢也為宋代原塑。〔註61〕劉友恒、郭玲娣、樊瑞平的《隆興寺摩尼殿壁畫初探》（上下）從壁畫的內容與面積、壁畫繪製的年代、製作方法、揭去修復與安裝和藝術特點等方面對摩尼殿壁畫進行論述。〔註62〕邢鵬通過對北京地區現存明清諸天象的壁畫等資料辨識，與隆興

〔註55〕祁英濤、李士蓮、聶連順：《摩尼殿壁畫揭取、修復的技術操作》，《古建園林技術》1984 年第 1 期。

〔註56〕孔祥珍：《牟尼殿主要木構件承載能力和節點榫卯研究》，《古建園林技術》1985年第 3 期。

〔註57〕聶金鹿、林秀珍：《正定隆興寺摩尼殿斗拱修配與安裝紀實》，《古建園林技術》1987 年第 2 期。

〔註58〕溫涵清：《88 年前的正定隆興寺大悲菩薩照片》，《文物春秋》2003 年第 1 期。

〔註59〕魏娟、杜平、李秀婷：《千手觀音何以成為正定隆興寺所供主尊》，《文物春秋》2001 年第 5 期。

〔註60〕劉友恒：《正定隆興寺千手觀音手臂問題辨誤》，《文物春秋》1994 年第 1 期。

〔註61〕杜平、梁曉麗：《隆興寺摩尼殿山中觀音始塑年代考》，《文物春秋》2007 年第 1 期。

〔註62〕劉友恒、郭玲娣、樊瑞平：《隆興寺摩尼殿壁畫初探》（上、下），《文物春秋》2009 年第 5 期、2010 年第 1 期。

寺摩尼殿內明代壁畫進行比較探究，對劉友恒的觀點提出不同看法。〔註 63〕
梁勇的《再考正定龍興寺始建年代》認為龍興寺改名於唐中宗時期而非唐玄
宗時期，否定了傳統的在宋代改名的觀點。〔註 64〕李秀婷，杜平的《隆興寺
與封建皇室資料彙編》認為隆興寺從隋朝隆興寺建立到清代，封建皇室與它
一直有著不可分的關係。〔註 65〕首都師範大學碩士畢業論文任曄《河北隆興
寺摩尼殿壁畫研究》主要從隆興寺歷史沿革、摩尼殿壁畫風格分析、同期同
地寺院壁畫比較等方面對隆興寺摩尼殿壁畫進行研究。〔註 66〕

趙立春對邯鄲響堂山石窟及周邊石窟、造像等撰寫系列論文，其中《響
堂山北齊塔形窟述論》認為塔形窟（龕）是響堂山石窟典型的造窟鑿龕形式，
融佛教石窟、印度古塔及中國傳統的木結構建築形式於一體，是北朝石窟中
新出現的一種造窟形式，對隋唐以後開鑿的石窟也具有深遠影響。〔註 67〕《響
堂山北齊「塔形窟龕」》的觀點與《響堂山北齊塔形窟述論》的觀點相同。〔註
68〕《響堂山石窟的編號說明及內容簡錄》對南北響堂山石窟的編號重新核對，
希望在以後的研究中能統一某處造像的認識。對之前未有編號的小龕窟給予
統一編號，以引起人們對小龕窟的注意。〔註 69〕《從文獻資料論響堂山石窟
的開鑿年代》認為北響堂山的開鑿與高歡、高澄、高洋父子有直接的關係，
在東魏天平元年（534）至遲在東魏武定五年（547）石窟已基本開鑿建成。
北齊天保初期北響堂山石窟已成為鄴都較大的一座官寺。北齊天保三年（552）
著名的禪僧僧稠擔任石窟寺寺主，成為禪僧活動的重要場所。〔註 70〕《河北
磁縣趙王廟隋代摩崖造像》對趙王廟摩崖造像進行了初步的考古調查，並對
造像題材、造像題記、造像風格等進行了初步探討。趙王廟摩崖造像的發現，
為研究隋代佛教信仰、佛教組織以及進一步研究鄴下佛教和響堂山石窟又補
充了新的資料。〔註 71〕

〔註 63〕邢鵬：《摩尼殿諸天尊像壁畫研究》，《文物春秋》2011 年第 6 期。

〔註 64〕梁勇：《再考正定龍興寺始建年代》，《文物春秋》1992 年第 2 期。

〔註 65〕李秀婷，杜平：《隆興寺與封建皇室資料彙編》，《文物春秋》2006 年第 1 期。

〔註 66〕任曄：《河北隆興寺摩尼殿壁畫研究》，首都師範大學碩士畢業論文，2014 年。

〔註 67〕趙立春：《響堂山北齊塔形窟述論》，《敦煌研究》1993 年第 3 期。

〔註 68〕趙立春：《響堂山北齊「塔形窟龕」》，《中原文物》1991 年第 4 期。

〔註 69〕趙立春：《響堂山石窟的編號說明及內容簡錄》，《文物春秋》2000 年第 5 期。

〔註 70〕趙立春：《從文獻資料論響堂山石窟的開鑿年代》，《文物春秋》2002 年第 2 期。

〔註 71〕趙立春：《河北磁縣趙王廟隋代摩崖造像》，《文物春秋》2007 年第 6 期。

此外，馬忠理〔註 72〕、李文生〔註 73〕、張惠明〔註 74〕、鄭禮京〔註 75〕、陳悅新〔註 76〕、李鵬〔註 77〕、王治〔註 78〕等對響堂山石窟藝術也有所涉及。學界對正定隆興寺、邯鄲響堂山等探討研究，取得了不少成績，為後人進一步研究奠定了基礎。

（二）碑刻、舍利塔研究

河北遺存碑刻和舍利塔也較豐富，貢俊錄的《正隆興寺意定和尚功德碑》記載意定和尚對寺院的修葺、改造及為民求雨等事蹟。其中記載的有關義和團在隆興寺活動和聚義之事，保存了我國近代史上一段重要史料。〔註 79〕劉友恒對《隆興寺內的兩座經幢》進行考證，認為是廣慧大師和夢堂大師經幢。〔註 80〕劉友恒利用地方志等資料，對正定城內的天寧寺塔、開元寺塔、廣惠寺塔和臨濟寺塔名稱由來、創建年代等進行了考證。〔註 81〕劉友恒還對《一通記錄那摩國師行狀的重要佛教碑刻》考證蒙古汗國時那摩國師的行狀，對那摩國師重興龍興寺的事蹟進行探究，同時也為佛教史研究和正定隆興寺沿革研究提供豐富的史料。〔註 82〕劉友恒、梁曉麗的《隋龍藏寺碑瑣談》首先對碑文內容作了分析，考證龍藏寺位置的變化及龍藏寺與隆興寺的關係等，認為龍藏寺在隋開皇六年之前就已存在。〔註 83〕劉友恒對隆興寺內存清乾隆四十六年的碑文進行考證，對了解殿宇佛像的殘損狀況及修繕過程有一定價值。〔註 84〕李秀婷，劉友恒的《正定隆興寺清代行宮考述》對建於康熙四十

〔註72〕馬忠理，李喜紅：《北齊雕塑藝術的寶庫——響堂寺石窟》，《河北學刊》1983年第2期。

〔註73〕李文生：《響堂山石窟造像的特徵》，《中原文物》1984年第1期。

〔註74〕張惠明：《響堂山和駝山石窟造像風格的過渡特徵》，《敦煌研究》1989年第2期。

〔註75〕〔韓〕鄭禮京：《中國北齊北周佛像研究》，首爾：慧眼出版社，1998年。

〔註76〕陳悅新：《麥積山與響堂山石窟差異》，《北京理工大學學報》2005年第4期。

〔註77〕李鵬：《響堂山石窟藝術研究》，南京大學碩士學位論文，2012年。

〔註78〕王治：《中國早期西方淨土變造像再考》，《故宮博物院院刊》2019年第4期。

〔註79〕貢俊錄：《正隆興寺意定和尚功德碑》，《文物春秋》2007年第2期。

〔註80〕劉友恒：《隆興寺內的兩座經幢》，《文物春秋》1997年第3期。

〔註81〕劉友恒：《正定四塔名稱及創建年代考》，《文物春秋》1996年第1期。

〔註82〕劉友恒：《一通記錄那摩國師行狀的重要佛教碑刻》，《文物春秋》2010年第3期。

〔註83〕劉友恒、梁曉麗：《隋龍藏寺碑瑣談》，《文物春秋》2008年第6期。

〔註84〕劉友恒、梁曉麗：《周元理撰書立石的〈重修隆興寺碑記〉》，《文物春秋》2012年第1期。

七年的隆興寺內的清代行宮的歷史和變遷進行考證，為研究清代統治者與佛教的關係提供重要的資料。〔註85〕

張錦棟，杜平的《隆興寺殘石羅漢像整理紀略》對石像的來源、石像的種類、雕造的時間、捐造者等內容進行考證，是研究明晚期造像藝術的重要資料。〔註86〕樊瑞平、郭玲娣的《宋敕賜閣記殘碑》對碑文進行錄文，考證供養人，指出這一殘碑出土的價值。〔註87〕郭玲娣、樊瑞平、陳艮鳳的《正定隆興寺內龍紋碑首的雕刻藝術》則選取正定隆興寺內保存刻立於隋、宋、元、明、清等不同時代的五通較典型的雕龍碑首碑刻，分別介紹雕龍碑首的造型特點、裝飾手法和雕刻技法，通過分析比較，對這五通雕龍碑首的變化規律做初步的歸納和論述，認為碑首龍紋從雕刻的外形，裝飾等有一定的規律，且據此推斷出與之相關的時代背景。〔註88〕張永波、于坪蘭的《試論正定隆興寺隋舍利塔到戒壇的演變》論述隋龍藏寺到唐龍興寺再到清隆興寺的淵源關係，論證現存隆興寺內的戒壇為隋龍藏寺舍利塔的舊址，並分析雙面佛像深受藏密風格的影響。〔註89〕

劉智敏對廣惠寺華塔建築年代提出自己觀點，郭玲娣對華塔內唐開元年白石佛造像進行研究，劉友恒對華塔內兩尊唐代石佛銘文進行考證。杜平《正定崇因寺明神宗聖旨碑》和趙前鋒《正定崇因寺銅鐘小考》等對於瞭解明代皇室和太監崇佛有一定意義。

（三）石刻經、題記的相關研究

在響堂山、中皇山保存豐富的北朝石刻經，已經取得豐碩的研究成果。馬忠理有多篇考古報告對響堂山刻經進行相關研究，其中馬忠理的《鄴都近邑北齊佛教刻經初探》對北齊佛教刻經的分布、鄴都近邑北齊佛教刻經的分布和現存情況、鄴都近邑刻經的緣起進行了考證。〔註90〕馬忠理的《邯鄲鼓

〔註85〕李秀婷、劉友恒：《正定隆興寺清代行宮考述》，《文物春秋》2003 年第 1 期。

〔註86〕張錦棟、杜平：《隆興寺殘石羅漢像紀略》，《文物春秋》2010 年第 4 期。

〔註87〕樊瑞平、郭玲娣：《宋敕賜閣記殘碑》，《文物春秋》2003 年第 6 期。

〔註88〕郭玲娣、樊瑞平、陳艮鳳：《正定隆興寺內龍紋碑首的雕刻藝術》，《文物春秋》2006 年第 2 期。

〔註89〕張永波，于坪蘭：《試論正定隆興寺隋舍利塔到戒壇的演變》，《文物春秋》20011 年第 4 期。

〔註90〕馬忠理：《鄴都近邑北齊佛教刻經初探》，《北朝摩崖刻經研究》，濟南：齊魯書社，1991 年，第 153～190 頁。

山、滏山石窟北齊佛教刻經》對邯鄲地區北齊刻經進行考證，認為鼓山刻經所存內容與滅佛有關等。〔註91〕馬忠理的《邯鄲北朝摩崖佛教時代考》對邯鄲北朝摩崖刻經出現的原因、刻經時代等進行考證，文後附邯鄲各處北朝摩崖刻經的圖片。〔註92〕馬忠理認為「末法思想」和滅佛運動是刻經的主要原因，論證了刻經的歷史、宗教、藝術價值。〔註93〕

　　李裕群的《鄴城地區石窟與刻經》較為全面梳理了鄴城地區石窟與刻經洞窟的分類、洞窟與刻經的關係、造像題材與刻經關係，認為鄴城地區刻經洞情況複雜，洞窟與刻經關係密切，即開鑿洞窟時，有意識地考慮了刻經與造像題材的布局，或純粹為刻經而開鑿洞窟，隋代刻經與三階教在鄴城地區的活動有關。〔註94〕羅炤將北齊僧人法洪在山東洪頂山的刻經和南響堂第 2 窟刻經聯繫在一起研究，認為第 2 窟刻經和造像完美融合了般若空觀和華嚴思想，是北朝晚期華嚴融會般若思想的典範。〔註95〕對此觀點學者也提出不同的觀點，認為南響堂第 2 窟的刻經與造像屬於兩個經典系統，證明石窟開鑿並非只有一個施主。〔註96〕還有學者結合南響堂第 2 窟的《文殊般若》刻經和西方淨土變對本窟的營建思想提出新觀點，認為這二者的組合體現了「一行三昧」的解釋，融合了禪觀與念佛的北朝佛教思想的精華。〔註97〕顏娟英認為「鄴都高僧所提倡的教義及禪修主宰了石窟的形制，使響堂山石窟的表現與前朝的大石窟寺頗不相同」。〔註98〕

　　張總的《北響堂石窟刻經洞的佛典、偈頌和佛經》對北響堂石窟刻經洞的佛經等有較詳細的考證，認為刻經洞所刻經典有佛經全文、偈頌與佛名三

〔註91〕馬忠理：《邯鄲鼓山、滏山石窟北齊佛教刻經》，《北朝摩崖刻經研究》（續），北京：天馬圖書公司，2003 年，第 251～276 頁。

〔註92〕馬忠理：《北朝摩崖刻經研究》（三），呼和浩特：內蒙古人民出版社，2006 年，第 25～73 頁。

〔註93〕馬忠理：《鄴都近邑北齊佛教刻經初探》，《北齊摩崖刻經研究》，濟南：齊魯書社，1991 年，第 153～190 頁。

〔註94〕李裕群：《鄴城地區石窟與刻經》，《考古學報》1997 年第 4 期。

〔註95〕羅炤：《從洪頂山到響堂山》，《石窟寺研究》2013 年第 1 期。

〔註96〕唐仲明：《響堂山問題再探》，見《2004 年龍門石窟國際學術研討會論文集》，鄭州：河南人民出版社，2006 年，第 405 頁。

〔註97〕〔日〕井上尚實著，李賀敏譯：《北齊禪與淨土——南響堂山第二窟所見一行三昧的二種解釋》，《佛學研究》2019 年第 1 期。

〔註98〕顏娟英：《河北南響堂石窟寺初探》，《考古與歷史文化——慶祝高去尋先生八十大壽論文集》（下），臺北：正中書局，1991 年，第 331～362 頁。

類，年代各不相同，分別對其進行考證，尤其對刻經與三階教的關係進行重新考證，提出不同觀點。〔註99〕張總的《中皇山刻經與唯實古學》一文則對中皇山六處刻經經文與唯識學之間的聯繫進行了闡釋。〔註100〕

張鳳英梳理了南北響堂寺石窟的刻經內容，認為其刻經書法分為隸書和隸楷書兩類。隸書以南響堂的華嚴洞為代表，隸楷書以南響堂的般若洞和北響堂的唐邕刻經題記為代表，並分析了它們的特點。〔註101〕

趙立春《響堂山石窟北朝刻經試論》對南北響堂山刻經分布、刻經背景、年代、流傳和書法等進行考證。〔註102〕劉元堂的《中皇山北齊佛教刻經書法研究》對於中皇山刻經書法進行考證，並對刻經施主為唐邕提出質疑，認為施主為高洋，於天保末年（天保共十年，即 550～560）刻經。〔註103〕謝振發的《北響堂山石窟南洞北齊石經試論》認為唐邕刻經內容與他仕途的沉浮有密切關係。〔註104〕劉東光等撰寫的《邯鄲鼓山水浴寺石窟調查報告》對於水浴寺造像、經幢、僧人靈塔和北齊瘞窟等進行調查考證。〔註105〕他們的研究主要集中在對響堂山、中皇山石刻經的布局、刻經內容、刻石發願者、時間和刻石書法等方面，但對於遺存刻經與絲綢之路文化的影響沒有涉及。

崔紅芬對響堂山刻經也有所研究，發表的《響堂山北齊刻經考略》對響堂山石窟遺存北齊刻經進行系統的梳理考證，糾正一些刻經的命名，並分析了北齊刻經出現的諸多原因。〔註106〕《鄴城遺存北齊石刻〈華嚴經〉考略》

〔註99〕張總：《北響堂石窟刻經洞的佛典、偈頌和佛經》，見峰峰礦區文物保管所、芝加哥大學東亞藝術中心著《北響堂山石窟刻經洞——南區1、2、3、號窟考古報告》，北京：文物出版社，2013年，第79～114頁。

〔註100〕張總：《中皇山刻經與唯識古學》，見河北涉縣文物旅遊局編《女媧文化摩崖刻經論文集》，2005年，第39～57頁。

〔註101〕張鳳英：《南北響堂山寺石窟摩崖刻經的現狀與書法》，《北朝摩崖刻經研究》，濟南：齊魯書社，1991年，第366～373頁。

〔註102〕趙立春：《響堂山石窟北朝刻經試論》，《文物春秋》2003年第4期。

〔註103〕劉元堂：《中皇山北齊佛教刻經書法研究》，2008年南京藝術學院碩士論文。

〔註104〕參見謝振發：《北響堂山石窟南洞北齊石經試論——唐邕刻經事情的討論》，曾布川寬主編《中國美術的圖像學》，京都：京都大學人文科學研究所，2006年，第361～409頁。

〔註105〕劉東光、陳光唐：《邯鄲鼓山水浴寺石窟調查報告》，《文物》1987年第4期。

〔註106〕崔紅芬：《響堂山北齊石刻經考略》，見明海主編《第四屆三禪會議論文集》（下），北京：宗教文化出版社，2015年，第915～932頁。

對響堂山及鄴城周邊遺存北齊石刻《華嚴經》進行梳理分析，考察了華嚴思想在北齊流行的諸多原因。〔註107〕《從邯鄲地區遺存北齊石刻經看絲路文化交流》在對響堂山、中皇山遺存的石刻經進行梳理基礎上，根據石刻經翻譯流傳情況及譯經僧等初步探討陸路和海上絲綢之路對於文化交流的影響。〔註108〕劉建華對河北曲陽隋代石刻龕進行考證和分析，認為曲陽石刻經與山西天龍山、山東泰安和河南安陽等石刻經年代接近，是北齊石刻經的延續，與三階教流行、靈裕法師等有著一定的關係。〔註109〕

（四）對佛教人物的研究

道安是南北朝時期河北佛教的重要人物，在冀州、鄴城、晉城、襄陽、長安等地弘傳佛法，注疏經典和翻譯佛經，編訂經目。在襄陽曾舉辦了三屆有關道安的研討會。河北舉辦的第四屆三禪會議上曾有一個道安研究專題，後來出版明海主編《第四屆三禪會議論文集》（上），學者從道安生平、注經、道安與佛教中國化、道安佛學思想等方面進行研究。〔註110〕筆者對道安也有考證研究，先後撰寫了幾篇會議論文《略論道安對中國佛教發展的貢獻》〔註111〕、《道安南下與襄陽佛教的弘揚》〔註112〕、《道安法師北方弘傳佛法考略》、〔註113〕《道安制律與律典翻譯》〔註114〕等，對道安弘法活動進行系列研究。筆者還對達摩形象進行考證，《從文獻記載探討達摩形象的變化》通過對文獻記載和繪畫、石刻藝術的描述，探討達摩形象的轉變以及達摩造像的一些特

〔註107〕崔紅芬：《鄴城遺存北齊石刻〈華嚴經〉考略》，見釋永信主編《少林寺與北朝佛教》，北京：宗教文化出版社，2018年，第349～363頁。

〔註108〕崔紅芬：《從邯鄲地區遺存北齊石刻經看絲路文化交流》，2016年紀念慧可大師圓寂1423週年暨邯鄲二祖文化與地論學派國際學術研討會論文，第116～137頁。

〔註109〕劉建華：《河北曲陽八會寺隋代刻經龕》，《文物》1995年第5期。

〔註110〕《道安法師研究》，明海主編《第四屆三禪會議論文集》（上），北京：宗教文化出版社，2015年，第1～324頁。

〔註111〕崔紅芬：《略論道安對中國佛教發展的貢獻》，2017年河北衡水第一屆道安與佛教中國化論壇提交論文。

〔註112〕崔紅芬：《道安南下與襄陽佛教的弘揚》，2016年第三屆湖北襄陽道安學術論壇提交論文。

〔註113〕崔紅芬：《道安法師北方弘傳佛法考略》，2016年河北宗教：過去、現在與未來」學術研討會提交論文。

〔註114〕崔紅芬：《道安制律與律典翻譯》，2014年湖北襄陽第二屆襄陽道安論壇提交論文。

徵。〔註 115〕對三祖僧璨也有考證，撰寫《三祖僧璨弘法活動考略》，三祖僧璨是東魏、北齊時期的僧人，但史料對三祖記載模糊不清且相互牴牾。本文在前人基礎上，利用傳世佛教文獻、出土文獻和石窟題記等，梳理了僧璨圓寂年代，對北朝至隋時期論師僧粲進行考證，大興善寺的論師僧粲另有其人，非三祖僧璨。而三祖僧璨先在鄴城出家和弘法活動，隨著北周滅佛和北齊滅亡，僧璨隨慧可來至司空山隱居弘法，得道於慧可，隋建立以來，僧璨又至天柱山傳法，傳衣鉢道信。達摩禪法經過慧可、僧璨和道信等人的弘傳，在司空山、天柱山一帶發揚光大，使司空山和天柱山成為禪文化的中心。僧璨、道信的弘法活動也推動唐代東山法門的形成和禪宗的創立。〔註 116〕

臨濟寺作為臨濟宗的祖庭，因為參加上一任臨濟寺住持有明禪師的紀念活動，曾撰寫《臨濟寺有明禪師的生平與弘法活動——慧憨法師訪談》從有明禪師生平與遊歷參學、易服而不改信仰、復建寺院續傳臨濟法脈、重視僧人教育與弘傳禪法、加強與中外佛教文化交流等方面對有明禪師參學弘法和僧教育活動進行探討。〔註 117〕有朋、宋楨秀的《義玄禪師與正定臨濟寺》對義玄和臨濟寺也有簡單梳理和論述。〔註 118〕

（五）相關學位論文

近些年來，本人指導研究生主要從事河北佛教、寺院研究，撰寫多篇研究論文，涉及正定隆興寺、趙縣柏林禪寺、邢臺開元寺、邯鄲響堂山石窟等，也有涉及某一朝代佛教發展和高僧的考證等。如李彥麗的碩士論文《北宋正定大佛寺研究》從佛寺發展源流、布局，發展背景、千手觀音和活動的高僧等方面對北宋時期正定大佛寺進行了較為系統的研究。正定隆興寺俗稱大佛寺，隋朝建寺，時稱龍藏寺，宋、元、明代稱龍興寺，清代稱隆興寺。正定在宋朝時期稱為鎮州，宋遼對峙時期，此地在地理位置上，對北宋具有重大的軍事意義，為河朔之根本；與宋朝代替後周有著極深的淵源；宋太祖篤信佛教興衰與國家興衰存在密切聯繫。通過對北宋時期正定隆興寺的源流和布

〔註 115〕崔紅芬：《從文獻記載探討達摩形象的變化》，2017 年邯鄲二祖寺舉辦禪宗與佛教中國化學術研討會提交論文。
〔註 116〕崔紅芬：《三祖僧璨弘法活動考略》，2018 年安徽安慶天柱山三祖禪寺舉辦第六屆禪文化論壇提交論文。
〔註 117〕崔紅芬：《臨濟寺有明禪師的生平與弘法活動——慧憨法師訪談》，《禪與人類文明研究》（第 5 集），香港：香港中文大學出版社，2019 年，第 73～102 頁。
〔註 118〕有朋、宋楨秀：《義玄禪師與正定臨濟寺》，《法音》1986 年第 5 期。

局、背景、千手千眼觀音及寺內高僧知識的梳理及論述，對大佛寺在北宋發展的歷史進行了簡單的探析。〔註119〕

　　李俊琴的《遼代燕京地區佛教研究》以遼代燕京地區的佛教發展為研究對象。緒論部分是對目前學界有關遼代佛教研究現狀的總結和分析，並闡明了文章的選題意義和寫作思路。首先對遼的起源、發展壯大、和周邊民族的關係以及遼代的衰敗進行了簡要的分析。其次對遼佛教興盛緣由分三個方面：與世俗政治的協調，獲得朝廷支持；皇親貴族對於佛教的崇信；黎民百姓的信仰有關。考證了遼代燕京地區的佛塔類型和建築風格，以及遼代燕京地區高僧的弘法事跡。簡要介紹了《遼藏》和房山遼代石刻經，對《遼藏》和房山遼代石刻經的意義進行了分析說明。〔註120〕

　　于亞龍《響堂山北齊石刻經研究》對響堂山刻經中存在的生僻字進行考證。響堂山石窟位於今河北邯鄲市峰峰礦區，分為南響堂山（亦名滏山）石窟、北響堂山（亦名鼓山）石窟，此外還有水浴寺石窟（小響堂石窟）。該石窟開鑿於北齊年間。東魏時期權臣高歡在鼓山建設伽藍，其子高洋代魏建齊在鼓山開鑿石窟，即如今的北響堂山石窟。北響堂山石窟的造像題材豐富，而且保存了相當數量北朝石刻經，對於研究北朝特別是北齊時期的佛教發展及石窟、造像藝術等等方面提供了優質的第一手材料。南響堂石窟由沙門慧義倡首開鑿規模稍小，也保存有一定數量的石刻經。〔註121〕

　　花芳的《唐代邢臺開元寺〈佛頂尊勝陀羅尼經〉經幢研究》對邢臺開元寺遺存的《佛頂尊勝陀羅尼經》進行梳理和考證。開元寺位於現在邢臺市區，始建於後趙石勒時期，至隋唐時期發展為邢臺的重要寺院，唐玄宗賜名為「開元寺」，用以供養佛祖和皇帝金身的塑像，成為當地官員、百姓朝拜皇帝千秋的御用寺廟。這所千年古剎，歷經歷史的積澱，遺存下來相當豐富的金石文物，其中保存有經幢及其經幢構件就有14件之多，屬於唐代的有11件。說明《佛頂尊勝陀羅尼經》及其經幢在邢臺地區曾廣為流行。〔註122〕

　　魯嬌的《元代柏林禪寺研究》對元代時期的柏林禪寺進行考證，元時，河北地區是中書省直轄的區域，地理位置重要，自然資源豐富，是政治、經

〔註119〕李彥麗：《宋代正定大佛寺研究》，2014年河北師範大學碩士論文。
〔註120〕李俊琴：《遼代燕京地區佛教研究》，2014年河北師範大學碩士論文。
〔註121〕于亞龍：《響堂山北齊石刻經研究》，2015年河北師範大學碩士論文。
〔註122〕花芳：《唐代邢臺開元寺〈佛頂尊勝陀羅尼經〉經幢研究》，2016年河北師範大學碩士論文。

濟、軍事、文化的中心地。河北佛教在這一時期得到了極大發展，元代河北地區的佛教寺院多達上百所，其中最為著名的就是柏林禪寺。從十二世紀三十年代，蒙古族發展壯大，到統一全國、政權鞏固，近一個世紀間，有元太宗、元世祖、元成宗、元仁宗、元文宗共五代君王與柏林禪院有殊勝的因緣，相繼成為祖庭的大護法。〔註123〕

李博程的《唐代河朔三鎮的佛教研究》對會昌法難前後的河朔三鎮佛教進行研究。唐代河朔三鎮——魏博鎮、成德鎮、盧龍鎮（幽州）形成於安史之亂以後，是典型的地方割據型藩鎮。會昌法難期間的河朔三鎮佛教繼續發展，圓仁記載河朔三鎮佛法之事「一切不動之」。河朔三鎮的割據性、節度使個人因素、佛教帶來的利益、河朔三鎮的地理位置等多種因素，致使河朔三鎮的統治者對於唐武宗的滅佛政策消極執行，為河朔三鎮佛教在會昌法難後的恢復保留了根基。會昌法難後，南禪僧人陸續到河朔三鎮弘法，南禪宗在河朔三鎮的興起，臨濟宗在河朔三鎮誕生，河朔三鎮後來更是成為中國南禪發展的根據地之一。河朔三鎮的佛教經會昌法難後煥發出了新的生機。唐代的河朔三鎮的佛教得到了較大的發展，更湧現出了一批優秀的僧人。僧人作為佛教三寶之一，是唐代河朔三鎮佛教發展的源動力。河朔三鎮地區佛教交流頻繁，往來於此的僧人同河朔三鎮僧人一起，共同推動了唐代河朔三鎮佛教的發展。〔註124〕

趙毅冉的《北齊時期的佛教研究》對北齊的佛教政策、寺院和僧人進行研究。天保元年（550），北齊取代東魏，高氏一族正式登上歷史舞臺以來，北齊雖國祚不長，但是在其最高統治者們的支持之下，佛教的發展依然取得累累碩果，高僧大德輩出，名寺古剎林立。據不完全統計，高齊之世，僅皇家立寺的數量就高達四十三所。北齊時期，還以鄴城為中心開鑿北響堂山石窟、南響堂山石窟與中皇山石窟，佛教在北齊統治者的支持下得到空前發展。〔註125〕

王賀梅的《慧光法師生平及其思想研究》是對北朝慧光法師生卒及生平著述、思想、弟子進行考證。慧光法師是北朝末名勝一時的得道高僧，既為地論學派巨匠，又為四分律宗之開祖，更因精通義、律而擔任北魏、東魏兩

〔註123〕魯嬌：《元代柏林禪寺研究》，2017年河北師範大學碩士論文。
〔註124〕李博程：《唐代河朔三鎮的佛教研究》，2018年河北師範大學碩士論文。
〔註125〕趙毅冉：《北齊時期的佛教研究》，2019年河北師範大學碩士論文。

代昭玄寺都、統。慧光法師一生義學精湛、持律嚴謹為當時及後世所推崇。慧光法師作為傑出的義律學者和僧人領袖，在學派建設、義律弘傳、弘宗授徒等多方面對中國佛教發展都有著卓越的貢獻。〔註126〕

　　這些碩士論文分別從不同方面對不同時期的河北佛教寺院、僧人和陀羅尼經典等進行考證，儘管還存在一些問題，但對河北佛教的深入研究起來積極的推動作用。在指導學生撰寫論文和搜集資料的過程中，發現還有一些現實問題需要關注，可與河北經濟發展相聯繫。

三、佛教遺跡保護的相關成果

　　目前，有關河北佛教遺跡保護的文章還比較少，邱廣豔的《承德藏傳佛教旅遊資源極其開發研究》對承德地區的佛教文化旅遊進行探討。〔註127〕劉洪彩的《佛教藝術遺產與當代文化產業》對佛教文化遺產的類型與特色、利用過程中存在的問題、保護與合理利用策略等方面進行論述。〔註128〕馬博琴的《對正定佛教旅遊資源開發的思考》認為正定佛教旅遊資源豐富，文化內涵厚重，科學與文化價值極高，但也存在政府不夠重視、挖掘深度不夠和旅遊形象不突出等問題。〔註129〕崔紅芬的《河北古寺院歷史文化調查與文物遺跡保護——以邯鄲爆臺寺、月愛寺為例》以邯鄲市郊的爆臺寺和月愛寺為例，通過實地調查和走訪知情人等方法，對邯鄲地區寺院歷史脈絡、重建情況、宗派流傳和文物遺存等進行考察，並以實地調查資料和現狀為依據，對寺院存在的問題進行探討。〔註130〕

　　鑒於學界研究成果，學者們對於河北佛教資源有一定梳理和考證，但對佛教文化資源的保護利用與河北佛教文化旅遊的研究還非常欠缺。本課題的研究存在非常廣闊的空間，把特別具有優勢的佛教文化資源與旅遊結合的探討研究。如何利用前人研究成果，挖掘河北豐富的佛教文化遺產資源，充分發揮優秀佛教文化的活力，使其在河北經濟建設和文化強省的事業中發揮更

〔註126〕王賀梅：《慧光法師生平及其思想研究》，2019年河北師範大學碩士論文。

〔註127〕邱廣豔：《承德藏傳佛教旅遊資源極其開發研究》，2010年河北師範大學碩士論文。

〔註128〕劉洪彩：《佛教藝術遺產與當代文化產業》，《北方美術》2013年第4期。

〔註129〕馬博琴：《對正定佛教旅遊資源開發的思考》，《科技廣場》2007年第10期。

〔註130〕崔紅芬：《河北古寺院歷史文化調查與文物遺跡保護——以邯鄲爆臺寺、月愛寺為例》，《禪與人類文明研究》（第4集），香港：香港中文大學出版社，2019年，第43～74頁。

好的作用是非常值得思考問題，也是值得花費精力去考察的問題。

但是河北佛教文化資源十分豐富，時間跨度很大，文化遺跡分散且涉及面十分廣泛，不同朝代文化發展中心不同而遺存的佛教文化遺產或多或少，故此我們在分朝代對遺存佛教文化遺產進行梳理和概說時，不能把每一處的遺存都詳細論述，只能選取每一朝代有特色的佛教文化作為重點進行梳理和論述。

第一章 漢至南北朝佛教初傳發展及河北佛教文化遺存

第一節 佛教的創立與外傳

佛教由喬達摩‧悉達多創立，他出生於古印度的迦毗羅衛城（今尼泊爾境內）剎帝利種姓，為迦毗羅衛國淨飯王的太子，其母摩耶夫人。喬達摩‧悉達多自幼受到很好的教育，後來由於多種原因出家，經過六年的苦修、思考，至三十五歲感悟到人生的道理，創立了佛教。經過四十五年的化度弘法活動，八十歲的釋迦牟尼圓寂於拘尸那迦城。喬達摩‧悉達多被後世佛教徒尊稱為釋迦牟尼佛或佛陀，即自覺、覺他和覺行圓滿者。

釋迦牟尼成道後，在鹿野苑初講「四聖諦」「十二因緣」「八正道」等，開始了弘化人間的歷程。後來佛陀常年往來居住在摩揭陀國的王舍城和拘薩羅國的舍衛城，得到剎帝利、商人和國王的支持，一些信眾先後布施竹林精舍、祇園精舍，佛陀在精舍弘法傳教，度化眾生。佛陀反對婆羅門教義，但也吸收和借鑒了諸多婆羅門的思想內涵，形成了博大精深的佛教思想文化。

隨著大乘佛教的傳播和發展，喬達摩‧悉達多也由思想家逐漸被神化，與喬達摩‧悉達多生平、出家、成道、行化、涅槃等相關的事蹟也逐漸被神聖化，如佛傳故事、佛本生故事和佛成道故事中增加了諸多神異的色彩和內容。由此而產生的佛教思想、特色建築、多彩藝術和豐富音樂等深深影響周邊不同地區。

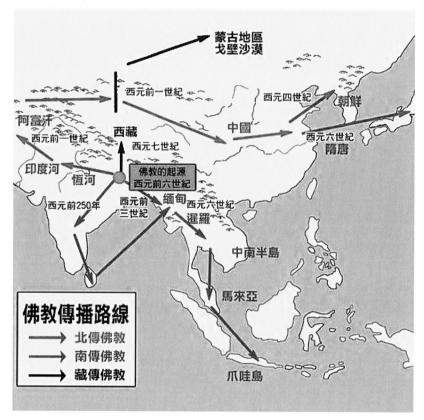

佛教外傳線路〔註1〕（圖1）

　　公元前一世紀左右，佛教因得到阿育王支持而在古印度社會各階層的傳播，並為佛教向外傳播打開了通道。

　　佛教從印度北上，由陸路經中亞、新疆（西域）、甘肅河西走廊傳入陝西長安、河南洛陽、河北邯鄲等地；或由河西走廊南下，經益州（今成都）而達到南方各地。佛教從印度南下，經海路到斯里蘭卡、爪哇、馬來半島、南海諸國，或在占城、廣州、匕景、占波等地登陸，或傳入我國南方或北方，與經西域和河西走廊傳入的佛教相互融合發展，形成漢傳佛教。

　　佛教從印度南下，經斯里蘭卡、爪哇、馬來半島等傳入緬甸、泰國、老撾、柬埔寨等地的佛教再傳入我國雲南傣族地區，這派佛教則被稱為小乘佛教或上座部佛教。

　　佛教由陸路與中國交往的還有一條陸路通道，佛教北上經尼泊爾、吐蕃，

_____

〔註1〕https://www.douban.com/group/topic/77914333/，檢索如期 2020 年 1 月 10 日。

再傳四川、甘肅、青海、內蒙古等地，傳入藏地的佛教，稱為藏傳佛教。

　　由於佛教傳入地域不同和接受佛教的民族各異，三大語系的佛教在中國都有存在和廣泛傳播。尤其在漢地，印度佛教為適應中土原有的儒道文化要求而有所改變。印度文明與中華文明經過相互矛盾、吸收和融攝，極大豐富了中國傳統文化內涵，增進了中國傳統文化的活力，最終形成具有中國特色的中國化佛教，對我國政治、經濟、文化、建築、藝術、思想、服飾、音樂、舞蹈、生活習俗等產生深遠影響。佛教與中國傳統文化、思想等融合發展後，從南北朝開始向東傳到朝鮮半島、日本，對日本產生深遠影響，並促進了中古歷史上不同朝代與東亞的佛教文化交流和僧人往來，如鑒真、圓仁、最澄、空海、宗睿、惠運、圓行、常曉、圓珍、榮西等。

　　佛教傳入東土，與陸路絲綢之路和海路絲綢之路的開通有著密切關係。絲綢之路原指古代中國通向中亞、西亞、南亞和歐洲的陸上貿易交通路線。因中國古代王朝從陸路和海路與外界所進行的貿易以絲綢和瓷器、茶葉為主，故此命名為絲綢之路。

　　我國古代雖沒有絲綢之路之名，卻早就存在絲綢之路之實。根據考古發掘，在張騫出使之前中原與西域之間存在一條玉石之路。以和田為中心，將玉石分別向西向東運出，向東沿河西走廊或北部草原之路進入中原，在河南殷墟商代婦好墓中出土大量玉器。在希臘、印度的著作中曾提到公元前五世紀中原與歐洲、西亞、中亞有一定聯繫，可能與古代民族相互遷徙有很大關係。白種人東遷，在新疆、河西走廊都發現白種人的墓室；而東方民族也被迫西遷，商周時河西居住著羌人、烏孫和月氏人，戰國時月氏人強大，大敗羌人，秦末，月氏又大敗烏孫，佔據整個河西走廊。漢初，匈奴強大，又打敗大月氏佔河西走廊，大月氏西遷至阿姆河一帶。一世紀中葉，大月氏又佔喀布爾河流域和今喀什米爾地區，建立貴霜王朝，其疆域包括今塔吉克至裏海、阿富汗及印度河流域。

　　「絲綢之路」的概念最早是由德國著名地理學家李希霍芬提出的。絲綢之路不僅是貿易之路，更是政治、文化、宗教、藝術、科技等傳播之路。李希霍芬在多卷本名著《中國》（1887年初版）中不僅提出「絲綢之路」的概念，作了有關論證，而且在其《中國地圖集》中，還涉及了「海上絲綢之路」。在李希霍芬提出「絲綢之路」之後，法國著名漢學家沙畹（1865～1918）在《西突厥史料》一書中也提出「絲路有海陸兩道」。另一個西方學者赫爾曼率先接

受了這一名詞，並將自己的一部專著題名為《中國與敘利亞之間的古代絲綢之路》。〔註2〕但真正使「絲綢之路」廣為學界和大眾所接受，還是瑞典西域探險家斯文赫定出版了三部曲之《絲綢之路》之後。

絲綢之路對於人類文明最大貢獻是溝通了不同地區、不同民族之間的商業貿易、政治文化的交流；絲綢之路把華夏文明、古印度文明、中亞文明、希臘羅馬文明以及草原游牧文明等密切聯繫起來，促進了東西文明的交流和共同進步發展。

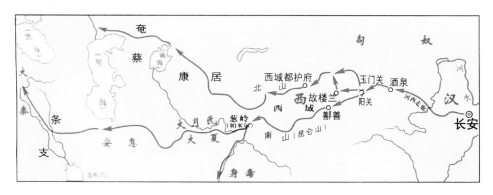

古代陸路絲綢之路線路圖〔註3〕（圖2）

第二節　兩漢三國佛教傳入與認同

一、佛教經陸路初傳中土

兩漢之際，經陸路傳入中國的佛教得益於張騫鑿空西域。漢朝為了打擊匈奴，聯絡被匈奴趕走的月氏人是張騫出使西域的目的。公元前139～前126年和前119～前112年，張騫先後兩次出使西域聯絡大月氏打擊匈奴。如《漢書》記載：

> 張騫，漢中人也。建元中為郎。時匈奴降者言匈奴破月氏王，以其頭為飲器，月氏遁而怨匈奴，無與共擊之。漢方欲事滅胡，聞此言，欲通使，道必更匈奴中，乃募能使者。騫以郎應募，使月氏，與堂邑氏奴甘父俱出隴西。徑匈奴，匈奴得之，傳詣單于……大月氏復

〔註2〕〔瑞典〕斯文赫定著：《絲綢之路》，楊鐮主編《西域探險考察大系》，烏魯木齊：新疆人民出版社，1996年，第1頁。
〔註3〕來自 www.gongshe99.com，檢索日期2019年12月20日。

西走，徙大夏地。昆莫略其眾，因留居，兵稍強，會單于死，不肯
復朝事匈奴……天子以為然，拜騫為中郎將，將三百人，馬各二匹，
牛羊以萬數，齎金幣帛直數千鉅萬，多持節副使，道可便遣之旁國。
騫既至烏孫，致賜諭指，未能得其決。語在《西域傳》。騫即分遣副
使使大宛、康居、月氏、大夏。烏孫發道譯送騫，與烏孫使數十人，
馬數十匹，報謝，因令窺漢，知其廣大。騫還，拜為大行。歲餘，
騫卒。後歲餘，其所遣副使通大夏之屬者皆頗與其人俱來，於是西
北國始通於漢矣。然騫鑿空，諸後使往者皆稱博望侯，以為質於外
國，外國由是信之。其後，烏孫竟與漢結婚。〔註4〕

張騫出使西域聯絡大月氏打擊匈奴的政治目的雖沒有達到，卻成就了輝煌的
中西文化的傳播、商貿經濟的交往、各地僧侶和使臣的往來，促成了漢朝與
西域諸國如大宛、大月氏、大夏、康居等接觸，增進了相互瞭解，為彼此間
的貿易和使臣往來奠定了基礎。可以說張騫出使西域和朝廷對西域的經營，
最終促成了陸路絲綢之路的正式形成和開通。

敦煌位於陸路絲綢之路要道，在甘肅省西部偏南，河西走廊的西段。敦
煌作為漢魏對外交流的前沿，成為中西文化交往、商貿、政治等中心和商品
中轉站，敦煌的政治、經濟、文化得到發展。

漢朝軍隊打敗匈奴，佔領河西地區，漢武帝多次往敦煌移民，充實敦煌，
發展生產經濟，擔任著防禦匈奴的重任，敦煌太守也肩負著「西撫諸國，總護
南北道」的職責，西域一些小國的王子作為政治質子長期居住在敦煌。自漢武
帝漢對河西地區的經營以來，在武威、張掖、酒泉和敦煌設立河西四郡，既阻
斷了匈奴與羌人的聯繫，起到了「斷匈奴右臂」的積極作用；又對隴右地區的
安全給予很好的屏障保護。漢武帝開通了中原通往西域的經濟貿易之路，促進
了漢朝與外界的交往，佛教在河西地區得到發展和鞏固，並傳入內地。

由於河西走廊的開發和中外交通的鑿空，漢明帝永平七年（64）派遣使
者十二人前往西域訪求佛法。永平十年（67）他們同兩位印度的僧人迦葉摩
騰和竺法蘭回到洛陽，帶回經書和佛像，開始翻譯了一部分佛經，相傳是現
存的《四十二章經》（《阿含經》的節譯本）。漢桓帝、漢靈帝（168～189）時
期，主要有安士高、支樓迦讖、安玄、竺佛朔、嚴佛調、支曜、康巨、康孟

〔註4〕（漢）班固撰：《漢書》卷 61《張騫傳》，北京：中華書局標點本，1964 年，
　　　　第 2687、2692～2693 頁。

詳等，以安士高、支樓迦讖最為著名。「在漢代，我國佛教淵源，首稱大月氏、安息和康居三國」，〔註 5〕漢代佛教最初的傳入與安息國、大月氏和康居等僧人來華有緊密關係。安士高〔註 6〕在後漢桓帝初年（147～167）到洛陽，傳譯小乘禪學。月氏國人支婁迦讖（支讖）也在漢時來到洛陽，譯經弘傳大乘般若思想。他們將大小乘經典翻譯成漢文，把佛教思想介紹到中土。佛教僧人從陸路來華，經過西域、河西走廊，或在河西走廊弘法，或進入長安、洛陽，乃至中原地區等地譯經傳法。

曹魏消滅河西的割據勢力，繼續經營以敦煌為中心的廣大西域地區，實行抑制豪強，開荒墾田，鼓勵胡漢通婚，保護往來商旅等政策。敦煌成為中原王朝統轄西域的中心，逐漸成為這一地區政治、經濟和文化中心。經過漢魏以來的經營，絲路貿易興盛，東西交流也比之前頻繁。穎川人朱士行認為中原般若經不完善，「魏甘露五年，發跡雍州，西渡流沙。既至于闐，果寫得正品梵書，胡本九十章，六十萬餘言。遣弟子不如檀，晉言法饒，凡十人，送經胡本還洛陽……河南居士竺叔蘭，善解方言，譯出為《放光經》二十卷。士行年八十而卒。依西方闍維法，薪盡火滅，而屍骸猶全。」〔註 7〕朱士行是西行取經第一人，派弟子將西域得到的般若經典送回中原，而自己留在西域並死於于闐，朱士行不懼艱辛的求法行為對南北時期般若學的興盛做出很大貢獻。

儘管兩漢之際佛教傳入中土不久，但東來弘法，西行求法的僧人已經開始交流，佛教在中土的發展也得到統治者的認同。

二、佛教經海路向外傳播

幾乎與陸路同時或稍晚〔註 8〕，佛教還從海路經斯里蘭卡、南海諸國而傳

〔註 5〕湯用彤：《漢魏兩晉南北朝佛教史》，北京：北京大學出版社，1997 年，第 56 頁。

〔註 6〕有關安士高來華的線路學界說法不一，一般認為經西域來華，吳焯、鐮田茂雄、梁啟超等認為海路來至中國。

〔註 7〕（梁）釋僧祐著，蘇晉仁等點校：《出三藏記集》卷 13，北京：中華書局標點本，1995 年，第 515～516 頁。

〔註 8〕有學者對陸路傳入佛教持不同觀點，他們認為佛教最初應是從海上傳入內地的，代表人物和觀點出處，即鐮田茂雄《中國佛教史》第 2 卷，東京：東京大學出版社，1982 年，第 76 頁；季羨林《浮屠與佛》，《中印文化關係史論叢》，北京：人民出版社，1957 年，第 9 頁；吳焯《佛教東傳與中國佛教藝術》，杭州：浙江人民出版社，1991 年版，第 162 頁；梁啟超《飲冰室專集》第 52 卷，北京：中華書局，1936 年，第 7 頁。

入廣州、交址、愛州、合浦、烏雷、匕景、占波等地，再北上傳入中原等不同地區，與陸路傳入的佛教交流融合。

至於佛教從海路傳入中土的時間學界的觀點不一，有學者認為東漢末年，嶺南已經有佛教傳播。〔註9〕但是文獻記載卻非常有限，僅有「牟子約於靈帝末年（188）避世交趾。其後五年為獻帝之初平四年（193），而陶謙為徐州牧，笮融督運漕，大起浮圖祠。牟子約於此年後作《理惑論》，推導佛法」。〔註10〕可知，開先河從海路傳承佛教的應為牟子，可有些記載尚值得考證。佛教經海路傳播發展與海路商貿發展密切相關，漢武帝時曾有招募與東南亞、南亞沿線國家的貿易的記載，《漢書·地理志》對此有一定記載。漢武帝在元鼎六年（公元前110）平定南越國「遂定越地，以為南海、蒼梧、鬱林、合浦、交址、九真、日南、珠崖、儋耳郡。」〔註11〕後因日南（越南南部）障塞，漢武帝招募商船改由雷州半島的徐聞〔註12〕、合浦港出發，經泰國、緬甸、馬來西亞、印度洋到斯里蘭卡，以絲綢和黃金換取一些奢侈品，這是較早的海上貿易的記載。漢平帝（1～6）時，王莽輔政，欲耀威德，再與黃支國〔註13〕交往。漢時貿易具有朝貢和敦睦友好的性質，但海上貿易存在一定風險，往來時間需數年之久，漢代海路佛教發展的記載還比較少見。漢代派出商船從徐聞（今廣州湛江市）、合浦出發，說明漢代對外存在一些海上貿易，但佛教交流的記載很少。

三國時期海路貿易雖有了進一步發展，但仍以陸路貿易和文化交流佔很大比例。三國時期日南、扶南（柬埔寨）等地是海路貿易中轉中心，由此將印度、地中海、中東、非洲的商品再運到中國以換取絲綢等，由海路來華的僧人依然記載較少，「安息雖聞善海上貿易，但范書《西域傳》，章帝章和元年遣使獻獅子及拔符，和帝永元十三年復獻獅及大鳥，則其通中國，非全由海道。」〔註14〕及至楚王英時，「佛教或因之益流布江南。故漢末丹陽人笮融，

〔註9〕　參見程存潔：《東漢末年嶺南佛教史蹟小考》，《廣東社會科學》1998年第2期；黃權：《嶺南佛教傳播的軌跡》，《學術研究》1997年第8期。

〔註10〕湯用彤：《漢魏兩晉南北朝佛教史》，北京：北京大學出版社，1997年，第85頁。

〔註11〕（漢）班固撰：《漢書》卷6《武帝本紀》（六），北京：中華書局標點本，1964年，第188頁。

〔註12〕徐聞，屬於交州合浦郡的一個縣。

〔註13〕黃支國，在日南以南，距離京師三萬多里。

〔註14〕湯用彤：《漢魏兩晉南北朝佛教史》，北京：北京大學出版社，1997年，第56頁。

在徐州、廣陵間大起浮屠寺。夫笮融為丹陽人，而在徐州（即彭城）、廣陵間佛事若是之盛，丹陽為英所徙之地，徐州為楚國治所，不能謂與之無關係也。」〔註15〕漢代佛教從海路傳入的記載非常有限，多是有陸路傳入，並由中原往南方傳播，與楚王英信仰有密切關係。

兩漢時期，經海路的對外商業貿易有所發展，而由海路來華的僧人還是比較少的，從文獻記載看，海路貿易的交易物品中佛教用品也是很少的。故此湯用彤先生認為：「佛教入華，主要者為陸路。自漢武帝開通西域以來，中外交通，據史書所載，多由陸路。西漢雖有海上交通，然當不盛。及至東漢，日南徼外從海外貢獻。會稽、交阯均有海上交通。安世高之徒陳惠，乃會稽人。而交阯之牟子，論著為佛道辯護，則佛法由海上輸入，當亦有其事。然佛教東漸，首由西域之大月氏、康居、安息諸國。」〔註16〕

三國時期的吳國（222～281）建都建業，與外界的聯繫不斷增加。康僧會從海路來華弘傳佛法，吳赤烏四年（241）康居國沙門康僧會來吳國，吳國的佛教才有發展。《高僧傳》記載：「康僧會，其先康居人，世居天竺，其父因商賈移於交阯。會年十餘歲，二親並終，至孝服畢出家。勵行甚峻，為人弘雅，有識量，篤至好學。明解三藏，博覽六經，天文圖緯，多所綜涉，辯於樞機，頗屬文翰。時孫權已制江左，而佛教未行。」〔註17〕

康居人康僧會世居天竺因父母經商來到交阯，父母雙亡，出家，通達三藏和六典，東吳赤烏十年（247）應孫權之請，取舍利在建康建寺，名為「建初寺」。康僧會在江左弘揚佛教，修建建初寺，供奉舍利，翻譯《阿難念彌經》《鏡面王經》《小品經》《察微王經》《六度集經》《舊雜譬喻經》《梵皇王經》，注《法鏡經》《安般守意經》《道樹經》等三經並製經序，康僧會的譯經弘法推動安世高所譯小乘禪數經典傳播。從此吳國佛教興盛，有「僧會適吳，舍利耀靈於江左」的記載。吳國時期，已出現陸路東傳佛教與海上北傳的佛教開始相互融合發展。

〔註15〕湯用彤：《漢魏兩晉南北朝佛教史》，北京：北京大學出版社，1997 年，第 57 頁。

〔註16〕湯用彤：《漢魏兩晉南北朝佛教史》，北京：北京大學出版社，1997 年，第 58 頁。

〔註17〕（梁）慧皎撰，湯用彤校注：《高僧傳》卷 1，北京：中華書局標點本，2004 年，第 14～15 頁。

第三節　兩晉南北朝佛教的鞏固與發展

一、佛教經陸路的傳播發展

　　西晉末年，中原大亂，河西地區卻相對安定，中原很多儒士為逃避戰亂，紛紛來到河西地區，為河西文化發展輸入了大量人才，也帶動了河西地區多文化的融合和共同繁榮。十六國時期，敦煌先後經歷了五涼（前涼、後涼、南涼、西涼和北涼），西北或北方還出現前秦、後秦、北魏等政權，這些統治者比較重視文化建設，既崇佛又尊儒，使河西文化形成了以儒學為主，兼有佛、道的文化特色，儒釋道文化在河西地區都得到發展。

　　河西地區寬鬆的政治環境和良好的經濟基礎，陸路絲綢之路的暢通，東來弘法，西行求法的高等絡繹不絕，河西湧現出許多名儒、高僧。他們往來於絲綢之路，駐足河西弘法譯經，或東去南下，促進各地文化交流。河西地區作為佛教、儒家和道教文化發展的中心，南北朝時期出現「道俗交得，多有塔寺」的局面。

　　有「敦煌菩薩」之美譽的竺法護「隨師至西域，遊歷諸國，外國異言三十六種，書亦如之，護皆遍學，貫綜訓詁，音義字體，無不備識。遂大齎梵經，還歸中夏。自敦煌至長安，沿路傳譯，寫為晉文。所獲《賢劫》、《正法華》、《光贊》等一百六十五部。孜孜所務，唯以弘通為業。」〔註18〕竺法護月氏人，隨師遊歷西域，精通三十六國語言，之後在敦煌、酒泉、長安一帶翻譯佛經。

　　因為河西地區最初接受佛教並得到很大程度的發展，在河西隴右地區出現諸多高僧大德，他們或西行求法，或東來、南下弘法。除竺法護外，還有涼州寶雲、涼州智嚴、涼州竺道曼、北地竺僧顯、張掖僧法進、智猛、慧簡、僧紹、法顯、慧景、道整、慧應、慧嵬、幽州曇無竭等諸多西行學法，其中以法顯最為有名，法顯由陸路到達天竺，後來法顯經錫蘭（斯里蘭卡）從海路回國，譯經弘法。

　　西域佛圖澄、曇無讖、鳩摩羅什、佛馱跋陀羅、月至人支施崙、吐火羅曇摩難提、西域人曇摩流支、罽賓人佛陀耶舍、西域人浮陀跋摩等也從陸路來至中土，或在河西地區弘法，或東來中原弘傳佛法，翻譯佛經。中

〔註18〕（梁）慧皎撰，湯用彤校注：《高僧傳》卷 1，北京：中華書局標點本，2004年，第 23 頁。

天竺人曇無讖在西域學習大小乘，精通咒術，後在涼州譯經，譯出《大集》《大雲》《悲華》《地持》《優婆塞戒》《金光明》《海龍王》《菩薩戒本》《涅槃經》等。

西域人鳩摩羅什（344～413 或 350～409），後秦高僧，著名的佛經翻譯家，中國佛教四大翻譯家之一。前秦苻堅崇拜佛教，慕鳩摩羅什之聲望，在建元十八年（382）派呂光討伐龜茲等，並迎請鳩摩羅什。呂光迎羅什回到涼州，得知苻堅被殺，前秦滅亡，於是呂光在涼州建立後涼，鳩摩羅什在涼州生活十六、七年。

後秦姚興滅後涼，迎請鳩摩羅什到長安，建立譯場，請鳩摩羅什譯經，翻譯大乘經典、律典、禪修經典、傳記和論著等，羅什是中國佛教歷史上具有劃時代的僧人，他博學多聞，文學素養很高，翻譯經典自然生動，簡潔明暢，妙義自然詮顯無礙，所以深受眾人的喜愛，而廣為流傳，對於佛教的發展，有很大貢獻。

西域人佛圖澄因利用神異法術和治病救人的方式宣揚佛教，來到燕趙地區，受到石勒、石虎的尊崇。佛圖澄依靠統治者的支持，在後趙境內廣建佛寺佛塔，剃度僧眾，在北方產生很大影響。佛圖澄去世之後，弟子道安繼續掌管僧團，先後在冀州、鄴城、晉城、襄陽、長安等地弘法，注釋經典，制訂戒律，整頓僧團、翻譯經典、整理譯經，編訂佛經目錄，在弘法實踐中積極踐行「不依國主，則法事難立」的目標，使得佛教開始中國化的進程。

河西地區的僧眾不僅將佛法外傳中原和南方，如敦煌竺曇猷、于道邃、道法、法穎、超辯、慧遠，肅州慧覽，涼州道猛、法成、僧候、弘充，肅州法獻，隴西僧鏡、法瑗等或到中原或去南方弘法；而且也接受內地禪文化的影響，出現樂僔、單道開、竺曇猷、釋道法等一批以習禪為主的高僧，敦煌莫高窟所開鑿的很多洞窟用於禪修。經海路在南方或北上弘法的僧人與經陸路東來傳法的僧人在中國各地譯經弘法，形成了多個譯經團體和弘法中心，如敦煌竺法護，涼州曇無讖，長安鳩摩羅什為主的西北譯經團體；以菩提流支、佛陀扇多、慧遠等為代表的鄴城和洛陽譯經弘法中心；以求那跋陀羅、法顯、佛陀跋陀羅、真諦、廬山慧遠等為中心的東南或南方譯經僧團，他們譯經弘法，與統治者、士大夫的交往極大促進了佛教的興盛。

南北朝時期譯經興盛，開窟造像也十分流行，前秦時禪僧樂僔遊歷至敦煌，開鑿第一窟，之後又有法良禪僧繼續開窟。從此，在敦煌莫高窟開

窟造像逐漸增多，成就了敦煌佛教文化的輝煌。北魏佔領敦煌，敦煌成為抵抗柔然的前沿陣地。北魏曾將敦煌改名為瓜州，宗室元榮人瓜州刺史，北魏滅亡，西魏繼續以元榮任刺史。西魏滅亡，北周委任于義為瓜州刺史。北朝時期，敦煌及西北地區佛教得以繼續發展和開窟造像獲得興盛，有「合州黎庶，造作相仍」，同時中原文化藝術也傳入敦煌，從此開始了敦煌藝術中國化的發展進程。南北朝時期開窟造像之風也影響到內陸地區，炳靈寺石窟、麥積山石窟、洛陽龍門石窟、山西大同雲岡石窟、河北響堂山石窟的開鑿和修建，與絲綢之路佛教文化的延續有密切關係，也是東西文化交流融合的見證。

二、佛教經海路的傳播發展

　　南北朝時期經海路來華的梵僧也逐漸增多，通過海路與外界的交往不斷擴大，往來商船增多，佛教文化交流增多，如曇摩耶舍、求那跋陀羅、智藥、菩提達摩、真諦、佛陀（馱）跋陀羅和求那跋摩等，南海諸國成為佛教南傳的中心，並以此不斷外傳和交流。《南史》還載：

> 十八年（518），復遣使送天竺旃檀瑞像、婆羅樹葉，並獻火齊珠、鬱金、蘇合等香。普通元年（520）、中大通二年（530）、大同元年（535），累遣使獻方物。五年（539），復遣使獻生犀，又言：其國有佛髮，長一丈二尺。詔遣沙門釋雲寶隨使往迎之。先是，三年（537）八月，武帝改造阿育王佛塔，出舊塔下舍利及佛爪髮，髮青紺色，眾僧以手伸之，隨手長短，放之則旋屈為蠡形。……盤盤國，元嘉（424～453）、孝建（454～456）、大明（457～464）中，並遣使貢獻。梁中大通元年（529）、四年（532），其王使使奉表累送佛牙及畫塔，並獻沉檀等香數十種。六年（534）八月，復遣使送菩提國舍利及畫塔圖，並菩提樹葉、詹糖等香。丹丹國，中大通三年（531），其王遣使奉表送牙像及畫塔二軀，並獻火齊珠、古貝、雜香藥。大同元年（535），復遣使獻金銀、琉璃、雜寶、香藥等物。……天竺迦毗黎國，元嘉五年（428），國王月愛遣使奉表，獻金剛指環、摩勒金環諸寶物，赤、白鸚鵡各一頭。明帝泰始二年（466），又遣貢獻，以其使主竺扶大、竺阿珍並為建威將軍。元嘉十八年（441），蘇摩黎國王那羅跋摩遣使獻方物。孝武孝建二年（455），斤陀利國

王釋婆羅那鄰陁遣長史竺留陁及多獻金銀寶器。後廢帝元徽元年
（473），婆黎國遣使貢獻。凡此諸國皆事佛道。[註19]

《梁書》也載：「及宋、齊，至者有十餘國，始為之傳。自梁革運，其奉正朔，
修貢職，航海歲至，逾於前代矣。」[註20]

可見，阿育王時期，佛教從印度南下沿海路傳播，漢代佛教從海路傳
入漢地的記載非常之少。到南北朝時期南亞、東南亞國家佛教信仰已很興
盛，以此為中心不斷向外傳播，由海路來華的使團和僧人比漢魏雖有所增
多，所贈送的物品中有關佛教物品的比例增加，有佛像、舍利、牙像、佛
塔、琉璃等。這一時期海路來華僧人與陸路來華僧侶相比還是較少，如湯
用彤先生所言：「我國北部至印度之通路，自多經今新疆及中亞細亞。晉之
苻秦與其後之北魏均兵力及乎西域。而當魏全盛，威權及於今之新疆及中
亞細亞。故中印間之行旅商賈，多取此途。經像僧人由此來者，亦較南方
海程為多。」[註21]

被尊為禪宗初祖的菩提達摩，南北朝時期來至中土，他重視《楞伽經》
的傳播，強調坐禪、觀心，斷除情慾煩惱，彰顯清淨本心，為禪宗的建立和
發展奠定了堅實基礎。達摩和尚泛海東來，經於三載，於梁普通八年（527）
丁未之歲九月二十一日至於廣州，上舶，刺史蕭昂出迎，奏聞梁帝，與梁武
帝會面，「十月一日而至上元，武帝親駕車輦，迎請大師升殿供養……又問：
『朕自登九五已來，度人、造寺，寫經、造像，有何功德？』師曰：『無功德。』
帝曰：『何以無功德？』師曰：『此是人天小果。有漏之因，如影隨形。雖有
善因，非是實相。』武帝問：『如何是實功德？』師曰：『淨智妙圓，體自空
寂，如是功德，不以世求。』武帝不了達摩所言，變容不言。達摩其年十月
十九日，自知機不契，則潛過江北，入於魏邦……」[註22]

《寶林傳》也有類似記載：

[註19]（唐）李延壽撰：《南史》卷78《扶南國傳》，北京：中華書局標點本，1975
　　　年，第1954、1958～1959、1962頁。

[註20]（唐）姚思廉撰：《梁書》卷54《南海傳》，北京：中華書局標點本，1974年，
　　　第783頁。

[註21] 湯用彤：《漢魏兩晉南北朝佛教史》，北京：北京大學出版社，1997年，第264
　　　頁。

[註22]（五代）靜、筠編撰：《祖堂集》，《大藏經補編》第25冊，第144號，第333
　　　頁中欄09、334頁上欄08、335頁中欄14、336頁中欄11。

> 菩提達摩者，南天竺國王第三子，學通三藏，尤功定業……他心廣
> 作佛事，救於大眾，時現定力，即入三昧觀。震旦眾生有大乘性，
> 與彼緣熟而可堪化。先辭師影，後別於王，而告之言欲往東土，王
> 乃啟留不住，遂敕大臣御己舶送，經於三載至於廣州，刺史蕭昂出
> 迎。時當梁普通八年丁未之歲九月二十一日，聞奏梁帝，梁帝敕下
> 詔赴京師，師取十月一日而赴上元，武帝親駕車輦迎請大師升殿供
> 養……爾時，武帝問達摩曰：朕造寺、寫經及度僧尼，有何功德？
> 達摩答曰：無功德。武帝曰：云何無功德？達摩曰：此有為之善，
> 所以無功德。是時，梁帝不晤此理，遂普通八年十月十九日泛過江
> 北……〔註23〕

菩提達摩與梁武帝在「度人、造寺，寫經、造像」是否有功德的問題上意見
不一致，致使二人會面不歡而散，達摩離開南朝而渡江北上，渡江後，在定
山寺暫住，後到北方。菩提達摩渡江北上的故事被後世人稱為「一葦渡江」
或「折葦渡江」。定山寺位於今南京定山獅子峰下一箕形山坳裏，是梁武帝為
當時著名高僧法定而建。《江浦埤乘》載：「如禪院舊在定山獅子峰下，梁主
因公主疾，既安造院。後達摩折葦渡江，曾居此院。」〔註24〕2007 年南京市
博物館專家發掘定山寺遺址，發現了與達摩有關的達摩岩、宴坐石和卓錫泉
等。

　　《歷代法寶記》、《舊唐書》和《寶林傳》等著述對於達摩的神異故事記
載增多，出現了與達摩相關的故事或詞語，如泛海而來、語不相契（政見不
合）、折葦渡江（渡江北上）、面壁九年、斷臂求法、一花五葉、被毒身亡（六
度中毒）、隻履西歸等在世間也廣為流傳。

　　南北朝時期從海路來華僧人比漢魏有所增加，他們或在廣州等地上岸，
或在南方諸地建立寺院、翻譯佛經，或北上弘傳譯經。十六國南北朝時期，
北方戰亂，東來西往和南下北上僧人相互交往，既促進了各地佛法、藝術、
思想的交流和碰撞，也極大豐富了中國傳統文化內涵，為唐宋海路文化交流
發展和繁榮奠定了基礎。

〔註23〕（唐）智炬撰：《雙峰山曹侯溪寶林傳（殘卷）》卷 8，《大藏經補編》第 14
　　　　冊，第 81 號，第 134 頁上欄 05。

〔註24〕（清）侯宗海：《光緒江浦埤乘》卷 38，《中國地方志集成》之《江蘇府縣志
　　　　輯》（5），南京：江蘇古籍出版社，1991 年，第 376 頁。

第四節　漢至南北朝河北佛教文化遺存

一、漢至南北朝河北行政區劃

　　兩漢時期，河北大地屬於冀州和幽州，有魏郡、鉅鹿郡、常山郡、清河郡、趙國、廣平國、中山國、真定國、信都國屬冀州，涿郡、渤海郡、代郡、上谷郡、漁陽郡、右北平郡、遼東郡、遼西郡、玄菟郡、樂浪郡屬幽州。

　　兩晉南北朝時，河北依然稱冀州、幽州，先後隸屬後趙、冉魏、前燕、北魏、東魏、北齊、北周等不同政權。《晉書》載：「漢武置十三州，以其地依舊名為冀州，歷後漢至晉不改。州統郡國十三，縣八十三，戶三十二萬六千。……晉惠帝（290～306）之後，冀州淪沒於石勒。勒以太興二年（319）僭號於襄國，稱趙。後為慕容儁所滅，慕容氏又為苻堅所滅。孝武太元八年（383），堅敗，其地入慕容垂。垂僭號於中山，是為後燕。後燕卒滅於魏……武帝置十三州，幽州依舊名不改……惠帝之後，幽州沒於石勒。及穆帝永和五年（349），慕容儁僭號於薊，是為前燕。七年（351），儁移都於鄴。儁死，子暐為苻堅所滅。堅敗，地復入慕容垂，是為後燕。垂死，寶遷於和龍。」〔註25〕

　　西晉末年，匈奴、鮮卑、羯、氐、羌紛紛入駐中原建立政權，河北大地先後出現後趙、冉魏、前燕、北魏、東魏、北齊、北周。在西晉永嘉六年（313）石勒住襄國，晉大興二年（319），石勒僭立，自稱大趙王，在襄國建「趙」，史稱後趙（319～352），後趙歷七代皇帝，共 30 餘年。「二年，勒僭稱皇帝，置百官，年號建平。雖都襄國，又營鄴宮，作者數十萬人，兼以晝夜。」〔註26〕石勒都襄國，也開始營建鄴城。「（建平）五年，勒死，子大雅僭立。慕容廆死，子元真代立。六年，石虎廢大雅，僭立。」〔註27〕建平五年（334）石勒死，石虎篡位。《晉書》也有記載：「（咸和八年）秋七月戊辰，石勒死，子弘嗣偽位，其將石聰以譙來降。」（咸和九年）十一月，石季龍弒石弘，自立

〔註25〕（唐）房玄齡等撰：《晉書》卷 14《地理志》（上），北京：中華書局標點本，1974 年，第 423、425～426 頁。

〔註26〕（北齊）魏收等撰：《魏書》卷 95《列傳》（八十三），北京：中華書局標點本，1974 年，第 2050 頁。

〔註27〕（北齊）魏收等撰：《魏書》卷 1《帝本紀》（一），北京：中華書局標點本，1974 年，第 11 頁。

為天王。《晉書》卷八記載：「（永和）五年（349）春正月辛巳朔，大赦……石季龍僭即皇帝位於鄴。」《晉書》卷九十五也載：「及季龍僭位，遷都於鄴，傾心事澄，有重於勒。下書衣澄以綾錦，乘以雕輦，朝會之日，引之升殿，常侍以下悉助舉輿，太子諸公扶翼而上，主者唱大和尚，眾坐皆起，以彰其尊。」〔註28〕

東晉咸康元年（335）石虎遷都於鄴城，改號建武，襄國改為襄國郡。石虎繼續營造鄴城，在「鄴起臺觀四十餘所，營長安、洛陽二宮，作者四十餘萬人。又欲自鄴起閣道，至於襄國」。〔註29〕石勒、石虎的後趙時期，襄國、鄴城交通便利，高僧彙集，佛教興盛。

東晉永和五年（349），石虎死，「子世立。世兄遵，殺世自立。遵兄鑒，殺遵自立。十三年，魏郡人冉閔殺石鑒，僭立。」〔註30〕石虎養孫冉閔篡權，殺石鑒，稱冉魏，後趙滅亡。不久冉魏被慕容儁所敗。慕容儁所建的前燕遷都鄴城，鄴城得到很大發展。晉「惠帝之後，幽州沒於石勒。及穆帝永和五年，慕容儁僭號於薊，是為前燕。七年，儁移都於鄴。儁死，子暐為苻堅所滅。堅敗，地復入慕容垂，是為後燕。垂死，寶遷於和龍。」〔註31〕

鄴城在後趙、前燕時期都得到很大發展，並與周邊建立了廣泛的佛教文化交流。前秦苻堅滅前燕，統一北方。東晉太元十一年（北魏登國元年，即386）鮮卑拓跋珪建立北魏，再次統一北方，永熙三年（534）北魏滅亡，先後分裂為東魏（534～550）、西魏（535～556）和北齊（550～577）、北周（557～581）。在北魏、東魏和北齊統治時期，佛教的發展雖有波折，但佛教在諸多統治者的大力支持和倡導下得到很大發展，尤其東魏和北齊以鄴為都城，鄴城及周邊地區的佛教得到很大程度的發展，為後世留存下諸多珍貴的文化資源。

〔註28〕（唐）房玄齡等撰：《晉書》卷95《佛圖澄傳》，北京：中華書局標點本，1974年，第2487頁。

〔註29〕（北齊）魏收等撰：《魏書》卷95《列傳》（八十三），北京：中華書局標點本，1974年，第2052頁。

〔註30〕（北齊）魏收等撰：《魏書》卷1《帝本紀》（一），北京：中華書局標點本，1974年，第13頁。

〔註31〕（唐）房玄齡等撰：《晉書》卷14《地理志》（上），北京：中華書局標點本，1974年，第426頁。

二、佛教初傳與文物遺存

（一）佛教寺院的初建

兩漢時期，河北依然分屬不同郡國。佛教沿著陸路絲綢之路經河西走廊，進入中原而到冀州，並在冀州大地有一定發展。

漢都長安，曹魏都洛陽，後遷至鄴城，政治中心在長安、洛陽、鄴城一線，而佛教發展的線路從河西走廊、長安、洛陽、鄴城等，及至後趙、東魏、北齊仍以鄴城（今邯鄲臨漳）為都城，出現以鄴城、襄國為佛教文化的發展中心，大批中外僧人聚集鄴城從事佛經翻譯、開窟建寺和具體的弘法活動。儘管十六國時期雖然政權更迭頻繁，戰亂不止，但是政權的更迭或敵對，沒有完全斷絕文化的交流。冀州、幽州等地修建一批寺院，如東晉時期的延慶寺（今清苑縣）、禪林寺（遵化縣）、蓮華院（今遵化縣）；北魏時期的白楊寺（今淶水縣）；東魏時期的凝禪寺、開業寺（今元氏縣）、開元寺（今正定縣）、天寧寺（今安新縣）、古塔寺（今安新縣）、興福寺（今肥鄉縣）；北齊時期的封崇寺（今行唐縣）、白佛寺（今靈壽縣）、淨業寺（今贊皇縣）、光國寺（今無極縣）、吉祥寺（今藁城）、法輪寺（阜平縣）、壽聖寺（今清苑縣）、智雲寺（今清苑縣）、石佛寺（今大名縣）、南響堂寺（今峰峰礦區）等。〔註32〕

因年代久遠和諸多因素的影響，兩晉十六國時期的諸多寺院已經損毀無存，但遺存的南北響堂山石窟，涉縣中皇山媧皇宮雕像、刻經，曲陽八會寺石佛龕、石刻經，張家口下花園石窟和臨漳縣佛寺遺址等等佛教文化遺產也見證了當時佛教的輝煌。

（二）寺塔的遺存

兩漢之際，佛教經陸路和海路絲綢之路傳入中土，隨著東來僧人弘法，佛教在各地逐漸傳播並得到中國人的認可。佛教何時傳入今河北一帶，史料沒有明確記載。學界認為，河南洛陽白馬寺，「漢明帝所立也，佛入中國之始也。寺在西陽門外三里御道南。帝夢金神，長丈六，項背，日月光明。金神號曰佛。遣使向西域求之，乃得經像焉。時，白馬負經而來，因以為名。」〔註33〕

〔註32〕河北省地方志編纂委員會編：《河北省志·宗教志》，北京：中國書籍出版社，1995年，第63～79頁。

〔註33〕（北魏）楊衒之撰，范祥雍校注：《洛陽伽藍記》卷4，北京：中華書局標點本，1958年，第196頁。

洛陽白馬寺因漢明帝感夢遣使西域求經像,漢使在西域求得佛經後由白馬負經回到洛陽,始建寺院安置外來的僧侶。白馬寺的存在說明在漢明帝時期,佛教經西域、河西走廊已經傳入中原地區並有一定的發展。

早在春秋戰國時期,河北北部屬於燕國,南部屬於趙國和魏國,河北又稱燕趙。及至漢代河北北部屬幽州、中南部屬冀州、張家口以北屬於匈奴。今河北邢臺漢時屬於古冀州,現今邢臺南宮保存普彤寺,有學者認為普彤寺的中國第一寺,比白馬寺塔還早一年時間。如胡穆在《佛教東來第一寺——普彤寺》闡釋其觀點,並錄出銅鑄觀音像背面的銘文為證。﹝註34﹞這一觀點在張志軍先生的《河北佛教史》中得以延用。﹝註35﹞

實際上,把普彤寺作為中國最早的寺院的觀點基本出自《南宮縣志》等,《南宮縣志》記載:「普彤塔在舊城,漢明帝永平十年建,貞觀四年重修。有唐時斷碑,大耳禪師重建,基周三十二武,高十仞。《一統志》作普同寺。《正定府志》作彤塔書院,又定覺塔,亦在舊城。唐貞元時建,今跡不存。」﹝註36﹞刻於清光緒十一年(1885)《重修普彤塔廟碑記》也載:「南邑之有普彤塔也,建自漢明帝永平十年,至唐貞觀四年大耳禪師重建。基周三十二武,高十仞,為本縣十景之一,由來舊矣。」1966 年邢臺地震,震落明早期銅鑄觀音像背面有銘文,「漢永平十五年正月十五日,攝摩騰、竺法蘭建,至太和四年正月初五日,海公和尚重修,至嘉靖十五年七月十五日青江、青海主持重修」。

根據上述記載,有關普彤寺修建年代有漢明帝永平十年(67)和永平十五年(72)之說,太和﹝註37﹞四年(230 或 370 或 481)重修、唐貞觀四年(630)、嘉靖十五年(1536)、清光緒十一年(1885)重修或重建記載,而這些記載資料皆是明代及其以後的記載。由此,我們只能說,普彤寺所建時間與白馬寺年代相當。兩漢時期,由於絲綢之路的開通,佛教最初由印度,經西域、河西走廊傳入我國長安、洛陽、冀州地區。洛陽白馬寺盡人皆知,而河北邢臺的普彤寺則是默默矗立,而鮮為人知。

﹝註34﹞ 胡穆:《佛教東來第一寺——普彤寺》,《中國文化報》2002 年 4 月 4 日第 7 版。

﹝註35﹞ 張志軍:《河北佛教史》,北京:宗教文化出版社,2016 年,第 6 頁。

﹝註36﹞ 民國黃容惠修《南宮縣志》(第 1 冊),見《中國方志叢書·華北地方》第 519 號,臺北:成文出版社有限公司,1976 年,第 56 頁。

﹝註37﹞ 太和年在歷史上出現多次,三國曹魏太和四年(230),東晉海西公太和四年(370),北魏孝文帝太和四年(481)之說。

修復後的普彤寺塔（圖 3）

　　上述記載也透露一些信息或能窺見佛教傳播的線路，由於陸路絲綢之路的開通，兩漢之際，佛教經過西域、河西走廊、長安等地傳入中原地區。東漢時期，佛教在今洛陽、邢臺一帶有一定傳播。

　　普彤寺塔是我國早期的佛塔，但在形制上與天竺、西域地區的佛塔有了很多區別，擁有了繞塔送佛和供養舍利的功效。

　　除了普彤寺塔以外，河北地區修建較早的寺院還有趙縣觀音院（柏林禪寺），保定淶水閣院禪林寺，廊坊文安縣月岩寺，邯鄲曹魏興隆寺，滄州普敬寺、水月寺等。〔註38〕可以說，佛教在東漢時期傳入冀州大地，在冀州各地

〔註38〕河北省地方志編纂委員會編：《河北省志·宗教志》，北京：中國書籍出版社，1995 年，第 63～79 頁。

有一定的發展，也出現一些寺院。因年代久遠，大多數寺院譯經不存；或限於材料，有些寺院的始建年代尚值得進一步推敲和考證。

三、南北朝佛教在河北的發展

兩漢時期佛教已經傳入河北並有一定發展。從曹操開始經營鄴城〔註 39〕建都城，繼曹魏之後，鄴城先後成為後趙、冉魏、前燕、東魏、北齊的都城，經歷近四百年的發展。自曹魏開始，是南北朝時期的後趙、冉魏、前燕、東魏、北齊六朝都城，鄴城成為了北方政治、經濟、軍事、文化的中心。曹丕稱帝建都洛陽，以長安、譙、許昌、鄴城、洛陽為五都，《三國志》卷二記載：「改許縣為許昌縣。以魏郡東部為陽平郡，西部為廣平郡。《魏略》曰：「改長安、譙、許昌、鄴、洛陽為五都，立石表，西界宜陽，北循太行，東北界陽平，南循魯陽，東界郯，為中都之地。令天下聽內徙，復五年，後又增其復。」〔註 40〕鄴城也吸引西來和北上的僧人在此駐足弘法和創建寺院，冀州的譯經、石窟藝術和禪宗文化都得到發展。

（一）佛圖澄弘法與僧團壯大

佛圖澄，西域人，本姓帛，在後趙時期來到洛陽、鄴城。因利用神異法術和治病救人宣揚佛教，受到石勒、石虎的尊崇。《佛祖統紀》卷三十六記載：「永嘉四年，西竺沙門佛圖澄至洛陽。時石勒屯兵葛陂，沙門多遇害，召澄試術，咒鉢水生青蓮華，由是神敬。」〔註41〕佛圖澄先至洛陽，見中原戰亂，隱藏山林，但得知戰亂中眾多僧人被殺，於是出山拜會石勒，以咒術取得石勒的信任，以佛教慈悲戒殺的教義勸石勒向善，少殺戮，以穩定人心和恢復生產。《釋氏稽古略》也載：

> 佛圖澄和尚，天竺國人也。西晉懷帝永嘉四年至洛陽，自言百歲餘，服氣自養，積日不食，善誦咒，役使鬼神。腹旁有孔，以綿塞之，夜則拔綿，出光以自照，每臨溪，從孔出腸胃洗濯，還納腹中。會洛陽寇亂，潛伏草野。時石勒屯葛陂，多殘殺，澄杖錫謁勒，勒命試以道術。澄取滿鉢水咒之，俄青蓮華生鉢中。勒神敬之，延於軍

〔註39〕 西晉時期改鄴城為臨漳。
〔註40〕 （晉）陳壽撰，（宋）裴松之注：《三國志》卷2《魏書·文帝本紀》（二），北京：中華書局標點本，1964年，第77頁。
〔註41〕 （宋）志磐撰：《佛祖統紀》卷36，《大正藏》第49冊，第2035號，第339頁上欄08。

> 中……咸和五年，勒稱大趙天王，行皇帝事，奉澄彌如篤敬，號曰
> 大和尚……自是勒諸子多在澄寺中養之。晉咸和八年七月勒殂，弟
> 虎，字季龍襲位，徙都鄴（今彰德路冀州之域），尤傾心事澄。至是
> 晉永和四年澄將去世，詣辭季龍……致國祚不延也，季龍號慟嗚咽，
> 十二月八日澄安坐而逝，壽一百七十歲，入道一百九年，度弟子道
> 安法師等七千餘人，自大教東來至澄而盛。〔註42〕

佛圖澄在永嘉四年（310）已經來到洛陽，東晉咸康元年（335）石虎遷都於
鄴城，佛圖澄也就在這一時間隨石虎來至鄴城，止鄴城寺中，因善於咒術而
得到後趙統治者的尊崇，尊其為大和尚，「國有大事，必有問之」。佛圖澄利
用統治者支持佛教，在後趙境內廣建佛寺佛塔和收徒授法。《高僧傳》有「澄
道化既行，民多奉佛，皆營造寺廟，相競出家」〔註43〕的盛況。佛圖澄在後
趙境內積極傳播佛教，教授弟子，廣建佛寺，也勸誡統治者慈悲減少殺戮，
使得鄴城佛教達到極為興盛的階段。《晉書‧佛圖澄傳》載：「季龍以澄故，
下書曰：『朕出自邊戎，忝君諸夏，至於饗祀，應從本俗。佛是戎神，所應兼
奉，其夷趙百姓有樂事佛者，特聽之。」〔註44〕

佛圖澄在後趙大力弘揚佛教數十年間，後趙建立寺院達八百多所，使佛
教自傳入東土以來出現極為興盛的局面。佛圖澄依靠統治者的支持，當然佛
圖澄所建寺院現今都已無法考證，但佛圖澄來自西域，在洛陽、鄴城等地以
神異傳法，修建寺院，建立僧團，佛教在中土得到興盛，在莫高窟初唐第323
窟北壁東側中部，以全景式連環畫描繪了佛圖澄的神異事蹟，如幽州滅火、
聞鈴斷事、以水洗腸等。但是佛圖澄時期，佛教在冀州大地得到廣泛傳播，
佛教不僅得到後趙統治者的支持，而且也深入民間，廣受百姓的信奉，佛圖
澄的弟子不斷增加，在北方產生很大影響，有「自大教東來，至澄而盛」的
記載。

佛圖澄以鄴城為中心建立了龐大的僧團，佛圖澄去世，由弟子道安接管
僧團。道安也不辱使命，將僧團發揚光大。佛圖澄的眾多弟子中以法首、法

〔註42〕（元）覺岸、寶洲撰：《釋氏稽古略》卷2，《大正藏》第49冊，第2037號，
第780頁下欄01。

〔註43〕（梁）釋慧皎撰，湯用彤校注：《高僧傳》卷9《晉鄴中寺佛圖澄》，北京：中
華書局標點本，2004年，第352頁。

〔註44〕（唐）房玄齡等撰：《晉書》卷95《列傳‧藝術》，北京：中華書局標點本，
1974年，第2487～2488頁。

祚、道安、法常、法佐、僧慧、道進、僧朗、法汰、法和、法雅等最為有名。

（二）道安弘法與佛教中國化的發展

佛圖澄的弟子釋道安（312～385）是兩晉南北朝時期著名的高僧，也是佛教中國化的開創者。道安法師今河北冀州人，西晉永嘉六年（312）生於冀州的書香家庭，因其容貌醜陋，常受到譏笑。道安父母早亡，由表兄撫養長大，七歲讀私塾，聰明好學，熟讀儒家經典，且能闡明自己的觀點，他還學習天文地理和陰陽算術，東晉太寧元年（323）左右，在受都寺出家為僧，他恰逢亂世，政局動盪，經歷西晉、東晉、匈奴的漢、前趙、後趙、前燕和前秦等政權。受戒之後，遊歷各地，慕佛圖澄之名來至鄴城。

道安重視和研習戒律，在鄴城依然憑藉他的學識得到佛圖澄的賞識和認可，成為佛圖澄的大弟子，儘管其他僧眾一開始嘲笑他的容貌，但還是被道安的佛學修養所折服。當時人驚歎「漆道人，驚四鄰」，可見，道安當時名望已經很大。

道安在鄴城住鄴城中寺，跟隨佛圖澄學習佛法，協助佛圖澄講經和解答僧眾的疑惑。《高僧傳》記載：「後為受具戒，恣其遊學，至鄴入中寺，遇佛圖澄，見而嗟歎，與語終日。眾見形貌不稱，咸共輕怪。澄曰：『此人遠識，非爾儔也。』因事澄為師。澄講，安每復述，眾未之愜，咸言：『須待後次，當難殺崑崙子。』即安後更復講，疑難鋒起，安挫銳解紛，行有餘力，時人語曰：『漆道人，驚四鄰。』」〔註45〕

《出三藏記集》也載：「後為受具戒，恣其遊方。至鄴，入中寺，遇佛圖澄。澄見而嗟歎，與語終日。眾見其形望不稱，咸共輕怪。澄曰：『此人遠識，非爾儔也。』」〔註46〕道安師佛圖澄期間，還修學戒律，《出三藏記集》記載：「大法東流，其日未遠。我之諸師，始秦受戒，又乏譯人，考挍者尟。先人所傳，相承謂是，至澄和上多所正焉。余昔在鄴，少習其事，未及檢戒，遂遇世亂，每以怏怏，不盡於此。」〔註47〕

道安在鄴隨佛圖澄學法，因為學識淵博，協助佛圖澄宣講佛法和管理僧

〔註45〕（梁）釋慧皎撰，湯用彤校注：《高僧傳》卷5《晉長安五級寺釋道安》，北京：中華書局標點本，2004年，第177～178頁。
〔註46〕（梁）釋僧祐著，蘇晉仁等點校：《出三藏記集》卷15《道安法師傳》，北京：中華書局標點本，2008年，第561頁。
〔註47〕（梁）釋僧祐著，蘇晉仁等點校：《出三藏記集》卷11《比丘大戒序》，北京：中華書局標點本，2008年，第412頁。

團，晉永和四年（348）佛圖澄圓寂之後，道安接管佛圖澄僧團，先在後趙、襄陽、長安等地弘傳佛法。

道安在鄴城、飛龍山、冀州弘法，與諸僧探討交流佛法，在恒山建寺制戒、整頓僧團。慕容鮮卑南下後趙滅亡，為了躲避北方戰亂，道安主要在北方等地輾轉弘法，或避難山林隨緣弘化或修建和住持寺院弘法，為南北朝十六國時期北方佛教的發展起來積極作用，也為他南下弘法奠定了基礎。

道安憑藉他的樸素的人品、淵博的學識和嚴格戒律等而博得廣大信眾的信任，聲望遠揚。後應襄陽名士習鑿齒之邀，道安及其僧團南下襄陽，開始在襄陽十餘年的弘法歷程，為襄陽佛教的發展奠定了堅實的基礎。在襄陽道安統一僧人姓氏；為佛經注疏；收集整理譯經，編訂佛經目錄；修塔寺，造佛像；宣講般若經典，創立本無宗派；完善戒律，使僧團有序弘法等，積極踐行「不依國主，則法事難立」的目標，為襄陽佛教的發展做出了貢獻。釋道安在襄陽弘法使其名聲遠揚，不僅東晉統治者給予獎賞，而且就連北方的少數民族統治者也仰慕道安威名，前秦苻堅多次派人到襄陽拜會道安，希望道安到長安弘法，無果而終。東晉寧康三年（375）苻堅不惜發動戰爭，派大軍進攻襄陽，以武力奪取道安。東晉太元四年（379），苻堅軍隊大勝，將道安、習鑿齒請到長安。

道安於東晉太元四年（379）至太元十年（385）在長安進行弘法活動，由於受到前秦統治者的崇敬，居住在為其新建的長安五重寺，被尊為國師。統治者不僅為道安譯經創造良好的條件，而且向道安問詢軍國大事。中土和西域的僧人紛紛投在其門下，道安僧團也急速擴大到數千多人，長安五重寺成為北方弘法的中心。《出三藏記集》有「既至住長安城內五重寺，僧眾數千人，大弘法化」[註48]的記載。道安在長安除了宣講弘傳般若經典、研讀佛經和持戒修行外，主要精力放在翻譯佛經經典方面，一些戒律在這一時期翻譯完成，道安以此整飭僧團，進一步完善戒律，樹立僧人的威儀，爭取更多信眾的護持。

道安法師先後在冀州、鄴城、晉陽、襄陽和長安等地弘傳譯經、注疏經典、制訂戒律和規範僧團，奠定了佛教發展中國化的基礎，促進東、南、西北間佛教文化的交流。

［註48］（梁）釋僧祐著，蘇晉仁等點校：《出三藏記集》（卷15），北京：中華書局標點本，2008年，第563頁。

有關佛圖澄和道安的文物遺存不多，2000 年溫玉成先生對河北石家莊封龍山 2 個小石窟曾作實地考察，認為是遺存小石窟即是禪窟（毗訶羅窟），是著名高僧道安、僧先、道護坐禪之地，所謂「遊想岩壑，得志禪慧」。至遲在東晉永和六年公（350）已經存在，比樂僔開鑿著名的敦煌石窟早了 16 年。北魏孝文帝時，這裡建立了堰角寺（應覺寺）。高僧靈裕（518～605）、明瞻（559～628）、慧瓚（532～607）等均在此活動。〔註49〕

（三）禪宗初步發展及文化遺存

1、二祖慧可弘法

禪宗是最具中國特色的佛教宗派，追溯東來菩提達摩為初祖，菩提達摩南北朝時期來至中土，與梁武帝對佛法認識存在差異，達摩一葦渡江來至北方，在少林寺面壁坐禪九年之久。達摩在南北朝劉宋時期從海路來至中土，在廣州、南京停留一段時間，之後北上，在熙平元年（516）以後至永熙三年（534）來至洛陽一帶，在洛陽、嵩山一帶弘傳以心傳心的安心禪法。梁大同二年（536）去世，達摩祖師及其弟子在洛陽、嵩山和鄴城一帶弘法的年代主要經歷北魏、東魏和北齊時期。

菩提達摩推崇《楞伽經》，強調坐禪、觀心，以斷除情慾煩惱，彰顯清淨本心。達摩北上魏境宣弘禪法並不是非常順利，《景德傳燈錄》曾載：「遂能遠涉山海遊化漢魏，忘心之士莫不歸信，存見之流乃生譏謗。於時唯有道育、慧可，此二沙門年雖後生，俊志高遠，幸逢法師事之數載。虔恭諮啟，善蒙師意。法師感其精誠，誨以真道，令如是安心？如是發行？如是順物？如是方便？此是大乘安心之法，令無錯謬。」〔註50〕

當時北魏盛行的是義學講授，信從達摩禪法者寥寥無幾，眾人多以嘲諷的言語鄙視看待。唯有道育、慧可兩位沙門信念堅定，不畏流言蜚語，跟隨達摩學習禪法，殷勤侍奉四五年後，才感動了達摩，授以「壁觀安心」與「二入四行」之真法。在嵩洛和鄴城一帶弘傳坐禪、觀心，斷除情慾煩惱，清淨本心，奠定了中國大乘禪法的基礎。菩提達摩在河洛、鄴城弘傳禪法的同時，佛陀、道房、僧稠一系也在洛陽、鄴城地區弘傳禪法。外來的大小乘禪法不斷融合，禪法又與中國傳統文化融合，及至五祖弘忍東山法門的創立，中國

〔註49〕溫玉成：《封龍山禪窟考察記》，《尋根》2001 年第 1 期。

〔註50〕（宋）道原撰：《景德傳燈錄》，《大正藏》第 51 冊，第 2076 號，第 458 頁中欄 08。

特色的禪宗正式出現，六祖慧能開始，禪宗進一步民間化，與大眾的日常生活緊密結合在一起。

菩提達摩傳法二祖慧可，慧可在鄴城一帶弘傳達摩禪法，又收徒僧璨。二祖慧可、三祖僧璨與鄴城有密切關係。

二祖慧可（487～593），又名僧可，俗姓姬，虎牢（滎陽，今屬鄭州）人，因其母受孕時夜光遍宅，故名曰光，又因遇神人點化而南行求法，改名叫神光。四十歲在嵩洛一帶遇見達摩，一見傾心，奉以為師，跟隨六年，始得禪法。歷史上曾有斷臂求法之說，《楞伽師資記》認為慧可為求法而不惜斷臂立雪，以精誠感動達摩：「吾本發心時，截一臂，從初夜雪中立，直至三更，不覺雪過於膝，以求無上道。」〔註 51〕獨孤沛《菩提達摩南宗定是非論》中有更加形象的描繪：

> 行至魏朝，便遇惠可。時年四十，俗姓姬，武（虎）牢人也，遂與菩提達摩相隨至嵩山少林寺。達摩說不思（議）法，惠可在堂前立。其夜，雪下至惠可腰，惠可立不移處。達摩語惠可曰：汝為何此間立？惠可涕淚悲泣曰：和上從西方遠來至此，意（欲）說法度人。惠可今不憚損軀，志求勝法，唯願和上大慈大悲。達摩語惠可曰：我見求法之人，咸不如此。惠可遂取刀自斷左臂，置達摩前。達摩見之：汝可。在先字神光，因此立名，遂稱惠可。（惠可）深信堅固，棄命損身，志求勝法，喻若雪山童子捨身命以求半偈。達摩遂開佛知見，以為密契，便傳一領袈裟，以為法信，授與惠可。惠可傳僧璨，僧璨傳道信，道信傳弘忍，弘忍傳惠能。六代相承，連綿不絕。〔註 52〕

達摩滅度後，慧可始從嵩洛一帶來至鄴城，宣說達摩禪法，「後以天平（534～537）之初，北就新鄴，盛開秘苑」，〔註 53〕東魏時，慧可來至鄴城弘法，在鄴城住匡教寺，現在匡教寺已經復建完成。及至唐朝，為了追溯禪宗的發展和紀念二祖慧可大師，在鄴城建立二祖寺和慧可舍利塔，進一步弘揚鄴城的禪宗文化。

〔註 51〕（唐）釋淨覺：《楞伽師資記》，《大正藏》，第 85 冊，第 2837 號，第 1286 頁中欄 26。

〔註 52〕（唐）獨孤沛撰：《菩提達摩南宗定是非論》，《大藏經補編》之《新校定的敦煌寫本神會和尚遺著兩種》，第 25 冊，第 142 號，第 43 頁上欄 01。

〔註 53〕（唐）道宣撰，郭紹林點校：《續高僧傳》卷 16《齊鄴中釋僧可傳》，北京：中華書局標點本，2014 年，第 567 頁。

2、三祖僧璨弘法與水峪寺石窟

二祖慧可傳法僧璨，僧璨是東魏、北齊時期的僧人，曾在北齊從事佛事活動。北周滅北齊後，在北齊境內推行滅佛政策，慧可、僧璨為了避難南下至至司空山、天柱山，將達摩禪法傳至安慶一帶，現在安慶也已修建二祖寺和三祖寺，密切了河北與安徽的禪宗文化聯繫。

作為禪宗三祖的僧璨在把達摩禪傳到南方起了關鍵性的作用，然而有關僧璨生卒、弘法活動的記載都比較混亂，學界也存在不同觀點，即其一、三祖僧璨圓寂於隋開皇十二年（592）年之說來源於 1982 年杭州出土的《隋僧璨磚塔銘》、收入《陶齋藏石記》卷 15 中的「僧璨皖公山塔記」〔註54〕和《北京圖書館藏中國歷代石刻拓片彙編》收錄清末、民國時期的「璨大士塔銘」等。其二、僧璨圓寂於隋大業二年（606）年之說來源出自《祖堂集》《景德傳燈錄》《佛祖統紀》《釋氏稽古略》《新修科分六學僧傳》《五燈會元》《聯燈會要》《嘉泰普燈錄》《指月錄》《曹溪寶林傳》〔註55〕等諸多記載，這些僧傳相互承續，內容也大同小異。據傳世文獻記載，僧璨圓寂於隋大業二年（606）〔註56〕，後世僧傳多延續前代並不斷補充豐富，僧璨的形象也日漸豐富，但不同作者或傳抄過程中出現誤差，僧璨的諡號也發生了變化。其三，胡適的觀點是僧璨圓寂於仁壽四年（604）之前，他認為，《寶林傳》所載僧璨圓寂於隋大業二年（606）屬於信口編造。〔註57〕胡適利用史料反駁了僧璨圓寂於隋大業二年（606）的觀點，結合《續高僧傳》之《辯義傳》的活動，分析了僧璨的生卒年代。

總之，三祖僧璨的圓寂時間有隋開皇十二年（592）年之說、大業二年

〔註54〕（清）端方：《陶齋藏石記》卷 15，見《石刻史料新編》（第 1 輯刊、第 11 冊），臺北：新文豐出版社，1982 年，第 8121 頁。

〔註55〕相傳《曹溪寶林傳》或為唐智炬所編，《續高僧傳》卷 11《釋智矩》有載：「釋智炬，姓吳氏，吳郡人，性矜莊，善機會，美容貌，雅為眾表，又善草隸偏愛文章……以大業二年正月卒於寺房，春秋七十有二，葬京郊之南。」按此說智炬不可能記載僧璨之事；或為唐慧炬所編，《釋氏稽古略》卷 3 記載：「貞元十七年，建康沙門慧炬、天竺三藏勝持，編次諸祖傳法記識及宗師機緣，為《寶林傳》。」

〔註56〕胡適的《跋寶林傳殘本七卷》一文（見《胡適學術文集·中國佛學史》，第 177 頁）根據《續高僧傳》之《辯義傳》內容，認為僧璨在在隋仁壽四年（601）之前已經圓寂，而《寶林傳》記載僧璨死於大業二年是信口編造的。

〔註57〕胡適：《跋寶林傳殘本七卷》，《胡適學術文集·中國佛學史》，北京：中華書局，1997 年，第 177 頁。

（606）年之說、隋仁壽四年（604）之前等不同說法，圓寂時間雖相差十餘年時間，卻都集中在隋代，可以確定三祖僧璨是南北朝至隋時期的僧人。

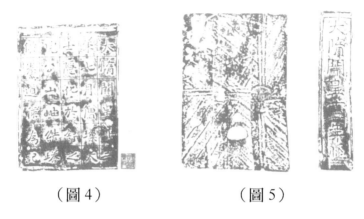

（圖4）　　　　　　　　（圖5）

（璨大士塔銘，普552-9，隋開皇十二年七月刻，三面刻，高均16釐米，兩面寬12釐米，一寬4釐米，陽文正書，此本清末、民國年間拓）

有關三祖僧璨的記載雖不斷累疊豐富，其形象也日益豐滿，但諸多記載仍有相互牴牾之處。河北邯鄲水峪寺石窟僧璨石刻像可為學界提供一些新資料。

二祖慧可、三祖僧璨南下之前曾在鄴城弘法，三祖僧璨還參與鄴城水峪寺的開鑿修建等。水峪寺石窟西窟窟門內壁左右兩側的浮雕僧人像，窟門內壁左右兩側上部存有四排浮雕千佛，下部鐫刻五排供養人，所有供養人皆面向窟門，窟門左右兩側對稱，西側（左側）上面第一排第一身供養人雙手合十，像前陰刻「昭玄大統定禪師供養佛時」。

（圖6）

（水峪寺石窟：第一身為昭玄大統定禪師，第二身為比丘惠志，
第三身比丘惠義？，第四身為比丘惠林）

水峪寺石窟　比丘僧璨供養佛時（圖7）

東側（右側）上面第一排第一身供養人雙手曲肘前伸，左手作禪定印，右手托缽，像前陰刻「比丘僧璨供養佛時」。

「比丘僧璨」和「昭玄大統定禪師」分別雕刻在窟門內壁左右供養人之首，說明二位僧人地位相當。因為僧璨的記載非常少，但可以借助定禪師瞭解一些僧璨的情況。

定禪師為僧官，有「昭玄大統」之官職。《隋書》記載：「昭玄寺，掌諸佛教、置大統一人，統一人，都維那三人。亦置功曹、主簿員，以管諸州郡縣沙門曹。」〔註58〕《佛祖統紀》也載：「和平元年，詔沙門統曇曜為昭玄沙門都統，待以師禮。」〔註59〕北魏和平元年（460）設立僧官和統領僧官的官署，以曇曜為昭玄沙門都通。

北齊時僧官進一步完善，「又敕昭玄大統沙門法上等二十餘人，監掌翻譯，沙門法智、居士萬天懿傳語」。〔註60〕《佛祖統紀》記載：「（天保）二年，詔稠禪師至鄴都建雲門寺以居之……詔置昭玄上統，以沙門法上為大統，令史員置五十餘人，所部僧尼四百餘萬，四萬餘寺，咸稟風教，帝築壇具禮，尊為國師。」〔註61〕北齊天保二年（552）設昭玄上統，沙門法師為大統，昭玄統負責佛教寺院、僧尼和佛經翻譯，武平年間（570～575）法上法師還曾

〔註58〕（唐）魏徵等撰：《隋書》卷27《百官志》（中），北京：中華書局標點本，1973年，第758頁。

〔註59〕（宋）志磐撰：《佛祖統紀》卷38，《大正藏》第49冊，第2035號，第355頁上欄03。

〔註60〕（唐）道宣撰，郭紹林點校：《續高僧傳》卷2《隋西京大興善寺天竺沙門那連提黎耶舍傳》，北京：中華書局標點本，2014年，第34頁。

〔註61〕（宋）志磐撰：《佛祖統紀》卷38，《大正藏》第49冊，第2035號，第356頁下欄20。

編訂《齊代眾經目錄》。

及至北齊武平五年（574）時，昭玄大統改為定禪師，從時間上判斷，大統法上任職在定禪師之前。定禪師不僅出現在水峪寺的供養人中，而且在南響堂石窟第 2 窟內出現了「昭玄沙門統定禪師造佛六十軀」的造像題記，可見，「定禪師」在武平年間（570～575）是北齊最高僧官，他參與北齊水峪寺和南響堂山造像活動。

與定禪師一同雕刻在水峪寺石窟內壁的三祖僧璨應在北周滅佛之前，曾在北齊鄴城一帶從事弘法活動，並有一定聲望。參與昭玄大統定禪師、僧璨開鑿水峪寺的還有比丘惠志（第二身）、比丘惠義（第三身）、比丘惠林（第四身）。

惠義，即慧義，在南響堂隋代刻《釜山石窟之碑》提及，惠義負責最初考證南響堂，「……有靈化寺比丘慧義，仰惟至德，俯念顛危，於齊國天統元年乙酉之歲，斬此石山，興建圖廟。時有國大丞相淮陰王高阿那肱，冀帝出京，憩駕於此，因觀草創，遂發大心，廣捨珍愛之財，開此□□之窟，至若靈像千軀，儼然照□□□數（？），粲爾分明。其中妝飾鮮明，□□□世□華，動物傾人，斯亦最為希□，□功……」

北齊天統元年（565）慧義法師負責開鑿南響堂山石窟，到武平五年（574）他又出現在水峪寺石窟，與比丘僧璨的刻像一起出現在水峪寺石窟窟門內壁。

獨孤及撰文的《舒州山谷寺覺寂塔隋故鏡智禪師碑銘並序》記載：「按前志，禪師號僧粲，不知何許人，出見於周、隋間，傳教於惠可大師，摳衣鄴中，得道於司空山。謂身相非真，故示有瘡疾；謂法無我，故居不擇地；以眾生病為病，故所至必說法；度人以一相，不在內外中間，故必言不以文字。」〔註 62〕獨孤及（725～777）是唐代政治家，所撰碑文提及僧璨「摳衣鄴中」正說明僧璨在鄴城隨慧可出家為僧。東魏天平（534～537）初年，慧可來至鄴城一帶弘法，僧璨「摳衣於鄴中」，投慧可門下，並在鄴城弘傳佛教，才有將形象留在水峪寺石窟的情況。

可見，南北朝時期，禪宗在洛陽、鄴城有一定程度的發展，形成了菩提達摩、慧可、僧璨的傳承。南響堂山石窟完成沒有多久，周武帝東並，北齊滅亡，周武帝還掃蕩塔寺，給北齊佛教和佛教藝術以毀滅性的打擊，也就在

〔註62〕（清）董誥等編：《全唐文》卷 390，北京：中華書局影印本，1983 年，第 3972 頁。

北周滅佛的大背景下，僧璨和諸多僧人一樣到處逃難，故此來至南方。三祖僧璨行跡弘法活動大致分為三個階段，第一階段，在北方鄴城出家與弘法，僧璨的形象出現在邯鄲水峪寺石窟之中。第二階段，在司空山、天柱山隱居弘法，因北周滅佛，僧璨隨慧可南下來至舒州司空山隱居弘法，後住天柱山（皖公山）山谷寺，傳法給弟子道信，僧璨聲望大振。第三階段，僧璨傳法道信後，遊歷羅浮山，之後再次回到天柱山山谷寺，並圓寂於此。僧璨的弘法活動不僅使司空山和天柱山成為禪宗文化的中心和佛教文化的中心，而且也極大推動唐代東山法門的建立和禪宗真正的創立。

僧璨的弘法活動將達摩禪法由北方傳至安徽安慶地區，對達摩禪法有信有修，僧璨傳法道信，道信又傳弘忍，弘忍在湖北黃梅禪法，建立東山法門，五祖傳慧能，慧能在廣東曹溪將達摩禪法發揚光大，禪宗也成為最具中國特色的宗派。

（四）佛學思想的初步發展

南北朝十六國時期政局混亂，人們誠心向佛、研習佛法，希望得到佛祖保祐和心靈的慰藉，也促進了佛教中國本土文化、不同民族文化的融合，為以後佛教繼續發展和各宗派形成奠定了基礎。北方佛學以長安的鳩摩羅什為最盛，後來戰亂，學僧星散，出現洛陽、鄴城佛學發達。北朝晚期，在洛陽、鄴城等地僧人將佛學思想與坐禪修習有機結合在一起，既重視禪修，也精研佛學思想，成地論派的形成，對後世華嚴學、唯識學等都產生了一定影響。

1、地論學派的形成

南北朝時期般若經典流行，出現般若與玄學相結合，共同發展的局面。這一思想發展趨勢在北齊刻經中也有所體現，《摩訶般若波羅蜜經》、《文殊師利所說摩訶般若波羅蜜經》《維摩詰經》等都被刻在石窟之中。不僅曇無讖所譯《大般涅槃經》的「一切眾生皆有佛性」，「人人皆可成佛」的觀點廣受歡迎，而且《維摩詰經》所展現出維摩詰的學識淵博、高談玄理等形象，這也是自命清高的士人所向往的，也充分反映了統治者和士大夫既不想出家，捨去富貴和享樂，又保持清高和優雅，希望以供養佛菩薩，達到成佛的目的。

由於北齊統治者的推崇，佛教在北齊得以寬鬆發展，信眾虔誠信仰，僧

眾們研究佛法，佛教的地論學派在北朝得到一個良好的發展環境。《續高僧傳·靖嵩傳》載：

> 屬高齊之盛，佛教中興，都下大寺略計四千，見住僧尼僅將八萬，講席相距，二百有餘，在眾常聽，出過一萬。故宇內英傑，咸歸厥邦。有大學寺融智法師，大齊國統法上之神足也。解貫眾師，道光二藏，學徒五百，負裝摩肩，常講《涅槃》及《十地論》。嵩聞之，乃投誠焉，北面從範，攻研數載，隨聞復述，每擊奇致，於即學徒舉目，相與推師……及嵩之位席，上經五遍，旁探婆沙迦延、舍利弗等，妙通文理，屢動恒神。便又博觀眾經，師模論道，勢傾八位，詞號四飛，獨步河山，舟航三藏，憑附參請，智光時傑。齊琅耶王深相器重，弘扇風猷，每於肇春，廣延學侶，大集鄴都，特開法座，奉嵩為法主，進勵學徒，因爾導悟成津，彌逢涼燠，傳芳接武，響譽東河。〔註63〕

在東魏、北齊時期弘傳地論學派的當屬菩提流支、慧光、勒那摩提及慧光的弟子等。慧光法師，定州人，俗姓楊，也稱「光統律師」，主要生活在北魏皇興二年（469）至東魏元象元年（538），壽 70 歲，被視為第二代地論師和地論學派南道一系開創者，也被視為四分律宗之祖。

太和十九年（495）中天竺僧人勒那摩提來至少林寺，慧光從勒那摩提學習《十地經論》，並參與了菩提流支、勒那摩提翻譯《十地經論》等工作。

永平年間（508～511）菩提流支初至洛陽，居永寧寺，得到宣武帝的賞識。北魏分為東魏、西魏，菩提流支隨孝靜帝遷居鄴都譯經弘法，先後譯經 30 多部，有《十地經論》《深密解脫經》《入楞伽經》《金剛般若波羅蜜經論》《無量壽經論》等。中天竺那摩也在宣武帝時來至洛陽，譯《法華論》《十地經論》等。因為菩提流支與勒那摩提對《十地經論》理解產生分歧，導致地論學派分立為南道地論學派和北道地論學派。

慧光法師跟隨勒那摩提，以勒那摩提為祖師，建立地論學派南道，成為南道地論派的二祖。在當時頗重義理的北朝統治階層有較大影響力。因慧光博學多聞，還成為北魏末期、東魏之佛教領袖，推動北朝佛教義學、律學發展，為隋唐佛教宗派建立與發展奠定基礎。《續高僧傳》記載了慧光法師宣講

〔註63〕 （唐）道宣撰，郭紹林點校：《續高僧傳》卷 10《隋彭城崇聖道場釋靖嵩傳》，北京：中華書局標點本，2014 年，第 337～338 頁。

《華嚴經》《涅槃經》《維摩詰經》《十地經論》《地持經》等經典，能夠「疏其奧旨，而弘演導」〔註64〕，撰寫《華嚴經略疏》《四分律疏》《玄宗論》《大乘義律義章》《仁王七誡》《僧制十八條》，注釋《勝鬘經》《佛遺教經》《仁王經》《般若經》等。慧光廣研佛義，精修律部，精通大乘、小乘經、律奧旨，著述廣博，道宣稱其著述「文存風骨，頗略章句，故千載仰其清規，眾師奉為宗轄矣」。〔註65〕

慧光弟子眾多，有釋僧達（475～556）、釋僧範（476～555）、釋曇遵（480～564）、釋靈詢（482～550）、釋惠順（487～558）、釋道憑（488～559）、釋法上（495～580）、釋曇衍（503～581）、釋安廩（507～583）、釋道慎（515～579）、釋曇隱、釋道雲、釋道暉、釋法願、馮袞等。他們對地論學派、涅槃思想和唯識思想皆有闡揚，佛學在洛陽、鄴城得以發揚光大。

2、涅槃思想的闡揚

「涅槃」之學雖在鄴城、晉陽流行，卻與涼州僧人至平城有密切關係。對於涅槃思想的弘揚與慧光的弟子宣揚也有很大關係。僧範因聽《涅槃》出家，頓盡其致，後師慧光，撰《涅槃疏》。釋惠順也是聽講《涅槃》，後依慧光出家。道憑亦是當世法匠，執性剛忤，但論著教授。道憑，俗姓韓，平恩人，年十二出家，精通《維摩》《涅槃》《成實》等經論，聞慧光弘揚戒本，拜慧光為師。道憑為慧光法師之親承，有「慧光、道憑，躡跡通軌」〔註66〕的記載。道憑修建寶山寺（隋文帝為其改名為「靈泉寺」），其弟子釋靈裕承寶山寺，並將其進一步擴大，為鄴都西山著名寺院之一，至唐代仍佛事興盛。

法上北齊僧人，九歲學習《涅槃經》而出家，曾潛居山林，誦《法華》《維摩》，後到洛陽講《法華經》，專心研習《涅槃》，隨慧光受具足戒，將《十地》《地持》《楞伽》《涅槃》等經，為北齊僧統，著有《佛性論》等。

法上弟子融智常於鄴下講習《涅槃》《十地經論》，「有太學寺融智法師，大齊國統法上之神足也。解貫眾師，道光二藏，學徒五百，負帙摩肩，常講

〔註64〕（唐）道宣撰，郭紹林點校：《續高僧傳》卷22《齊鄴下大覺寺釋慧光傳》，北京：中華書局標點本，2014年，第822頁。

〔註65〕（唐）道宣撰，郭紹林點校：《續高僧傳》卷22《齊鄴下大覺寺釋慧光傳》，北京：中華書局標點本，2014年，第822頁。

〔註66〕（唐）道宣撰，郭紹林點校：《續高僧傳》卷15《唐京師慈恩寺釋義襃傳》，北京：中華書局標點本，2014年，第549頁。

《涅槃》及《十地論》」〔註67〕。慧遠（523～592）亦承法上法脈，成就最大，在北齊、隋之間，被退位泰斗。釋慧遠，姓李，敦煌人，遊化於陝、晉、冀、豫等地。慧遠學識淵博，講《十地經論》《華嚴》《涅槃》等，隨講隨疏，著有《大乘義章》《涅槃經疏》《地持經疏》《十地經論疏》等。慧遠不但對地論學南道思想繼承與發展，更集南北朝佛學之大成，對後世佛學思想闡釋很大影響。

正是由於慧光等弟子們的大力推動和弘法推動，使慧光法師所建立的思想學派宗風大振，於北魏至隋唐之際對河洛、鄴城一帶佛教思想的發展產生很大影響。

（五）《高王觀世音經》的出現

《高王觀世音經》的出現和流傳又是鄴城地區佛教民間信仰的具體表現。觀世音菩薩是大乘佛教最為信奉的菩薩之一，大慈大悲，應聲救度，普門示現，中國人對觀音菩薩寄予了某種特殊的感情。隨著佛經的翻譯，觀世音菩薩的地位逐漸上升，後漢支曜譯《佛說成具光明定意經》中觀音之名，列於諸多明士之最後一位，角色並不重要。支謙譯《維摩詰經》中觀音依然處於次要地位。《大乘悲分陀利經》則記載寶藏佛為觀音授記，觀音具有救諸苦難和將來成佛的內容，「如汝善男子！已觀惡趣又觀天上，觀眾生苦能生悲心，為脫一切眾生苦故，除結使故令得樂故。是故，汝善男子！字汝為觀世音。汝觀世音，當度脫多億那由他百千眾生苦。」〔註68〕鳩摩羅什所譯《摩訶般若波羅蜜大明咒經》中觀世音菩薩也具有「照見五陰空，度一切苦厄」的功能等。

後來隨著《妙法蓮華經》、《華嚴經》、淨土經典以及密教觀音經典的不斷翻譯流行和佛教宗派的出現，觀世音菩薩的聲望不斷得到提升，在後漢支讖所譯《佛說無量清淨平等覺經》、曹魏康僧鎧譯《無量壽經》、吳支謙譯《阿彌陀佛度人道經》和宋法賢《無量壽莊嚴經》等同本異譯淨土經典中觀世音菩薩成為阿彌陀佛的脅侍菩薩。《妙法蓮華經》、《華嚴經》等經典中觀音菩薩成為大慈大悲、救苦救難怙主，能行化法界，救度眾生。

〔註67〕（唐）道宣撰，郭紹林點校：《續高僧傳》卷10《隋彭城崇聖道場釋靖嵩傳》，北京：中華書局標點本，2014年，第337頁。

〔註68〕失佚者：《大乘悲分陀利經》卷3，《大正藏》第3冊，第158號，第251頁中欄14。

　　《妙法蓮華經》是讚頌觀世音菩薩最為核心的經典，最早在三國時期開始翻譯出來，經過南北朝到隋有六個譯本，現存三個譯本，一是後秦龜茲國三藏法師鳩摩羅什奉詔譯《妙法蓮華經》（七卷）〔註69〕；二是西晉月氏國三藏竺法護譯《正法華經》（十卷）〔註70〕；三是隋天竺三藏闍那崛多共笈多譯《添品妙法蓮花經》（七卷）〔註71〕。這三個版本為同本異譯，以鳩摩羅什漢譯本最為流行。《妙法蓮華經》翻譯完成的時間正是漢魏南北至隋時期，不同民族入主中原，政權紛爭更迭頻繁，百姓飽受戰亂之苦，這種朝不保夕的動盪社會為大慈大悲和救苦救難的觀世音菩薩的信仰提供了極為有利的條件。

　　鳩摩羅什譯《妙法蓮華經》分為二十八品，從藥王菩薩本事品第二十三到普賢菩薩勸發品第二十八主要通過藥王、妙音和觀世音菩薩等故事，極大擴展了《妙法蓮華經》在民間的影響。其中第二十五《觀世音菩薩普門品》突出了觀世音菩薩救火、水、怨賊、枷鎖、牢獄、盜賊等七苦難、解脫三毒、滿足二求、現三十三身等功德，不僅與世俗百姓日常生活勞作密切相關，而且也受到帝王的推崇，《觀世音菩薩普門品》逐漸獨立流行，稱為《觀音經》。

　　《妙法蓮華經》第二十五《觀世音菩薩普門品》的單獨流行與河西王沮渠蒙遜的推崇有密切關係，在《法華傳記》《觀音玄義》有載，描述了河西王沮渠蒙遜生重病，諸藥不愈，求神不靈，誦《普門品》而病好，從此推廣此經。《法華傳記》記載：「依先業而遇於重病，困苦不息。以諸藥而塗，終不愈，祈天神、地祇，猶不治差。曇摩羅懺法師，號伊波勒菩薩，遊化蔥嶺，來至河西。大王聞沙門來，請問治病，懺答曰：『大王病，天竺諸藥所不能瘳。唯有妙藥，名稱《妙法普門》。』能令為轉讀，王嚴應教，令為讀者。病載除愈。由此起尊重心，自轉抽撩《觀音》一品，為於別卷，從彼時來，迄於今時傳來矣。」〔註72〕《觀音玄義》還載：「而別傳者，乃是曇摩羅讖法師，亦號伊波勒菩薩，遊化蔥嶺，來至河西。河西王沮渠蒙遜歸命正法，兼有疾患以告法師。師云：『觀世音與此土有緣』，乃令誦念患苦即除。因是別傳一品

〔註69〕（後秦）鳩摩羅什譯：《妙法蓮華經》卷7，《大正藏》第9冊，第262號，第56頁下欄03～05頁中欄05。

〔註70〕（西晉）竺法護譯：《正法華經》卷10，《大正藏》第9冊，第263號，第128～129頁下欄01。

〔註71〕（隋）闍那崛多、笈多譯：《添品妙法蓮華經》卷7，《大正藏》第9冊，第264號，第191頁中欄25～193上欄28。

〔註72〕（唐）僧詳撰：《法華傳記》卷7，《大正藏》第51冊，第2068號，第78頁中欄25。

流通部外也，此品是《法華》流通分。」〔註73〕

可見，《觀世經》單獨流傳在北涼沮渠蒙遜時期已開始，在統治者的推崇下和時代背景的影響下，觀世音菩薩的信仰家喻戶曉，孺婦皆知，為觀世音菩薩成為最具有中國特色的菩薩奠定了基礎。

南北朝時期觀世音菩薩的形象也發生變化，男、女形象的觀世音菩薩都有存在。《北齊書》也載：「（北齊）武成酒色過度，恍惚不恒，曾病發。自云，初見空中有五色物，稍近，變成一美婦人，去地數丈，亭亭而立。食頃，變為觀世音。之才云：『此色慾多，大虛所致。』」〔註74〕北齊武成皇帝高湛（561～565在位）因酒欲過度而生病，觀音化現為亭亭玉立的美貌婦人前來救度他，欲使其擺脫酒色，安於朝政。

隨著大乘觀音經典傳入中土和翻譯流行，中國百姓對外來的大慈大悲的觀音給予了特殊感情，深入人心，並對觀音菩薩寄予了諸多美好的嚮往，希望觀音菩薩能滿足和實現他們各種願望。觀音偽經不斷出現傳播，其中《高王觀世音經》的產生與河北有密切關係。

美國學者于君方認為，《高王觀世音經》「現存有五個版本，即最早的是刻於北京附近的房山雷音洞中，年代約為616年，其次是刻於房山第三洞中（洞內有665、669年的紀年石板），相當於七世紀。第三是日本出口常順氏藏，名為《佛說觀世音折刀除罪經》的吐魯番出土本，牧田諦亮曾徹底研究過這個刻本，推定為八世紀左右。第四個版本發現於敦煌。第五個版本則見於《大正藏》卷85收錄，四、五個版本年代不詳，但應較前晚。」〔註75〕

觀音偽經以《高王觀世音經》最為有名，不僅在北京房山、吐魯番、敦煌、黑水城等地諸多地方出土的文獻中有一定保存，而且其形成還與北齊王有著密切關係，也與鄴城、晉陽地區觀音信仰的流行有關。為什麼稱《高王觀世音經》？高王又指誰？學界有不同觀點，高王或指王玄謨（388～468）、盧景裕（？～542）、孫敬德，或指北齊的奠基人高歡（496～547）。

王玄謨、盧景裕、孫敬德都信仰觀音，還有誦念觀音得以免罪的情況。

〔註73〕（隋）智顗撰：《觀音玄義》卷下，《大正藏》第34冊，第1726號，第891頁中欄29。

〔註74〕（唐）李百藥撰：《北齊書》卷33《徐之才》，北京：中華書局標點本，1972年，第446頁。

〔註75〕參見于君方：《觀音——菩薩中國化的演變》，北京：商務印書館，2015年，第123頁。

王玄謨，太原人，元嘉（424～453）中，「北征失律，蕭斌欲誅之，⋯⋯夢人告曰：『能誦《觀世音普門品》《大悲咒》千遍，可免。』既覺，誦之不輟，忽報停刑，後官至開府。」〔註76〕

孫敬德北齊人，《佛祖統紀》記載：「河清二年（563），孫敬德先造觀音像。後有罪當死，夢沙門教誦經可免。既覺誦滿千遍，臨刑刀三折，主者以聞，詔赦之。還家見像項上，有三刀痕，此經遂行，目為《高王觀世音經》。」〔註77〕孫敬德在《法苑珠林》也載：「元魏天平中（534～537），定州募士孫敬德，防於北陲，造觀音金像。年滿將還，常加禮事後為劫賊，橫引禁於京獄，不勝考掠，遂妄承罪，並斷死刑。明旦行決，其夜禮拜懺悔淚下如雨⋯⋯少時依俙如夢見一沙門，教誦觀世音救生經，經有佛名，令誦千遍，得度苦難。敬德欻覺，起坐緣之了無參錯，比至平明已滿百遍。有司執縛向市，且行且誦，臨欲加刑，誦滿千遍，執刀下斫，刀折三段不損皮肉。易刀又斫，凡經三換，刃折如初。監當官人莫不驚異，具狀聞奏。承相高歡表請其事，遂得免死，敕寫此經傳之。今所謂《高王觀世音經》是也。敬德放還設齋報願，出在防像，乃見項上有三刀痕。」〔註78〕

盧景裕今河北人，士族出身，他生活簡樸，與佛教徒關係密切，常為漢譯經作序。高歡擁立孝靜帝，遷都鄴城，盧景裕隨同往鄴城，後盧景裕堂兄起兵反對高歡被平定，盧景裕受牽連，被捕入獄，等候判決，盧景裕在獄中誦觀音經，得以解脫。《北史》記載：「景裕又好釋氏，通其大義。天竺胡沙門道俙，每譯諸經論，輒託景裕為之序。景裕之敗也，繫晉陽獄，至心誦經，枷鎖自脫。是時，又有人負罪當死，夢沙門教講經，覺時如所夢，謂誦千遍，臨刑刀折。主者以聞，赦之。此經遂行，號曰《高王觀世音》。」〔註79〕

儘管王玄謨、孫敬德和盧景裕都是南北朝時期的人，雖然他們都信仰觀音，從他們的身世很難稱為王。能稱為王的應指北齊奠基人高歡。孫敬德和盧景裕與高歡都有交往，高歡是東魏丞相，掌控東魏十餘年，與盧景裕的關

〔註76〕《觀音經持驗記》卷上，《卍新續藏》第 78 冊，第 1542 號，第 95 頁下欄 14。

〔註77〕（宋）志磐撰：《佛祖統紀》卷 38，《大正藏》第 49 冊，第 2035 號，第 357 頁下欄 15。

〔註78〕（唐）道世撰：《法苑珠林》卷 14，《大正藏》第 53 冊，第 2122 號，第 389 頁下欄 09。

〔註79〕（唐）李延壽撰：《北史》卷 30，北京：中華書局標點本，1974 年，第 1099 頁。

係最為密切。

可知，南北朝時觀音信仰在今河北、山西一帶非常流行，北齊時期信仰佛教更甚，當時民間借鑒流行的觀音經典而編撰的《高王觀世音經》。《高王觀世音經》強調了誦觀音名號而得救度的功德，也與南北朝戰亂不斷，人們祈求得到神靈的護祐有一定的關係。

高王觀世音和觀音一樣具有聞名化現救度的一切功能，高王觀音有了中國化的名號，有具體救度的人物、地點、時間，給世人一種更加可信的印象，這是觀音中國本土化的具體體現。

四、鄴城石窟與石刻經的遺存

（一）響堂山石窟造像

自前秦樂僔、法良在敦煌莫高窟開始開鑿洞窟以來，各地開窟造像逐漸流行開來，沿著陸路絲綢之路發展路線，在炳靈寺石窟、麥積山石窟、洛陽龍門石窟、山西大同雲岡石窟、河北響堂山石窟等。

北魏太延五年（439）太武帝舉兵滅北涼，北涼境內僧人、文人或工匠西逃高昌，如沮渠京聲等高僧從事譯經事業；或來至平城，北魏俘掠涼州僧徒3000 人，及信教、吏民 3 萬戶遷往平城，為平城經濟、文化發展輸送新鮮血液，如僧人師賢、曇曜等平城任僧官，負責雲岡石窟的開鑿和修建，涼州的工匠成為雲岡石窟開鑿的主力。《魏書·釋老志》記載：「涼州自張軌後，世信佛教。敦煌地接西域，道俗交得其舊式，村塢相屬，多有塔寺。太延中，涼州平，徙其國人於京邑，沙門佛事皆俱東，象教彌增矣。」〔註 80〕涼州工匠把涼州石窟的模式融入雲岡石窟開鑿和造像之中，開啟了雲岡石窟造像風格中國化的轉變，將西北佛教文化和造像技藝與北方文化碰撞融合，將北方諸民族的智慧與外來文化、藝術有機融合。

雲岡石窟是北魏石窟的傑出代表，始鑿於文成帝和平初（460），延續至孝明帝正光五年（524）止，前後 60 多年。後世朝代對雲岡石窟多有續鑿、重修和修葺等活動。在河北保存一處非常小的北魏石窟，即張家口下花園北魏石窟造像，這是河北少有的遺存下來的北魏石窟造像。下花園石窟位於雞鳴山山腳下，石窟平面似馬蹄形，洞窟中雕有一尊大佛，高約 2 米，窟頂藻

〔註 80〕（北齊）魏收撰：《魏書》卷 114《釋老志》，北京：中華書局標點本，1974年，第 3032 頁。

井由八個飛天圍繞蓮華組成。石窟上部雕刻有三排小佛像，已風化不清。窟內左右壁皆雕有佛像，現十幾軀保存較為完好。雕刻佛像上身、兩臂較長，豐滿健壯，具有典型的北魏造像風格。

下花園石窟藻井（圖8）

北魏滅亡，河北分別歸屬東魏、北齊統治，東魏和北齊以鄴城為都，統治者極為崇信佛教，開窟造像，修建塔寺，大批中外僧人從事佛經的翻譯。著名的南、北響堂山石窟和水峪寺石窟（也稱小響堂），涉縣媧皇宮雕像，曲陽八會寺石佛龕，張家口下花園石窟和臨漳縣佛寺遺址等就是在這一時期開鑿和修建完成的。

南、北響堂石窟群位於邯鄲峰峰礦區鼓山，是北齊佛教藝術的典型實例，「位於河北省邯鄲峰峰礦區鼓山的響堂山石窟群，是北齊（550～577）佛教藝術的最重要的實例之一，也是中國美術史中一個重要里程碑。其超大型的窟室建築與風格獨特的雕刻都見證了佛教藝術在六世紀中葉後所達到的一個新的高峰。一些窟寺內外所刻的大量佛經進而使這處遺址的意義超出了美術史的範圍，不僅對研究中古佛學極為重要，而且為瞭解北朝宗教思想和儀軌、書法、以及圖像與書寫的關係提供了重要資料。」〔註81〕

〔註81〕峰峰礦區文物保管所、芝加哥大學東亞藝術中心著：《北響堂石窟刻經洞——南區1、2、3號窟考古報告》序，北京：文物出版社，2013年，第1頁。

　　南響堂山石窟位於峰峰礦區滏山南麓，南響堂石窟是由靈化寺比丘慧義
首倡開鑿於北齊天統元年（565），以後陸續開鑿，受到戰爭和北周滅佛運動
的影響，終於承光元年（577）北周滅齊。正如第二窟窟門外兩側龕內存有隋
朝沙門道淨撰寫的《滏山石窟之碑》所載：「……有靈化寺比丘慧義，仰惟至
德，俯念巔危，於齊國天統元年（565）乙酉之歲，斬此石山，興建圖廟。時
有國大丞相淮陰王高阿那肱，翼帝出京，憩駕於此，因觀草創，遂發大心，
廣捨珍愛之財，開此□□之窟，至若靈像，千軀儼然……功成未幾，武帝東
並，掃蕩塔寺，尋縱破毀。」〔註82〕

　　南響堂石窟現存北齊洞窟七窟，自上而下，自左而右，分別為華嚴洞（第
1窟）、般若洞（第2窟）、空洞（第3窟）、阿彌陀洞（第4窟）、釋迦洞（第
5窟）、力士洞（第6窟）、千佛洞（第7窟）。此外，還有西方洞、東方摩崖
石刻造像群組成，共有大小造像3900餘尊。

南響堂洞窟細節（圖9）

〔註82〕張林堂主編：《響堂山石窟碑刻題記總錄》（二），北京：外文出版社，2007
　　　　年，第44～46頁。

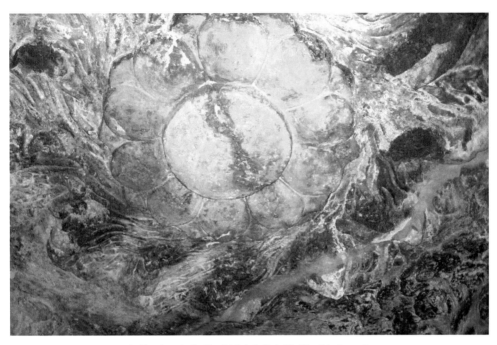

南響堂石窟北齊釋迦洞藻井（圖 10）

南響堂北齊千佛洞洞頂（圖 11）

　　北響堂山石窟位於南響堂山石窟西北鼓山西麓山腰處，坐東朝西，自南向北分別為南區、中區、北區，北區、中區以開鑿佛像為主，南區以刻經為

主，又稱刻經洞。現有大小洞窟九窟，南區的釋迦多寶洞、大業洞和刻經洞。
中區釋迦洞和北區的關帝洞、宋洞、大佛洞、唐洞、明洞等。每區均以北齊
一大窟為代表，大佛洞、釋迦洞、刻經洞史稱「北齊三大窟」。〔註83〕

北響堂石窟造像（圖 12）

〔註83〕張林堂主編：《響堂山石窟碑刻題記總錄》（第 1 冊），北京：外文出版社，2007
年，第 1 頁。

北響堂觀音殿（圖 13）

北響堂山石窟外景（圖 14）

　　北響堂山石窟的山腳下有一寺院，稱常樂寺。常樂寺始建於北齊，《磁州武安縣鼓山常樂寺重修三世佛殿記》記載：「文宣常自鄴都詣晉陽，往來山下，故起離宮，以備巡幸。於此山腹見數百聖僧行道。遂開三石室，刻諸尊像。因建此寺，初名石窟，後主天統間改智力。宋嘉祐中復更為常樂寺。」〔註84〕

　　常樂寺的建築現已不存，只剩下建築遺跡和破損的殘碑等。高歡累世北邊，其俗同於鮮卑，逐漸鮮卑化的高歡當權後，決意遷都鄴城，「初，神武自京師將北，以為洛陽久經喪亂，王氣衰盡，雖有山河之固，土地褊狹，不如鄴，請遷都。」〔註85〕東魏遷都鄴城後，以晉城建立陪都，形成了以鄴城為中心的晉陽和洛陽文化圈的發展。鄴城（今臨漳）是通往晉陽（今太原）的交通要道，因高歡遷都鄴城，洛陽的寺院和僧人也隨之來到鄴城，促進了鄴城佛教的發展。

　　響堂山石窟群作為北朝晚期最大的石窟群，包括北齊、隋唐、宋明窟龕，「共具大小造像5000餘尊，造像題記140餘條，刻經6萬餘字。北齊之後，響堂山石窟在隋、唐、宋、明及民國時期均有續鑿和補刻，但是其規模較小，雕刻水平都無法與北齊相比。」〔註86〕

　　南響堂山不僅遺存北齊石窟、石刻佛像，而且還有響堂山石窟藝術博物館，二者相互配合，對於瞭解石窟藝術和造像起了相輔相成的作用。

響堂山流失海外文物（圖15）

〔註84〕張林堂主編：《響堂山石窟碑刻題記總錄》（第2冊），北京：外文出版社，2007年，第165～167頁。

〔註85〕（唐）李百藥撰：《北齊書》卷2《神武》（下），北京：中華書局標點本，1972年，第16頁。

〔註86〕峰峰礦區文物保管所、芝加哥大學東亞藝術中心著：《北響堂石窟刻經洞——南區1、2、3號窟考古報告》序，北京：文物出版社，2013年，第6頁。

北齊唐邕刻經碑拓片（圖16）　　　　唐邕刻經碑局部（圖17）

　　隋唐時期，響堂山的續鑿工作依然繼續，隋、唐、宋、元、明各個朝代在南北朝響堂山開鑿洞窟和刻經的基礎上均有續鑿和刻經題記，北響堂山保存隋代大業洞，遺存有隋刻《妙法蓮華經觀世音菩薩普門品第二十四品》、唐開元五年（717）度僧題記和唐代一些造像記等。這些內容見證了響堂山自東魏北齊以來，佛教一直延續不斷。北響堂山第2窟，又稱「大業洞」，是隋朝具有代表洞窟，進深1.8米，寬2.1米，高2.5米，窟行不規則，左、中、右三壁雕鑿佛龕，正壁鑿六個小龕，右上方刻有「隋大業七年李君巧造阿彌陀佛像一鋪」銘記，故稱「大業洞」。右壁鑿刻三個大龕和四個小龕，左壁鑿刻二龕，都是隋代鑿刻。這些內容說明，北周滅佛之後，隋代又在響堂山開窟刻像，一直延續到唐宋等時期。

北響堂山唐元和八年（813）博陵崔氏題記（圖18）

北響堂山唐顯慶五年（660）題記（大業窟窟外）（圖19）

北響堂山唐貞元十八年（802）題記（圖20）

（二）響堂山刻經的遺存

響堂山石窟的開鑿始於北朝晚期，距離東魏、北齊鄴都不遠，由於統治者的推崇和受當時社會大環境等因素影響，鄴城及周圍地區佛教興盛，寺院佛塔林立，僧尼眾多，是北朝佛教發展的一個中心地區，上至皇宮貴族，下至平民百姓，對佛像崇拜、佛經供養表現出極大熱情。其規模雖然不及莫高窟、龍門石窟、雲岡石窟，但響堂山石窟中保存大量以北齊為主的石刻經卻非常有特色。南北響堂山石窟、涉縣中皇山媧皇宮和曲陽八會寺石佛龕等處都保存大量石刻佛經。這些石刻經內容豐富，反映了我國中原一帶早期譯經傳播及信仰情況，也是經歷北魏、北周兩次「法難」之後出現「末法思想」而流行的產物。《唐邕寫經碑》曾有「縑緗有壞，簡策非久；金牒難求，皮紙

易滅」的記載。為了防止抄寫縑緗、簡策、金牒、皮紙上佛經被容易毀壞的缺點，改而雕刻在石頭之上，希望佛經能夠長久保存。

《唐邕刻經碑》還載：「皇基固於大地，置六道於十山。沐四生於□，乃及無邊，皆取正覺，海收經籍，斯文必傳。山從水火，此方無壞，重宣茲義……惟皇建國，教通群藝，德實無為，化躬兼滲，諸法為祖，諸經亦王，一文半偈，與物行藏……天神左右，天王護衛，書未仙遊，字無飛滅，地遙常寂，山空避喧，承風覺道，海帝難論，水流可閱，日去無翻，乘茲誓願，福地常存。」北齊響堂山刻經是在南北朝佛教大背景下出現的，刻經內容融合南北東西譯經，充分體現了當時佛教發展的社會趨勢，把當時流行的般若思想、佛性思想、護持佛法以及觀音信仰等都體現在其刻經之中。

北齊響堂山刻經有高官貴族的遺存，有一般信徒的鐫刻，有的為國家皇室和三界眾生祈福，有的為亡故親人做功德追福，以求美好來世。響堂山的石刻經開創了隋唐及以後朝代大規模刻經的先河。

1、南響堂刻經

南響堂開鑿時間先後共十餘年，所刻佛經主要有：

（1）南響堂石窟第一窟，又稱華嚴洞，以石刻《華嚴經》而得名。其右壁、前壁的殘經為北齊（568～572）所刻東晉天竺三藏佛馱跋陀羅譯《大方廣佛華嚴經》卷五之「四諦品第四之二」（結尾）、「如來光明覺品第五」和「菩薩明難品第六」，《大方廣佛華嚴經》卷六之「淨行品第七」的內容。

（2）南響堂石窟第二窟以刻般若類經典得名，其內前壁左側佛經亦為北齊（565～577）所刻梁扶南國〔註 87〕三藏曼陀羅仙譯《文殊師利所說摩訶般若波羅蜜經》（下）〔註 88〕或梁三藏曼陀羅仙譯《大寶積經‧文殊說般若會》和北涼天竺三藏曇無讖於姑臧譯《大方等大集經》卷第八「海慧菩薩品第五之一」的相應內容。〔註 89〕

〔註87〕 扶南國在《三國志》、《晉書》、《宋書》、《南齊書》、《梁書》和《陳書》等都有記載，轄境大致相當於當今柬埔寨全部國土以及老撾南部、越南南部和泰國東南部一帶。扶南國信仰佛教。其中《晉書》卷97記載：扶南，西去林邑三千餘里，在海大灣中，其境廣袤三千里，有城邑宮室，人皆醜黑捲髮，倮身跣行。

〔註88〕 （梁）曼陀羅仙譯：《文殊師利所說摩訶般若波羅蜜經》卷下，《大正藏》第8冊，第232號，第731頁。

〔註89〕 （北涼）曇無讖譯：《大方等大集經》卷8，《大正藏》第13冊，第397號，第50頁。

（3）南響堂石窟第二窟甬道後壁殘經為北齊（565～577）所刻姚秦龜茲三藏鳩摩羅什譯《摩訶般若波羅蜜經》卷二十七「法尚品第八十九」〔註90〕或龍樹菩薩造，姚秦龜茲三藏鳩摩羅什譯《大智度論》之「釋曇無竭品第八十九」的內容。〔註91〕

（4）南響堂山第四窟刻經右壁、前壁、左壁殘經為北齊（565～577）所刻姚秦龜茲三藏鳩摩羅什譯《妙法蓮華經》之「觀世音菩薩普門品」的內容。

（5）南響堂石窟第四窟外上方佛經為北齊（565～577）所刻梁扶南國三藏曼陀羅仙譯《文殊師利所說摩訶般若波羅蜜經》（上）的相應內容。

（6）南響堂石窟第六窟外上方佛經為北齊（565～577）所刻東晉法顯譯《大般涅槃經》（卷十四）〔註92〕；或宋天竺三藏求那跋陀羅譯《過去現在因果經》（卷一）的內容〔註93〕；或姚秦龜茲三藏鳩摩羅什譯《佛說彌勒大成佛經》的內容。〔註94〕

2、北響堂刻經

北響堂山刻經主要以唐邕於天統四年（568）至武平三年（572）間的刻經為主，《唐邕寫經碑》，全稱《晉昌郡開國公唐邕寫經碑》，碑高151釐米，寬99釐米，凡20行，行34字，根據《唐邕寫經碑》所載，唐邕主要刊刻《維摩詰經》《佛說字經抄》《勝鬘經》《彌勒下生成佛經》。北響堂遺存刻經主要有：

（1）北響堂石窟刻經洞窟門外廊左右側佛經為北齊（568～572）所刻姚秦三藏鳩摩羅什譯《維摩詰經》（一名《不可思議解脫》上卷）之「佛國品第一」、「方便品第二」、「弟子品第三」、「菩薩品第四」、「文殊師利問疾品第五」、「不思議品第六」、「觀眾生品第七」、「佛道品第八」、「入不二法門品第九」、「香積佛品第十」、「菩薩行品第十一」、「見阿閦佛品第十二」、「法供養品第十三」、「囑累品第十四」的內容。

〔註90〕（後秦）鳩摩羅什譯：《摩訶般若波羅蜜經》卷27，《大正藏》第8冊，第223號，第421頁。

〔註91〕（後秦）鳩摩羅什譯：《大智度論》卷89，《大正藏》第25冊，第1509頁，第744頁。

〔註92〕（東晉）法顯譯：《大般涅槃經》卷14，《大正藏》第1冊，第7號，第204頁。

〔註93〕（宋）求那跋陀羅譯：《過去現在因果經》卷1，《大正藏》第3冊，第189號，第623頁。

〔註94〕（姚秦）鳩摩羅什譯：《佛說彌勒大成佛經》，《大正藏》第14冊，第456號，第429頁。

（2）北響堂石窟刻經洞外側右券東壁佛經為北齊（568～572）所刻姚秦龜茲國三藏鳩摩羅什譯《佛說彌勒下生成佛經》的內容。

（3）刻經洞內，為北齊（568～572）所刻宋中印度三藏求那跋陀羅譯《勝鬘師子吼一乘大方便方廣經》之「如來真實義功德章第一」的內容。

（4）北響堂刻經洞佛經為北齊（568～572）所刻西秦沙門聖堅（或稱法堅）所譯《字經》。

（5）刻經洞右券內柱佛經為北齊（568～577）所刻元魏天竺三藏菩提流支譯《佛說佛名經》，確定為其出自《勝鬘經》的「贊佛偈」〔註95〕。

（6）刻經洞口左側殘石柱殘經為北齊（568～577）所刻北涼天竺三藏曇無讖譯《大般涅槃經》卷第八之「如來性品第四之五」或宋代沙門慧嚴等依泥洹經加之《大般涅槃經》卷第八「如來性品第十二」的相應內容，〔註96〕和敦煌三藏譯《佛說決定毗尼經》的相應內容。〔註97〕殘經中出現唐德宗「貞元十八年（802）」的年號，說明此處刻經並非全是北齊時期。

（7）雙佛洞上方殘經為北齊（568～577年）所刻元魏天竺三藏菩提流支譯《佛說佛名經》卷第十六。

（8）雙佛洞左側的殘經為北齊（568～577）所刻菩提流支譯《佛說佛名經》和《深密解脫經》卷三。

（9）雙佛洞右側殘經為北齊（568～577）所刻失譯人名在後漢錄《大方便佛報恩經》卷第一、三、四、七或北涼天竺三藏曇無讖譯《悲華經》卷第一至第十或宋天竺三藏求那跋陀羅譯《過去現在因果經》卷第一、第三或宋天竺三藏求那跋陀羅譯《雜阿含經》等。

（10）刻經洞窟內右側、左側殘經為北齊（568～577）所刻蕭齊天竺三藏曇摩伽陀耶舍譯《無量義經》。

（11）大業洞口右側殘經為北齊（568～577）所刻婆藪盤豆菩薩造，元魏天竺三藏菩提流支譯《無量壽經・優婆提捨願生偈》。〔註98〕

〔註95〕張總：《北響堂石窟刻經洞的佛典、偈頌和佛經》，峰峰礦區文物保管所、芝加哥大學東亞藝術中心著《北響堂山石窟刻經洞——南區1、2、3、號窟考古報告》，北京：文物出版社，2013年，第84～85頁。

〔註96〕（北涼）曇無讖譯《大般涅槃經》卷8，《大正藏》第12冊，第374號，第411頁。宋代沙門慧嚴等依泥洹經加之《大般涅槃經》卷八，《大正藏》第12冊，第375號，第652頁。

〔註97〕敦煌三藏譯：《佛說決定毗尼經》，《大正藏》第12冊，第325號，第38頁。

〔註98〕張總先生認為石刻「願生偈」即北魏菩提流支所譯《無量壽經論》的主體——

（12）北響堂石窟半山腰處殘經為北齊（565～569）所刻北涼天竺三藏曇無讖譯《大般涅槃經》卷二十八「師子吼菩薩品第十一之二」或宋代沙門慧嚴等依《泥洹經》加之《大般涅槃經》卷二十六「師子吼菩薩品之二」。〔註99〕

響堂山石窟主要由南響堂山石窟、北響堂山石窟，規模雖然不是很大，但所遺存的石刻經對研究北朝時期佛經流傳具有重大意義。

（三）中皇山刻經的遺存

除了響堂山刻經外，在涉縣中皇山也保存豐富的北齊刻經，也是我國石刻經中極為重要的一處。中皇山，又稱唐王峧或鳳凰山，在山腰媧皇宮後壁懸崖上遺存有北齊刻經六部，刻在四摩崖和二座石窟內，共十壁之上，總計1189行，字數達13萬餘字，即鳩摩羅什譯《思議梵天所問經》首品、五二品第五、卷三、卷四內容，《佛垂般涅槃略說教戒經》（又名《遺教經》）全文保存較好，《妙法蓮華經·觀世音普門品》；北魏菩提流支譯《十地經》初歡喜地第一、離垢地第二、難勝地第五、觀前地第六、遠行地第七、不動地第八、善慧地第九、法雲地第十等；《深密解脫經》序品第一、聖者善問菩薩問品第二、聖者曇無竭菩薩問品第三、聖者善清淨慧菩薩問品第四、慧命須菩提問品第五、聖者廣慧菩薩問品第六、聖者功德林菩薩問品第七、聖者成就第一義菩薩問品第八、聖者彌勒菩薩問品第九、聖者觀世自在菩薩問品第十和聖者文殊師利王子菩薩問品第十一；西晉竺法護譯《佛說盂蘭盆經》。儘管學界對於中皇山刻經的施主有不同觀點，但中皇山的刻經為北齊時期是無可厚非的。

也有學者認為中皇山的刻經與敦煌寫卷，如入北004號（陽49）《大方廣佛華嚴經》之「菩薩明難品第六」、「淨形品第七」，S.315《優婆塞戒》，津藝022《大般涅槃經》卷四，P.2965《佛說生經》第一，敦研019.020《大般涅槃經如來性品》，在寫法或風格相似。

邯鄲地區遺存北齊石刻經有姚秦龜茲三藏鳩摩羅什譯《摩訶般若波羅蜜經》或《大智度論》、《妙法蓮華經》之「觀世音菩薩普門品第二十五」、《維

天親造偈，參見張總《北響堂石窟刻經洞的佛典、偈頌和佛名》，峰峰礦區文物保管所、芝加哥大學東亞藝術中心著《北響堂山石窟刻經洞——南區1、2、3、號窟考古報告》，北京：文物出版社，2013年，第98頁。

〔註99〕張總先生認為是北齊天統年間所刻《大涅槃經·獅子吼品》節文，參見張總《北響堂石窟刻經洞的佛典、偈頌和佛名》，峰峰礦區文物保管所、芝加哥大學東亞藝術中心著《北響堂山石窟刻經洞——南區1、2、3、號窟考古報告》，北京：文物出版社，2013年，第80頁。

摩詰經》（一名《不可思議解脫》上卷）、《佛說彌勒下生成佛經》、《佛說彌勒
大成佛經》、《思益梵天所問經》、《佛垂般涅槃略說教戒經》（《遺教經》）；北
涼天竺三藏曇無讖譯《大般涅槃經》、《悲華經》、《大方等大集經》；敦煌三藏
譯《佛說決定毗尼經》；西秦沙門聖堅（法堅）譯《字經》；西晉竺法護譯《佛
說盂蘭盆經》；元魏天竺三藏菩提流支譯《佛說佛名經》、《深密解脫經》、《無
量壽經‧優婆提捨願生偈》、《十地經》；東晉天竺三藏佛馱跋陀羅譯《大方廣
佛華嚴經》；梁扶南國三藏曼陀羅仙譯《文殊師利所說摩訶般若波羅蜜經》（上、
下）或《大寶積經‧文殊說般若會》；宋天竺三藏求那跋陀羅譯《過去現在因
果經》、《勝鬘師子吼一乘大方便方廣經》、《雜阿含經》；宋代沙門慧嚴《大般
涅槃經》；蕭齊天竺三藏曇摩伽陀耶舍譯《無量義經》和失譯人名在後漢錄《大
方便佛報恩經》等。從譯經者判定，邯鄲地區的石刻經主要來源於南方譯經、
西北譯經和本地譯經。

北齊天保（550～559）初期，北響堂石窟已是較大的一所官寺，天保三
年（552）著名禪師僧稠擔任石窟寺寺主。響堂山石窟成為禪僧活動的重要場
所，至北齊末佛事活動更甚。南響堂山也有「……統定禪師敬造六十佛」等，
禪僧在響堂山開窟造像，集坐禪、觀像為一體。

響堂山石窟鐫刻佛經除了體現護持佛法思想以外，鐫刻石經也與當時社
會背景有密切關係。南北佛教發展出現兩個明顯趨勢，南朝的義理與玄學結
合，北朝義理與經學結合，北朝比較重視戒行和禪修，開窟造像、翻譯佛經
等活動促進了北方地區佛教的發展。南北朝時期僧人譯經出現專精禪業的禪
師，也有內外兼習，學業高深的學問僧。響堂山石窟遠離鬧市，環境優美，
是禪修理想之所。《唐邕刻經碑》載：「（響堂山）澗谷虛靜，邑居閒曠，林疑
極妙，草匹文柔，禽饒空中，獸依樹下，水音發而覺道，風響動而悟物，戒
行之徒允集，慧定之侶攸歸，如日貫雲，常轉不息，□非恐畏，未苦風寒，
石比夜光，非待螢雪。」響堂山的環境是讀經修行的福地。

敦煌僧人慧遠在洛陽、鄴城等地弘法，促進我國東西文化的交流。《續高
僧傳‧慧遠傳》記載：

> 釋慧遠，姓李氏，敦煌人也，後居上黨之高都焉。……幼喪其父，
> 與叔同居，偏蒙提誘，示以仁孝。年止三歲，心樂出家，每見沙門，
> 愛重崇敬。七歲在學，功逾常百，神志峻爽，見稱明智。十三辭叔，
> 往澤州東山古賢谷寺。時有華陰沙門僧思禪師，見而度之。思練行

高世，眾所宗仰，語遠云：「汝有出家之相，善自愛之。」初令誦經，隨事訓誨，六時之勤，未勞呼策。……年十六，師乃令隨闍梨湛律師往鄴，大小經論，普皆博涉，隨聽深隱，特蒙賞異，而偏重大乘，以為道本。年滿進具，又依上統為和上，順都為闍梨。光師十大弟子並為證戒，時以為聲榮之極者也……」〔註100〕

承光二年（578）春，周氏克齊，便行廢教，勅前修大德，並赴殿集。慧遠針對武帝滅佛原因進行力爭反駁：

承光二年春，周氏克齊，便行廢教，敕前修大德並赴殿集，武帝自升高座，敘廢立意。……帝理屈言前，所規意盛，更無所答，乃下敕云：「僧等且還，後當更集。有司錄取論僧姓字。」當斯時也，齊國初殄，周兵雷震，見遠抗詔，莫不流汗，咸謂粉其身骨，煮以鼎鑊，而遠神氣蒐然，辭色無撓。上統、衍法師等執遠手泣而謝曰：「天子之威，如龍火也，難以犯觸，汝能窮之。大經所云護法菩薩，應當如是……時運如此，聖不能遣。恨不奉侍目下，以為大恨。法實不滅，大德解之。願不以憂惱。」遂潛於汲郡西山，勤道無倦，三年之間誦《法華》《維摩》等各一千遍，用通遺法……大象二年，天元微開佛化，東西兩京各立陟岵大寺，置菩薩僧，頒告前德，詔令安置，遂爾長講少林。〔註101〕

慧遠敦煌人，後鄴城，繼續學習和弘揚佛法，參與與周武帝辯論，極力護持佛法。後來慧遠基本在鄴城和晉城活動，為東西佛法的交流身體力行。他對當時流行的經典作注疏，注述有《無量壽經疏》、《維摩詰義記》、《勝鬘經義記》、《觀無量壽經義疏》、《大般涅槃經義記》、《大乘義章》、《大乘起信論義疏》、《地持論義經》、《華嚴疏》等。北齊石刻經正是護法思想的體現，希望鐫刻佛經，得以長久保存，這也正是護持佛法的具體表現。

南北朝十六國時期佛教有了很大的發展。儘管南北朝處於分裂時期，各政權存在時間不是很長，但彼此間戰爭和政權的更迭頻繁，沒有影響各政權間佛教交流和發展。長期的戰亂百姓流離失所，他們只能將美好願望寄託於佛教信仰。戰爭平息之時，統治者則標榜正統，重視文化發展，給不同民族

〔註100〕（唐）道宣撰，郭紹林點校：《續高僧傳》卷 8《隋京師淨影寺釋慧遠傳》，北京：中華書局標點本，2014 年，第 280～281 頁。

〔註101〕（唐）道宣撰，郭紹林點校：《續高僧傳》卷 8《隋京師淨影寺釋慧遠傳》，北京：中華書局標點本，2014 年，第 281、283～284 頁。

不同文化發展也創造了一定的空間。經陸路和海上東來弘法的僧人和西去求法的僧人不斷增加，東來弘法僧人帶來佛經在中土進行翻譯，先後形成幾個譯經中心，不同譯經中心翻譯完成佛經，經過僧人各地弘法促進了譯經的傳播，帶動了不同地區文化的交流。響堂山、中皇山等處遺存的石刻經以及在山東、河南等地存在的石刻經等都是絲綢之路文化交往與影響的見證。

五、鄴城佛寺遺址及所出佛教造像

　　1983 年中國社科院考古所與河北省文物研究所組成鄴城聯合考古隊對鄴城遺址進行全面勘探、發掘，對趙彭城北朝佛寺遺址進行清理，瞭解趙彭城北朝佛寺及其文化堆積情況，屬於東魏、北齊時期寺院建築遺存，對探討北朝晚期佛教寺院建築結構、布局有重要意義，這些寺院遺跡與北朝前期有所不同，他們在北朝至隋唐佛教寺院發展過程中起著承前啟後的作用。

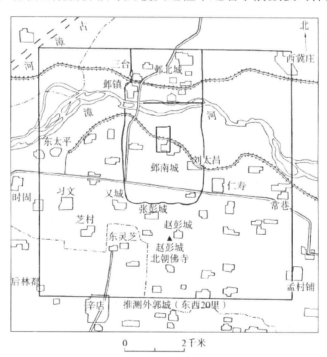

趙彭城北朝佛寺位置示意圖（圖 21）

來自河北臨漳縣鄴城遺址趙彭城北朝佛寺 2010～2011 年的發掘〔註102〕

〔註102〕參見中國社科院考古所等：《河北臨漳縣鄴城遺址趙彭城北朝佛寺 2010～2011 年的發掘》，《考古》2013 年第 12 期。

　　2012 年 1 月中國社科院考古隊和河北省文物研究所對邯鄲臨漳縣習文鄉
北吳莊北地、漳河南堤北側的河灘中鄴城遺址進行搶救性發掘了一處佛教造
像埋藏坑，出土了新中國以來數量最為豐富的佛造像。這些佛造像絕大多數
為漢白玉造像，極少數為青石造像、陶質造像等。初步判斷，造像為東魏、
北齊時期，個別為北魏和唐朝風格。有題記北魏正始二年（505）、北魏元象
元年（538）、東魏武定二年（544）、東魏武定五年（547）等。這些出土佛造
像工藝精湛、造型精美、類型多樣，題材豐富，多數為背屏式造像，另有部
分單體圓雕佛、菩薩造像，主要題材有釋迦像、阿彌陀佛像、彌勒像、釋迦多
寶像、思惟菩薩像、觀世音菩薩像等。多數造像保存有較好的彩繪或貼近痕跡，
現實了北朝晚期鄴城作為中原北方地區佛教、文化中心的歷史地位。〔註103〕

　　為了安置出土的佛造像，2015 年臨漳建成了佛造像博物館，於 2015 年
11 月 16 日正式開館，館內展出出土佛造像 200 多件，是 2012 年鄴城遺址吳
莊埋藏坑出土的佛造像的一部分。這批佛造像備受學界和佛教界關注，2019
年 8 月 6 日在中國國家博物館以「和合共生」為主題，分「鄴城概貌」「玉石
梵像」「鄴都樣式」「佛韻至美」四部分，從造像環境、造像本體特色、地域
時代風格及造像藝術等方面展示了佛造像的歷史和藝術價值。

臨漳博物館展出佛造像（圖22）

〔註103〕參見中國社科院考古所等：《河北臨漳縣鄴城遺址吳莊佛教造像埋藏坑的發現
　　　　與發掘》，《考古》2012 年第 4 期。

臨漳佛造像埋藏坑（圖 23）

臨漳博物館展出北齊造像（圖 24）

臨漳博物館展出北齊佛頭（圖 25）

六、其他地區所出佛教造像

　　南北朝時期，百姓對於佛教普遍信仰和認可，極大推動了佛教在社會各個階層的傳播。曲陽、靈壽一帶佛教也十分興盛。現存曲陽修德寺和靈壽縣幽居寺等出土數量眾多的北魏、東魏、北齊的佛教造像。

（一）曲陽修德寺出土佛教造像

　　北魏時上曲陽入新市縣，屬於定州中山郡，《魏書》載：「中山郡，漢高帝置，景帝三年改為國，後改。……上曲陽前漢屬常山，後漢屬，晉屬常山。真君七年並新市，景明元年復屬，有平樂城。有恒山、嘉山、黑山、堯山、黃山。魏昌二漢、晉屬，前漢曰苦陘，後漢章帝改為漢昌，魏文帝改。有魏昌城、安城。新市二漢、晉屬。」[註104] 北齊天保七年（556）下曲陽已改為藁城、鼓城二縣，上曲陽縣去掉「上」字，復稱曲陽縣，屬於中山郡。

　　曲陽修德寺是北魏、北齊時期的寺院，1953～1954 年考古發掘出土了 2000 餘件漢白玉佛造像，有造像題記的還比較多，這是我國第一次大規模發現的佛教造像，多為觀世音菩薩、彌勒像、阿彌陀佛、思惟菩薩等，是當地工匠結合外來文化與本地文化的結晶，石刻佛造象形態各異，融合多種文化元素，

〔註104〕（北齊）魏收等撰：《魏書》卷 106 上《地形志》（上），北京：中華書局標點本，1974 年，第 2461～2462 頁。

對研究北方佛教發展、佛教造像藝術等有重要價值。

修德寺塔（圖 26）

曲陽修德寺北魏造像（圖 27）

這尊石造像有題記，內容為「孝昌二年（526）四月二十一日，比丘曇宗、曇慶敬造釋迦像，各位師僧、父母、法界眾生，同共供養。侍佛時。」

修德寺出土北魏釋迦牟尼佛（圖 28）

修德寺出土東魏元象二年（539）趙延進造觀音像（圖 29）

　　此尊造像為東魏元象二年（539）四月十二日，趙延進□比丘寶登造觀世音像一區，為亡弟子僧貴、師僧、父母、居家眷屬，一起眾生，皆蒙福利。

修德寺出土東魏興和三年（541）造觀音像（圖30）

　　此尊觀音像是東魏興和三年（541）八月二十五日，清信女佛弟子張福母、吳延莫為亡母、現父、現在夫主、患子修福，散造觀世音白玉石像一軀，功成□後，願令亡母清升、超越三界，現父康延，夫主□□，子患早除，倉生沾益，現眷蒙休等□十二，並及一切，俱登果極。

修德寺東魏比丘造觀音立像（圖 31）

（二）靈壽遺存佛教造像

南北朝時期的靈壽屬於常山郡，經歷北魏、東魏和北齊時期，佛教得到一定發展，出土了早期的佛教石刻造像和銅鎏金造像。

1、幽居寺出土佛教造像

河北靈壽縣幽居寺是東魏時期定州禪師僧標創建，史稱定國寺，北齊天保七年（556）趙郡王高睿（534～569）遊歷太行，喜其美景，於是更興靈塔，擴建寺院，置僧舍 200 餘間，安置僧眾 2 千餘，雕鑿一切漢白玉石佛像，有觀音菩薩、彌勒佛、阿彌陀佛、釋迦多寶並坐雙佛等，其中三尊大佛像，即釋迦牟尼佛、無量壽佛和阿閦佛，是趙郡王高睿在北齊天保七年歲次丙子閏月癸巳十五日丁亥為先帝高歡（496～547）、高澄（521～549）、亡父母、自己和鄭妃所造。三尊佛像得以保存，且在《常山貞石志》中還保存《趙郡王高叡造無量壽像記》《趙郡王高叡造釋迦像記》，北齊時期幽居寺發展興盛，現出土了一些北齊時期的石刻佛像。

　　幽居寺在唐代重修，現存幽居寺塔保留唐朝風格。至元代時曾又有所發展，元大德年間（1297～1307）曾立《祁林院聖旨碑》《壽寧寺聖旨碑》，壽寧寺指五臺山的寺院，說明元代皇帝重視五臺山佛教的發展，與五臺山相鄰不遠的幽居寺也得到發展，與五臺山有佛教文化交流。可惜現寺毀無存，只保存了幽居寺塔，並於1990～1991年間政府相關部門進行修葺。

幽居寺塔（圖32）

　　三尊大佛像都曾保存在幽居寺塔內。根據河北省博物館陳展介紹，1992年4月存放於幽居寺塔內的阿閦佛像佛首被盜，1996年2月釋迦牟尼佛、無量壽佛佛首被盜。1998年釋迦牟尼佛首在海外出現。2014年5月臺灣星雲大師得到信徒捐贈一尊珍貴的北齊漢白玉佛首，大師希望佛身、佛首合一，因此聯繫了國家文物局，經歷多方辨認，最終確定為幽居寺塔內被盜的釋迦牟尼佛首。2014年12月臺灣佛光山文教基金會與中華文物交流學會簽署協議，將幽居寺佛首無

償捐贈給中華文物交流協會。2016 年 2 月 21 日臺灣佛光山又舉行了恭送佛首回歸儀式，3 月 1 日星雲大師捐贈北齊佛首回歸儀式在京舉行。釋迦牟尼佛像在國家博物館進行為期半月的展出，隨後回歸河北省博物館永久收藏。

星雲大師捐贈幽居寺釋迦佛首（圖 33）

幽居寺出土北齊造像（圖 34）

北齊脅侍菩薩（圖35）

北齊一佛二弟子二菩薩（圖36）

幽居寺出土北齊佛像（圖 37）

2、靈壽等處所出佛教造像

河北正定文保所收藏一批較早出土的銅造像，其中 17 件有發願文或造像年代，時代在北魏至隋，最早的北魏太和十二年（488），最晚是隋仁壽二年（602），其中五件出土於靈壽縣三聖院村，是 1975 年在靈壽縣廢品收購站揀選的銅鎏金造像，他們分別是北魏太和年間（477～499）韓位為父母造銅鎏金釋迦、多寶並坐像一區；北魏永熙三年（534）張僧珍為姊夫韓郎造銅鎏金觀世音菩薩雙面像一區；東魏天平二年（535）造銅鎏金釋迦、多寶並坐像一區；北齊武平五年（574）□□村張天智造銅觀音立像一區，為夫□平安□女具足；北魏胡市遷、胡思邑兄二人為亡父母造銅鎏金釋迦、多寶並坐像一區。〔註 105〕

〔註 105〕 樊子林、劉友恒：《河北正定收藏一批早期銅造像》，《文物》1993 年第 12 期。

　　1975 年 6 月出土於三聖院南紀城村的有北魏太和十二年（488）九月廿三日零（靈）壽縣韓周陀造銅鎏金觀世音雙面像一區，使亡者上生天上直到佛所，願上從心所求如意，故記之；東魏天平二年（535）四月四日零（靈）壽縣韓周世保為亡妻造銅鎏金官（觀）世音雙面像一區。此外，在正定還出土了北朝和隋時期的銅鎏金造像，北魏正光六年（525）五月廿五日李阿敬、弟貳敬為父母敬造多寶□□□記之，1981 年出土於正定南村鄉董家莊村。〔註106〕這些銅鎏金觀音和釋迦、多寶造像為研究南北朝時期佛教流行、北周滅佛、民眾信仰和地方譜系有很好的參考價值。

　　另外，正定縣文保所還收藏一批二十世紀六、七十年代在石家莊周邊收集出土的北朝漢白玉造像，他們是：東魏武定六年（548）七月十五日張獨寺寺尼靖遵為一切法界眾生敬造思惟菩薩像一區；東魏彩繪貼金帶背光的立式菩薩像二區，這是 1976 年在行唐縣農戶家徵集的，東魏時期的行唐屬於中山郡，與曲陽毗鄰，在造像風格上與曲陽地區有一定相似性；北齊武平四年（573）比丘尼造思惟菩薩像，這是上世紀 60 年代在正定拐角鋪村徵集的；正定西漢村出土東魏立式菩薩像；東魏武定七年（549）二月十七日永固寺尼智顏、錚勝姊妹兄弟三人等上為國家、師僧、父母、邊地眾生造彌勒玉像，在正定秦家莊出土；立式菩薩像，東魏，正定出土；北齊天保八年（557）九月廿日□香寺□□造官（觀）世音像一區，上為師僧、父母，又為居家眷養七世父母，同令常樂。〔註107〕

　　這些出土的佛教造像說明南北朝時期常山郡的佛教發展已經十分興盛，僧尼、信眾修寺建塔和雕造、鑄造佛像現象較為普遍，佛像多為釋迦、多寶並坐像、觀音像、思惟菩薩等，反映了當時佛教的流行情況。

　　總之，東漢佛教初傳冀州和幽州一帶，遺存了著名的普彤寺塔，但兩晉南北朝時期，冀州大地先後出現北魏、東魏、北齊、北周等政權，尤其在東魏、北齊時期河北地區的佛教進入昌盛時期。東魏、北齊建都鄴城，鄴城成為了北方政治、文化的中心。佛教以鄴城為中心向周邊傳播和發展，與洛陽、晉陽、天龍山、泰山等形成一個佛教發展和融合中心。現邯鄲地區遺存的南響堂山石窟、北響堂山石窟、臨漳佛造像、響堂山豐富的石刻經、中皇山摩

〔註106〕樊子林、劉友恒：《河北正定收藏一批早期銅造像》，《文物》1993 年第 12 期。
〔註107〕王巧蓮、劉友恒：《正定收藏的部分北朝佛教石造像》，《文物春秋》2003 年第 5 期。

崖刻經以及文獻記載的諸多寺院等是當時佛教文化興盛的見證。鄴城文化也是陸路絲綢之路和海上絲綢之路佛教文化的交匯中心，兩晉南北朝、十六國時期，中原地區雖然戰亂不止，但並沒有妨礙佛教文化的交流，由陸路來華的僧人和西行求法的僧人不斷增加，西來僧人不僅在西北地區譯經弘法，而且東來和南下譯經傳法，北魏時期大批河西僧人來至平城（今大同）開窟造像，河西佛教對平城、洛陽、鄴城和南方諸地等佛教發展產生很大影響。

第二章　隋唐五代佛教發展的興衰及河北佛教文化遺存

第一節　隋代統一與佛教發展

建德三年（574）北周武帝宇文邕發起滅佛運動，北齊承光元年（577）北周滅亡北齊，滅佛運動也推行到北齊境內，北周滅佛給予北齊佛教很大打擊。佛教再度興起歸功於隋朝，開皇元年（581）周靜帝禪讓皇位給楊堅，北周滅亡，隋文帝楊堅立國。在開皇九年（589）楊堅滅南朝，結束了西晉末年以來近二百年的分裂割據局面。隋朝統一，佛教承漢魏南北朝以來數百年發展的結果，對佛教思想理解逐漸精深，融匯印度之學說，演為宗派，並逐漸完成中國化的歷程，為唐時期佛教的興盛奠定了堅實的基礎。

隋文帝楊堅在寺院出生長大，對佛教有深厚的感情，《隋書》載：「皇妣呂氏，以大統七年六月癸丑夜，生高祖於馮翊般若寺，紫氣充庭。」〔註1〕隋文帝在即位之前，為北周重臣，北周大象二年（580）靜帝曾下詔復興佛法，即是楊堅的功勞。楊堅成為皇帝後，更是勵精圖治，提倡節約，任人唯賢，實現科舉選官制度，也積極提倡佛教，一改周武帝滅佛政策，制定了全面恢復佛教的諸多措施，普詔天下，聽任出家，營建或復建寺院，修造佛像和官寫一切經，並將佛教作為鞏固統治的手段之一。

〔註1〕（唐）魏徵等撰：《隋書》卷1《高祖本紀》（上），北京：中華書局標點本，1973年，第1頁。

「隋文帝詔周朝廢寺咸與修營，戶口出錢建立經像」，〔註2〕隋文帝下詔令京城及各州新建寺院，或修葺因北周廢佛而荒廢寺院。隋文帝曾得舍利，「仁壽元年（601）令於三十一州立舍利塔藏之，」隋初重新剃度僧尼50萬之多，每年的國家忌日設齋行道等，進一步推行佛教治國的政策。在并州、定州、相州等二十八州起塔，五十三州感瑞。《法苑珠林》記載：「開皇三年周朝廢寺，咸為立之。名山之下，各為立寺。一百餘州，立舍利塔。度僧尼二十三萬人，立寺三千七百九十二所，寫經四十六藏，一十三萬二千八十六卷，修故經三千八百五十三部，造像十萬六千五百八十軀，自餘別造不可具記。」〔註3〕《辨正論》也記載了隋文帝時期弘揚佛教的各種情況：

其五嶽及諸州名山之下，各置僧寺一所並田莊，仁壽元年文帝獻后及宮人等，咸感舍利普放光明，砥搥試之，宛然無損，於四十州各造寶塔。光曜顯發，神變殊常，俱如王劭所紀。自開皇之初終於仁壽之末，所度僧尼二十三萬人，海內諸寺三千七百九十二所，凡寫經論四十六藏，一十三萬二千八十六卷。修治故經三千八百五十三部。造金銅、檀香、夾紵牙、石像等，大小一十萬六千五百八十軀。修治故像一百五十萬八千九百四十許軀。宮內常造刺繡織成像及畫像，五色珠旛、五彩畫旛等不可稱計。二十四年營造功德，弘羊莫能紀，隸首無以知。〔註4〕

及至隋煬帝時期，佛教寺院、造像遍及各地，《辨正論》還載：

敕諸州郡各圖寫焉。又於并州造弘善寺，傍龍山作彌陀坐像，高一百三十尺。揚州造慧日道場，京師造清禪寺、日嚴寺、香臺寺，又捨九宮為九寺。於泰陵、莊陵二所併各造寺。平陳之後於揚州裝補故經，並寫新本，合六百一十二藏，二萬九千一百七十三部，九十萬三千五百八十卷。修治故像一十萬一千軀，鑄刻新像三千八百五十軀，所度僧尼一萬六千二百人。〔註5〕

〔註2〕（宋）志磐撰：《佛祖統紀》卷54，《大正藏》第49冊，第2035號，第471頁上欄26。

〔註3〕（唐）道世撰：《法苑珠林》卷100，《大正藏》第53冊，第2122號，第1026頁中欄03。

〔註4〕（唐）法琳撰：《辨正論》卷3，《大正藏》第52冊，第2110號，第508頁中欄26頁。

〔註5〕（唐）法琳撰：《辨正論》卷3，《大正藏》第52冊，第2110號，第509頁中欄14頁。

《法苑珠林》記載了：「隋煬帝為文皇獻后於長安造二禪定，並二木塔，並立別寺十所，官供四事，治故經六百一十二藏，二萬九千一百七十二部，治故像一十萬一千軀，造新像三千八百五十，度六千二百人。右隋代二君三十七年，寺有三千九百八十五，僧尼二十三萬六千二百，譯經八十二部。」〔註6〕

隋代佛教興盛，但對於不良僧尼和自殘供佛的行為也曾下令禁止，「煬帝大業五年，詔僧徒無德業者並令罷道。智者弟子大志上表，然臂乞興三寶，詔竟不行。」〔註7〕

隋煬帝為了經營河西商貿和文化，保證長治久安，西巡河西。大業五年（609）隋煬帝在張掖接見西域使臣，在此召開多國貿易會，並派人到敦煌造寺修塔。隋朝國祚雖短，但開窟造像興盛，在莫高窟開窟90多個，各種經變逐漸形成，並形成獨特的特色。裴矩的《西域圖記》詳細地記載了經陸路往西方的北、中、南三條商貿、政治和文化交往之道。

隋文帝時期，開始官寫一切經和翻譯經典，整理滅佛後散失經典，編訂目錄。《隋書》記載：「開皇元年，高祖晉詔天下，任聽出家，仍令計口出錢，營造經像。而京師及并州、相州、洛州等諸大都邑之處，並官寫一切經，置於寺內；而又別寫，藏於秘閣。天下之人，從風而靡，競相景慕，民間佛經，多於六經數十百倍。」〔註8〕

由於隋統治者結束滅佛運動，崇佛建寺、造像和官府、民間寫經，推動佛教發展。隋朝的譯經僧主要有那連提耶舍、闍那崛多、達摩笈多等，佛教經典大量傳入，譯經得到各級政府的支持，翻譯版本也豐富起來。

隨著傳譯佛典的逐漸增多，譯經目錄的編輯也隨之出現。隋煬帝時佛教更是得到有序發展，編訂佛經目錄，佛經分類也逐漸細緻，有大乘、小乘、雜經和疑經之分。《隋書》載：

　　大業時，又令沙門智果，於東都內道場，撰諸經目，分別條貫，以
　　佛所說經為三部：一曰大乘，二曰小乘，三曰雜經。其餘似後人假
　　託為之者，別為一部，謂之疑經。又有菩薩及諸深解奧義、贊明佛

〔註6〕（唐）道世撰：《法苑珠林》卷100，《大正藏》第53冊，第2122號，第1026頁中欄03。

〔註7〕（宋）志磐撰：《佛祖統紀》卷54，《大正藏》第49冊，第2035號，第471頁上欄26。

〔註8〕（唐）魏徵等撰：《隋書》卷35《經籍志》（四），北京：中華書局標點本，1973年，第1099頁。

理者，名之為論，及戒律並有大、小及中三部之別。又所學者，錄
其當時行事，名之為記。凡十一種。今舉其大數，列於此篇。右道、
佛經二千三百二十九部，七千四百一十四卷。道、佛者，方外之教，
聖人之遠致也。俗士為之，不通其指，多離以迂怪，假託變幻亂於
世，斯所以為弊也。故中庸之教，是所罕言，然亦不可誣也。故錄
其大綱，附於四部之末。大凡經傳存亡及道、佛六千五百二十部，
五萬六千八百八十一卷。〔註9〕

在開皇十四年（594）隋文帝命大興善寺譯經沙門法經等二十人撰《眾經目錄》
（7 卷，通稱《法經錄》），共收錄 2257 部，5310 卷。開皇十七年（597）費
長房撰《歷代三寶記》（15 卷，又稱《隋開皇三寶錄》），通稱《長房錄》、《房
錄》，收錄 2146 部 6235 卷佛經。仁壽二年（602）大興善寺的彥琮等奉令撰
《眾經目錄》（5 卷），收錄 2109 部 5058 卷佛經。

有隋一代，促進了南北佛教的融合發展，使隋代佛教具有綜合性的特色。
隋朝佛教哲學也得到發展，出現了以弘揚《中論》《十二門論》《百論》為主的
三論宗，並形成傳承系譜；以《法華經》為基礎形成天台宗，智頤大師創立的。
陳隋時期宗派逐漸出現，是中國佛教一大變動，奠定了唐代佛教黃金時代的基
礎。如湯用彤所言：「三論之學，上承般若研究，陳有興皇法朗，而隋之吉藏，
尤為大師。法相之學，原因南之攝論，北之地論，至隋之曇遷而光大。律宗唐
初智首、道宣，實承齊之慧光。禪宗隋唐間之道信、弘忍，上接菩提達摩。而
陳末智嚼大弘成實，隋初曇延最精涅槃，尤集數百年來之英華，結為茲果。又
淨土之曇鸞，天台之智顗，華嚴之智儼，三階佛法之信行，俱開隋唐之大派別。
且自晉以後，南北佛學風格，確有殊異，亦係在陳隋之際，始相綜合，因而其
後我國佛教勢力乃達極度。隋唐佛教，因或可稱為極盛時期。」〔註10〕

第二節　唐對外文化交流繁榮與佛教鼎盛發展

一、唐代佛教發展概說

隋代佛教發展為唐朝佛教文化發展和繁盛奠定了基礎。隨著唐朝國力日

〔註 9〕（唐）魏徵等撰：《隋書》卷 35《經籍志》（四），北京：中華書局標點本，1973
年，第 1099 頁。
〔註 10〕湯用彤：《隋唐佛教史稿》緒言，南京：江蘇教育出版社，2007 年，第 1 頁。

漸強盛，經陸路和海路進行商業、文化和政治交流頻繁，也極大促進唐朝文化大繁榮。經陸路通往西域之路，成為中外商貿、文化、政治交往的「黃金時期」，成為溝通亞、歐、非交往的大動脈，將不同文明古國聯繫在一起。陸路、海路往來的僧人都不斷增加。從太宗貞觀三年（629）開始，組織譯場，歷朝相沿，直到憲宗元和六年（811）終止。在唐朝譯經場參與譯經的前後譯師 26 人，即玄奘、智通、伽梵達摩、阿地瞿多、那提、地婆訶羅、佛陀波利、杜行顗、提雲般若、彌陀山、慧智、寶思惟、菩提流志、實叉難陀、義淨、智嚴、善無畏、金剛智、不空、般若等。義淨重視律典，不空專於密教，玄奘精通瑜伽、般若、大小毗曇等。及至唐代印度大乘佛教的精華，基本上被介紹過來了。

唐朝譯經經歷前期、中期和晚期三個階段，第一階段以玄奘為代表唐初譯經；第二階段以實叉難陀和義淨代表武周譯經；第三階段以開元三大士善無畏、金剛智、不空為代表中晚唐譯經。

唐初印度人波頓，又稱波羅頗迦羅蜜多羅、光智等，於高祖武德九年（626）來到長安，貞觀三年（629）在大興善寺始開傳譯經，波頓主譯經，沙門慧乘等證義，玄謨等譯語，慧賾、法琳等綴文，譯出《寶星陀羅尼經》《般若燈論釋》和《大乘莊嚴經論》等經論，是唐朝譯經之開端。玄奘從天竺遊學歸來，開啟唐初譯經的高潮。

武則天在位期間，她把佛教推向一個新高潮，自顯慶（656～661）以後，唐高宗患風病，百官奏請由武則天詳決。武則天為了正式成為皇帝，於垂拱四年（688）偽造瑞石，獲得洛水，文曰「聖母臨人，永昌帝業」，瑞石遂成「國寶」。同年再次偽造瑞石，暗示武則天要做天子是佛的授記。載初元年（689）沙門表上《大雲經》，以僧人薛懷義等人製《大雲經疏》，聲稱武則天是彌勒下凡，替唐朝登基，武則天時在兩京、諸州各設大雲寺一所，藏《大雲經》，並於當年稱帝，改號周。《舊唐書》記載：「（載初元年秋七月），有沙門十人偽撰《大雲經》，表上之，盛言神皇受命之事。制頒於天下，令諸州各置大雲寺，總度僧千人。……九月九日壬午，革唐命，改國號為周，改元為天授。」〔註 11〕

《佛祖歷代通載》也載：「高帝於是年崩，中宗即位數月，天后廢為廬陵

王，幽於房州。天后臨朝稱制，是為則天。明年七月沙門十輩詣闕上《大雲經》，盛稱則天當即宸極。則天大悅，賜十沙門紫方袍、銀龜袋，頒經於天下郡國，各建大雲寺。九月，則天革唐命，改國號周，自稱聖神皇帝。」〔註12〕長壽二年（693）菩提流志又譯《寶雨經》，上武則天，此經是梁朝曼陀羅仙所譯《寶雨經》的重譯，但新譯經增添了佛授記「日月光天子」於「摩訶支那國」和「故現女身為自在主」等內容。菩提流志譯本所增加的內容迎合了武則天的心思，為此，譯經僧得到豐厚賞賜。

唐高宗、武則天時期，隨著密教觀世音菩薩、熾盛光佛、無垢光佛、佛頂尊勝、文殊菩薩等流行，不僅一些傳統菩薩也有密教化的傾向，而且依據密教經典的造經幢之風也廣為流行。唐實叉難陀譯《救面燃餓鬼陀羅尼神咒經》、《離垢淨光陀羅尼經》等，後者被彌陀山和法藏重譯，改名為《無垢淨光大陀羅尼經》。唐代《無垢淨光大陀羅尼經》《佛頂尊勝陀羅尼經》造幢供養盛行於全境，以《佛頂尊勝陀羅尼經》經幢遺存最多。《佛頂尊勝陀羅尼經序》載：

> 婆羅門僧佛陀波利，儀鳳元年，從西國來至此漢土到五臺山。次遂五體投地向山頂禮，曰：如來滅後，眾聖潛靈，唯有大士文殊師利於此山中，汲引蒼生，教諸菩薩。波利所恨生逢八難，不睹聖容，遠涉流沙，故來敬謁。伏乞大慈大悲普覆令見尊儀。言已，悲泣雨淚向山頂禮，禮已舉首，忽見一老人從山中出來，遂作婆羅門語，謂僧曰：法師情存慕道，追訪聖蹤，不憚劬勞，遠尋遺跡。然漢地眾生多造罪業，出家之輩亦多犯戒律。唯有《佛頂尊勝陀羅尼經》，能滅眾生一切惡業，未知法師頗將此經來不？僧報言曰：貧道直來禮謁，不將經來。老人言，既不將經來，空來何益？縱見文殊亦何得識？師可卻向西國取此經將來，流傳漢土，即是遍奉眾聖廣利群生，拯濟幽冥，報諸佛恩也，師取經來至此，弟子當示師文殊師利菩薩所在。僧聞此語，不勝喜躍，遂裁抑悲淚，至心敬禮，舉頭之頃，忽不見老人，其僧驚愕，倍更虔心，繫念傾誠回還西國，取佛頂尊勝陀羅尼經，至永淳二年回至西京。〔註13〕

〔註12〕（元）念常集：《佛祖歷代通載》卷12，《大正藏》第49冊，第2036號，第583頁下欄16。

〔註13〕（唐）佛陀波利譯：《佛頂尊勝陀羅尼經》序，《大正藏》第19冊，第967號，第349頁中欄04。

《佛頂尊勝陀羅尼經》早在周隋之際已被譯成漢文，到佛陀波利譯本之後才廣泛流傳開來。在敦煌遺書中存有佛頂尊勝陀羅尼經、咒、序、啟請文大致有一百餘種，大多為唐朝寫本，以佛陀波利本最多。

以善無畏（637～735）、金剛智（671～741）、不空（705～774）的譯經代表唐中晚期譯經，這一時期密宗創立。唐玄宗開元年間他們在長安、洛陽翻譯佛經，翻譯經典多數是密教經典，善無畏譯經 4 部 14 卷，以《大日經》最為著名。金剛智譯經 8 部 11 卷。不空成就最大，譯經 77 部 120 餘卷。不空（705～774）北天竺人，師從金剛智，修習密乘，金剛智圓寂後，他遵師命回到印度，遊歷全印度，並廣事搜求密藏和各種經論，獲得陀羅尼典如《金剛頂瑜伽經》等八十部，大小乘經論二十部，共計一千二百卷（一說五百餘部），不空再次回到唐朝，歷經玄宗、肅宗、代宗三朝，翻譯佛經長達半個多世紀，出現了以信仰《大日經》《金剛頂經》為主的密宗宗派。密宗的出現標誌著唐朝密教發展到一個新的階段，在統治者的推崇下，密教廣為上層信眾接受，普及於社會各層信眾之中。

唐朝密教發展進入一個極盛時期，主要表現在大量高僧參與密教經典的翻譯、密宗的形成、密教佛事活動的增加、寺院和石窟密教造像、繪畫的出現等諸多方面。林世田、申國美兩位先生僅從國圖、英藏、法藏中就輯錄出《敦煌密宗文獻集成》及《敦煌密宗文獻集成續篇》共五本。〔註 14〕在敦煌莫高窟壁畫和造像中不僅保存大量的單尊密教佛像、菩薩像，而且還出現豐富的密教經變畫或曼陀羅造像，以及具有密教特色的法器、裝飾圖案等。

唐代譯經出現高潮，譯經眾多，唐代所譯佛典總數達到 372 部、2159 卷，包括顯教經典、密教經典。唐代所譯經典大增，編訂佛教經錄也非常發達，編輯目錄還使用了「千字文」帙號。龍朔三年（663）靜泰編所編《東京大敬愛寺一切經論目錄》，共收錄 2219 部、6994 卷。《眾經目錄》序文有：「龍朔三年正月二十二日，敕令於敬愛道場寫一切經典。」〔註 15〕龍朔四年即麟德元年（664）道宣編成的《大唐內典錄》（10 卷），共收錄 2232 部，7200 卷；靖邁撰《古今譯經圖記》（4 卷）；武周天冊萬歲元年（695）明佺等撰編成《大週刊定眾經目錄》（15 卷）；開元十八年（730）智升編成《續大唐內典錄》（1

〔註 14〕林世田、申國美編：《敦煌密宗文獻集成》（上、中、下）和《敦煌密宗文獻集成續編》（上、下），北京：中華全國圖書館縮微複製中心，2000 年。

〔註 15〕《大唐東京大敬愛寺一切經論目序》，見《眾經目錄》，《大正藏》第 55 冊，第 2148 號，第 180 頁下欄 07。

卷）、《續古今譯經圖紀》（1卷）、《開元釋教錄》（20卷）、《開元釋教錄略出》（4卷，首創使用「千字文」帙號）；貞元十年（794）圓照編成《貞元續開元釋教錄》（3卷）等；貞元十六年（800）編成的《貞元新定釋教目錄》（30卷）。總之，唐代經錄要屬《開元錄》影響最大，它的入藏目錄共收錄1760部、5418卷，成為後來一切寫經、刻經的依據經錄。

佛教傳入中國並逐漸本土化的過程中，翻譯來自印度或中亞的佛經曾是一項重要事業。公元一世紀，漢地翻譯完成《四十二章經》（《阿含經》簡譯本）標誌著中國譯經之開始，經過東漢、三國、兩晉、南北朝、隋朝譯經，到唐朝而達到鼎盛。唐朝由官方組織的譯經場規模更加宏大，組織更加完備，印度佛經幾乎全面、系統地被翻譯成漢文。隨著佛教經典的傳播和教義理解不同，唐朝天台宗、三論宗、法相宗、華嚴宗、律宗、禪宗、淨土宗和密宗等八宗俱備，各宗各派有自己的經典和注疏。

唐代不僅譯經達到鼎盛，各類經藏目錄增加，而且各地寺院建築、石窟寺的開鑿和佛教藝術也發展到極為興盛時期。敦煌莫高窟等保存了豐富的佛教造像、壁畫等藝術，也成為研究中外佛教文化交流和佛教藝術、民族文化融合等珍貴的資料。

然而受到安史之亂和唐武宗滅佛的影響，唐代佛教由盛而衰微，但禪宗、淨土興起，尤其禪宗南派勢力大盛，遍及大江南北，出現禪宗臨濟宗、曹洞宗、溈仰宗、雲門宗和法眼宗五派並立。隋唐佛教繼承漢魏以來的發展，演為宗派，分門別類闡釋經義，佛教中國化的進程基本完成。

二、陸路佛教文化交流的繁榮

（一）經河西走廊佛教文化交流

唐朝著名的三藏法師玄奘是漢傳佛教史上最偉大的譯經師之一，中國佛教法相唯識宗創始人。俗姓陳，出生於河南洛陽洛州（今河南省偃師市南境）。幼年出家，遍投名師鑽研佛理。唐太宗貞觀三年（629），一說貞觀元年（627），從涼州出玉門關西行，從天山北麓，經西域16國等，艱難抵達天竺。貞觀五年（631），玄奘在那爛陀寺從戒賢受學習五年，備受優遇，被選為通曉三藏的十德之一（即精通五十部經書的十名高僧之一）。前後聽戒賢講《瑜伽師地論》、《順正理論》及《顯揚聖教論》、《對法論》、《集量論》、《中論》、《百論》以及因明、聲明等學，兼學各種婆羅門書。

　　玄奘精通大乘小乘經典，名震五竺，並被大乘尊為「大乘天」，被小乘尊為「解脫天」，遊學 17 年後，貞觀十九年（645）回到長安，帶回佛像及佛舍利 150 粒之外，共請回佛經梵文原典 520 夾 657 部，道俗「數萬十眾」迎接。之後，唐朝修建大雁塔以儲藏取回的佛經，唐太宗敕命住長安弘福寺譯經，「所須人物吏力，並與房玄齡商量，務令優給」，即所需要的人力、物力皆由朝廷供給所需。玄奘在唐皇帝支持下，並召各地名僧 20 餘人助譯，玄奘請立譯場，搜擢賢明，共同翻譯佛經。其譯場分工詳細，僧人們分任證義、綴文、正字、證梵等職，組成了完備的譯場，唐玄奘先後在弘福寺、慈恩寺、西明寺、玉華宮等處進行長達 19 年譯經活動，共譯出經、論 75 部，凡 1335 卷。《續高僧傳》載：

> 既見洛宮，深沃虛想，即陳翻譯，搜擢賢明。上曰：「法師唐、梵具瞻，詞理通敏。將恐徒揚仄陋，終虧聖典。」奘曰：「昔者二秦之譯，門位三千，雖復翻傳，猶恐後代無聞，懷疑乖信。若不搜舉，同奉玄規，豈以褊能，妄參朝委。」頻又固請，乃蒙降許。帝曰：「自法師行後，造弘福寺，其處雖小，禪院虛靜，可為翻譯。所須人物、吏力，並與玄齡商量，務令優給。」既承明命，返跡京師，遂召沙門慧明、靈潤等以為證義；沙門行友、玄賾等以為綴緝，沙門智證、辯機等以為錄文，沙門玄模以證梵語，沙門玄應以定字偽。其年五月，創開翻譯《大菩薩藏經》二十卷，餘為執筆，並刪綴詞理。其經廣解六度、四攝、十力、四畏、三十七品，諸菩薩行合十二品，將四百紙。又復旁翻《顯揚聖教論》二十卷，智證等更迭錄文，沙門行友詳理文句，奘公於論重加陶練。次又翻《大乘對法論》一十五卷，沙門玄賾筆受。微有餘隙，又出《西域傳》一十二卷，沙門辯機親受，時事連紕，前後兼出《佛地》、《六門神咒》等經，都合八十許卷……〔註16〕

玄奘遊學歸來，得到唐太宗支持，設立譯場，廣集賢明，翻譯佛經，迎來了唐譯經高峰時期。其所譯經典有《能斷金剛般若波羅蜜多經》、《大般若經》（600 卷）、《般若心經》等大乘般若類經典；小乘一切有部經典《俱舍論》《發智論》《八犍度論》《法蘊足論》《集異門足論》《識身足論》《品類足論》《界

〔註16〕（唐）道宣撰，郭紹林點校：《續高僧傳》卷 4《唐京師大慈恩寺釋玄奘傳》，北京：中華書局標點本，2014 年，第 120～121 頁。

身足論》《大毗婆沙論》（200 卷）及密教、因明、史論、瑜伽派的著作等，如
《十一面神咒經》、《拔濟苦難陀羅尼經》、《因明入正理論》、《因明入正理論》、
《異部宗輪論》、《五事論》、《法住論》、《大菩薩藏經》、《顯揚聖教論》（20 卷）、
《解深密經》、《瑜伽師地論》（100 卷，太宗作經序）等顯密經典。玄奘所譯
佛經多用直譯，筆法謹嚴，豐富了祖國古代文化，並為古印度佛教保存了珍
貴典籍，世稱「新譯」。呂澂《中國佛教源流略講》中說：「玄奘的翻譯不管
屬於哪個階段，他都注意學說的源流變化，盡可能地做出完整的介紹。」〔註
17〕玄奘以《瑜伽師地論》為中心，全面介紹和翻譯了印度瑜伽行派的經論典
籍，創立唯識宗。玄奘譯經推動唐代佛教的發展，其所撰《大唐西域記》為
研究印度、尼泊爾、巴基斯坦、孟加拉國以及中亞等地古代歷史地理提供重
要資料。

　　武則天推崇華嚴經典，有感於晉譯《華嚴經》之不完備，聽說西域有完
備《華嚴經》，乃派使者西行求取完整梵文本，於是實叉難陀攜梵文全本來至
長安，與菩提流志、義淨等在洛陽大遍空寺重譯《華嚴經》，即新譯八十卷《華
嚴經》。武則天製《華嚴經序》曰：

> 《大方廣佛華嚴經》者，斯乃諸佛之密藏，如來之性海。視之者，
> 莫識其指歸；把之者，罕測其涯際。有學、無學，志絕窺覦；二
> 乘、三乘，寧希聽受。最勝種智，莊嚴之跡既隆；普賢、文殊，
> 願行之因斯滿。一句之內，包法界之無邊；一毫之中，置剎土而
> 非隘。摩竭陀國，肇興妙會之緣；普光法堂，爰敷寂滅之理。緬
> 惟奧義，譯在晉朝；時逾六代，年將四百。然圓一部之典，才獲
> 三萬餘言，唯啟半珠，未窺全寶。朕聞其梵本，先在于闐國中，
> 遣使奉迎，近方至此。既睹百千之妙頌，乃披十萬之正文。粵以
> 證聖元年歲次乙未，月旅沽洗，朔惟戊申，以其十四日辛酉，於
> 大遍空寺，親受筆削，敬譯斯經。遂得甘露流津，預夢庚申之夕；
> 膏雨灑潤，後覃壬戌之辰。式開實相之門，還符一味之澤。以聖
> 曆二年歲次己亥，十月壬午朔，八日己丑，繕寫畢功；添性海之
> 波瀾，廓法界之疆域。」〔註18〕

〔註17〕呂澂：《中國佛教源流略講》，北京：中華書局，1979 年，第 185 頁。
〔註18〕（唐）實叉難陀譯：《大方廣佛華嚴經》卷 1，《大正藏》第 10 冊，第 279 號，
　　　　第 1 頁上欄 24。

武則天時期八十卷《華嚴經》翻譯完成後，並迎請法藏進宮宣講《華嚴經》，在宮廷設立「內道場」舉行法事活動。由於武則天的推崇和諸多高僧大德竭力弘揚，依《華嚴經》而形成中國佛教史的一大宗派華嚴宗。

　　唐開元四年（716），印度密宗高僧善無畏攜帶梵本經西域來到長安，深受玄宗禮遇，被尊為「國師」。自開元五年（717）起，先後於長安、洛陽兩處譯出密教經典多部，如《大毗盧遮那成佛神變加持經》（《大日經》）、《金剛頂經毗盧遮那一百八尊法身契印》、《蘇悉地羯羅供養法》、《三種悉地破地獄轉業障出三界秘密陀羅尼法》、《佛頂尊勝心破地獄轉業障出三界秘密三身佛果三種悉地真言儀軌》、《尊勝佛頂修瑜伽法軌儀》、《佛頂尊勝陀羅尼》、《千手觀音造次第法儀軌》、《七佛俱胝佛母心大準提陀羅尼法》、《虛空藏菩薩能滿諸願最勝心陀羅尼求聞持法》等。其中最重要的是於開元十二年（724）在洛陽大福先寺由其弟子一行（683～727）[註19] 協助譯出了《大日經》（7 卷），後成為密宗的「宗經」。一行親承講傳，又於開元十五年（727）撰《大日經疏》（20 卷）、《攝調伏藏》等。他們傳授以胎藏界為主的密法，是為中國密教正式傳授之始。

　　佛教與中國傳統文化相結合形成了中國特色的佛教，天台宗、三論宗、法相宗、華嚴宗、律宗、禪宗、淨土宗和密宗等八大宗派形成，各宗各派有自己的經典和注疏，漢文佛經、律、論、注疏的數量不斷增加，大量疑偽經出現流行。

　　唐代譯經達到鼎盛，佛教藝術也發展到鼎盛時期，開窟造像也發展到極盛時期，尤其以敦煌莫高窟中唐代洞窟最為著名，大幅經變畫場面恢宏，宮

〔註19〕唐一行和尚（683～727），又稱僧一行、釋一行，俗姓張，本名張遂，唐高宗弘道元年（683）生於武功縣，玄宗開元十五年（727）卒於長安華嚴寺，籍貫河北邢臺鉅鹿人，是唐代著名的佛學家和天文學家。在《宋高僧傳》、《佛祖統紀》、《佛祖歷代通載》等諸多著述中對一行皆有記載。在長安，一行受到唐玄宗的特別優待，又先後隨金剛智、善無畏和不空等修學胎藏界和金剛界密法，開元十一年（723）協助金剛智翻譯《瑜伽念誦法》《七俱胝陀羅尼》等，開元十二年（724）參與翻譯《大日經》，第二年參照大小經論，撰寫完成《大日經疏》。一行在長安十年中，從事佛教翻譯撰述，開設論場，培養弘法僧才，並參與創立唐代密宗，此外，他還從事天文曆法研究，編訂《大衍曆》等，為唐代科學技術的發展做出了偉大貢獻。一行在短暫的一生中，不僅在天文、曆法、數學等自然科學方面頗有成就，而且在禪、律、密等佛學方面也取得巨大成就，深受僧俗的敬重，不論是在唐朝還是在後世都產生很大影響。

殿樓閣，雕欄水榭呈現世間帝王的氣派，人物刻畫細緻入微，佛像、菩薩、飛天、舞樂、化生、供養人等雍容華貴，突顯多民族、多文化融合的特色。

（二）經吐蕃、尼泊爾陸路佛教文化交流

除了經過河西走廊的陸路通道以外，唐朝還存在一條經由吐蕃、尼泊爾通往印度之路。據義淨《大唐西域求法高僧傳》對於往來於吐蕃、尼泊爾道路的記載則比較詳細，還記載了 11 位僧人都曾經過此路達到印度等地。他們是玄照、玄恪、師鞭、末底僧訶、慧輪、道希、玄太、道方、道生、吐蕃公主母二人等。

這條道路應由長安或洛陽經吐蕃往尼泊爾、天竺的交通的暢通，與唐蕃政治關係密切相關。唐初實行與吐蕃的聯姻政策，貞觀八年（635）吐蕃遣使到唐進貢金帛，要迎請公主入藏。吐蕃使臣對唐說：「若大國不嫁公主與我，即當入寇。」〔註20〕於是吐蕃進攻松洲。唐派軍隊進攻吐蕃，反遭失敗。《舊唐書》記載：

> 貞觀十五年，太宗以文成公主妻之，令禮部尚書、江夏郡王道宗主婚，持節送公主於吐蕃。弄贊率其部兵次柏海，親迎於河源。見道宗，執子婿之禮甚恭。既而歎大國服飾禮儀之美，俯仰有愧沮之色。及與公主歸國，謂所親曰：「我父祖未有通婚上國者，今我得尚大唐公主，為幸實多。當為公主築一城，以誇示後代。」遂築城邑，立棟宇以居處焉。公主惡其人赭面，弄贊令國中權且罷之，自亦釋氈裘，襲紈綺，漸慕華風。仍遣酋豪子弟，請入國學以習《詩》、《書》。又請中國識文之人典其表疏。〔註21〕

儘管吐蕃要求唐嫁公主入藏有很大強迫因素，但文成公主還是於「十五年春正月丁卯，吐蕃遣其國相祿東贊來逆女。丁丑，禮部尚書、江夏王道宗送文成公主歸吐蕃。」〔註22〕貞觀十五年（641），唐與吐蕃的聯姻密切了唐與吐蕃的聯繫，隨著雙方往來人員的增多，也帶動了唐、吐蕃之間的往來道路的暢通。

〔註20〕（後晉）劉昫等撰：《舊唐書》卷 196《吐蕃傳》（上），北京：中華書局標點本，1975 年，第 5221 頁。

〔註21〕（後晉）劉昫等撰：《舊唐書》卷 196《吐蕃傳》（上），北京：中華書局標點本，1975 年，第 5221～5222 頁。

〔註22〕（後晉）劉昫等撰：《舊唐書》卷 3《太宗本紀》（下），北京：中華書局標點本，1975 年，第 52 頁。

　　吐蕃與唐聯姻的同時，也與尼泊爾聯姻，迎娶尼泊爾的墀尊公主，《賢者喜宴》記載：

> 荒涼吐蕃松贊王致書泥婆羅王閣下：汝之南部泥婆羅具有佛法。而我則無佛法及供奉之佛像，但我卻樂於此事，如能許以公主，我將在一日之內用五千化身建造一百零八幢廟堂，其門均朝向泥婆羅之地……泥婆羅王又謂：「你王如能依止十善之法就許以公主。你等去奏問吐蕃贊普吧！」……泥婆羅王聞之甚懼，遂對化身吐蕃之王始有所知，故而略表敬意，因之允諾許以公主。……在陽木馬年，抵達吐蕃王宮，則與松贊干布王相會，墀尊即被奉為王后。〔註23〕

松贊干布時期，吐蕃與唐、尼泊爾聯姻，密切了彼此間的關係，也使得唐通往吐蕃和尼泊爾的道路暢通。吐蕃、尼泊爾地域獨具特色且佛教興盛，也吸引諸多求法僧侶經過吐蕃進入尼泊爾。自貞觀十五年（641）到麟德年（664～665）間，太州人玄照法師兩度經由吐蕃道前往天竺。《大唐西域高僧求法傳》記載：「以貞觀年中，乃於大興善寺玄證師處初學梵語。於是仗錫西邁，掛想祇園。背金府而出流沙，踐鐵門而登雪嶺。漱香池以結念，畢契四弘；陟蔥阜（蔥嶺）而翹心，誓度三有，途經速利（窣利國），過覩貨羅（吐火羅），遠跨胡疆，到吐蕃國。蒙文成公主送往北天，漸向闍闌陀國……」〔註24〕

　　玄照往來於天竺和大唐皆是走吐蕃路，第一次往天竺經西藏時，文成公主還派人將玄策送往天竺，唐太宗貞觀（627～649）至高宗麟德（664～665）年間，經由吐蕃王印度的線路還是比較暢通的。故此義淨《大唐西域求法高僧傳》卻記載多位僧人經過此路到印度求法學習和遊歷。

　　隨著吐蕃勢力進一步強大和安史之亂爆發，吐蕃軍隊北上，佔領長安和河西地區，唐朝皇帝逃亡四川，唐與吐蕃的關係緊張，經過吐蕃、尼泊爾往印度的道路受阻。玄策第二次出使天竺，經過吐蕃返唐時，因為道路不通，玄照滯留天竺，圓寂於此。《大唐西域高僧求法傳》記載：

> 於時麟德年（664～665）中，駕幸東洛，奉謁闕庭，還蒙敕旨，令往羯濕彌囉國，取長年婆羅門盧迦溢多……到金剛座，旋之那爛陀寺，淨與相見，盡平生之志願，契總會於龍華。但以泥波羅道吐蕃

〔註23〕巴臥・祖拉陳哇著，黃灝譯：《賢者喜宴》摘譯（三），《西藏民族學院學報》1981 年第 2 期。

〔註24〕（唐）義淨撰，王邦維校注：《大唐西域求法高僧傳》（卷上），北京：中華書局標點本，1988 年，第 14 頁。

　　擁塞不通，迦畢試途多氏捉而難度，遂且棲志鷲峰，沈情竹苑……
在中印度庵摩羅跛國遘疾而卒。〔註25〕

因為唐蕃聯姻，唐初與吐蕃政治關係密切，經河西進入吐蕃，然後往尼泊爾、天竺的道路暢通，往來於此道路的使臣、僧侶增多。後受唐、吐蕃與天竺間的戰爭，以及吐蕃北上侵犯唐朝疆域的影響，使得經吐蕃、尼泊爾往天竺的陸路交通受阻，僧侶們的生命受到威脅。故此導致了僧人多附商船而來，與商人結伴而行，至南海諸國或至天竺，學習和交流佛法等。

三、海路佛教文化交流的繁榮

　　隋唐時期，東南亞佛教興盛，成為佛教中心之一，經海路往來的僧人不斷增加，他們駐足學法，或從事佛法交流。南朝時期，與中土交往頻繁，奠定了唐對外交往的基礎。唐朝推行比較開明的對外政策，經濟得到很大發展和造船技術的提高，極大促進了海路商貿的發展。日本羨慕唐朝經濟、文化和制度，多次派遣遣唐使、留學僧和留學僧來唐學習交流，唐鑒真和尚也不懼艱辛六次東渡到日本弘傳律宗。唐義淨慕法顯、玄奘西行學法取經，從海路經錫蘭往返印度學習律學、瑜伽、中觀、因明、俱舍論等學，從事經典翻譯和考察印度佛教教規和社會習俗。開元年間金剛智從海路來華傳博密教經典，為原來的佛教發展注入新的活力。

　　唐開元八年（720）（一說七年，719）南印度密教高僧金剛智經南海、廣州抵洛陽，大弘密法。金剛智於開元十一年（723）至十八年（730），先後在長安資聖寺、大薦福寺譯出《金剛頂瑜伽中略出念誦法》等經軌四部七卷。其弟子不空曾奉師命赴師子國學習密法，回中國後先後在長安、洛陽、武威等地譯出《金剛頂一切如來真實攝大乘現證大教王經》、《金剛頂五秘密修行念誦儀軌》、《金剛頂瑜伽護摩儀軌》等諸多密教經典。

　　從海路來華的僧侶或唐朝往東南亞、南亞求法的僧侶主要搭乘商船，或從天竺出發，或從廣州、交址、合浦等地乘船，經泛海到唐或到印度等地。唐朝對外海路貿易興盛，往來的僧侶搭乘商船往來，促進了還是貿易、文化和經濟交流。海上貿易把古代中國與東南亞、南亞、波斯、阿拉伯半島和東非等緊密連在一起。

〔註25〕（唐）義淨撰，王邦維校注：《大唐西域求法高僧傳》（卷上），北京：中華書局標點本，1988年，第10～11頁。

　　義淨的《大唐西域求法高僧傳》記載唐初期，僧侶們搭乘商船南下北上的情況也明顯增加，充分反映了唐代海路商貿、文化交往的繁盛。義淨是中國古代四大譯經僧之一，也是繼法顯、玄奘之後又一位西行求法的僧人。他從海路經南海諸國去天竺遊歷求法或返唐進行譯經活動。返唐途中他先後兩次停留室利佛逝，進行著述和譯經活動。義淨的《大唐西域求法高僧傳》分為上卷、下卷和重歸南海傳等，記述了唐太宗貞觀十五年（641）至武后天授二年（691）50年間61位（包括重歸南海所記4位僧人）唐、高麗、新羅、交州、愛州等地僧侶。他們從海路、河西和吐蕃道等不同線路赴印度或南海諸國等遊歷學習。其中所記38位僧人（另有一位僧人去印度線路不詳，疑似從海路去印度）從海路搭乘商船南行取經學法。

　　咸亨二年（671）冬天，義淨法師從廣府（廣州）登船，經室利佛逝（印度尼西亞蘇門答臘島東南部的巨港）、末羅瑜國（馬來半島南端）、羯荼國（馬來西亞馬來亞的西部吉打和其北部地區）、裸人國（安達曼群島，在緬甸和孟加拉國灣之間）、耽摩立底國（孟加拉國西部，進入天竺）、往莫訶菩提、摩揭陀國的那爛陀寺、遍禮聖蹟（廣嚴城，即毗舍離城）、耆闍崛山（靈鷲山、迭衣處）、大覺寺、劫比羅伐窣堵國的本生處、摩揭陀國菩提伽耶成道處、婆羅泥國的鹿野苑、劫比他國的從天下處（三道寶階）、室羅伐悉底國的祇樹園、拘尸那城的涅槃處，後住那爛陀寺十餘年學習佛法。義淨在元載初元年（689）回到廣府住制旨寺（後稱光孝寺），後又乘商船赴室利佛逝翻譯佛經，四年之後，在武周長壽二年（693）再回廣州，從廣州北上，到洛陽、長安，譯經弘法。義淨的求法和譯經活動，促進了不同地區佛教融合發展。

　　除了義淨往返海路去印度學習求法，唐和尚鑒真也東渡日本弘法佛法。鑒真和尚（688～763）揚州江陽縣人，是唐代著名的高僧，諡「過海大師」。他在長安修習律學和醫藥等諸多經典，之後在江淮一帶弘傳南山律學等，將律宗發揚光大，成為有威望的高僧，享有「以戒律化誘，鬱為一方宗首」〔註26〕之美譽。應日本遣唐學問僧人融睿和普照的邀請，從天寶元年（742）到十二年（753）的十二年間，鑒真和尚先後六次東渡日本，最後一次才成功到達日本。他在日本弘揚律學十餘年，為日本僧人和天皇受戒，規範日本佛教，使律學和律宗在日本得到發展和弘傳，為日本南山律宗的開山祖師。鑒真在

〔註26〕（宋）贊寧撰，范祥雍點校：《宋高僧傳》卷14，北京：中華書局標點本，1987年，第349頁。

日本東大寺設立戒壇，又建戒壇院和招提寺，逐漸形成以東大寺和招提寺為主的受戒和傳律中心。鑒真的弘法活動不僅促進了中日佛教文化的交流，而且還將唐朝藝術、文獻、藥物、建築等傳播到日本，為中日兩國人民的友好和文化交流作出了巨大的貢獻。

唐陸路的敦煌和海路的廣州成為對外文化和經濟交往的中心和前沿。從陸路和海路傳入的佛教文化不斷與中國傳統文化，形成了具有中國特色的佛教，佛教經典的翻譯也達到極盛，大小乘經律論大多得到翻譯，奠定了漢文大藏經的基礎。

第三節　隋唐五代河北佛教文化遺存

一、隋唐五代河北行政區劃

隋唐五代時期，河北地區的行政區劃有所變化。隋代河北分屬不同的郡，隋國土統一，但政治、經濟、文化等發展中心依然在西北，並開始逐漸往洛陽轉移。隋「高祖受終，惟新朝政，開皇三年，遂廢諸郡。泊於九載，廓定江表，尋以戶口滋多，析置州縣。煬帝嗣位，又平林邑，更置三州，既而並省諸州，尋即改州為郡，乃置司隸刺史，分部巡察。」〔註27〕隋開皇三年以後行政區劃為州，河北可分為冀州、幽州，大業三年（607）改州為郡，州不復存在，河北地區分屬多個郡，如渤海郡、信都郡、清河郡、魏郡、襄國郡、武安郡、恒山郡、趙郡、博陵郡、河間郡、涿郡等。《隋書》載：

> 冀州於古，堯之都也。舜分州為十二，冀州析置幽、并。其於天文，自胃七度至畢十一度，為大梁，屬冀州。自尾十度至南斗十一度。為析木，屬幽州。自危十六度至奎四度，為娵訾，屬并州。自柳九度至張十六度，為鶉火，屬三河，則河內、河東也。准之星次，本皆冀州之域，帝居所在，故其界尤大。至夏廢幽、并入焉，得唐之舊矣。信都、清河、河間、博陵、恒山、趙郡、武安、襄國，其俗頗同。〔註28〕

〔註27〕（唐）魏徵等撰：《隋書》卷29《地理志》（上），北京：中華書局標點本，1973年，第807頁。

〔註28〕（唐）魏徵等撰：《隋書》卷30《地理志》（中），北京：中華書局標點本，1973年，第859頁。

唐代行政區劃又發生了很大變化，行政區劃更加複雜，唐貞觀年間將全國按照山河大勢分為十道，「貞觀元年，悉令並省。始於山河形便，分為十道：一曰關內道，二曰河南道，三曰河東道，四曰河北道，五曰山南道，六曰隴右道，七曰淮南道，八曰江南道，九曰劍南道，十曰嶺南道……開元二十一年，分天下為十五道，每道置採訪使，檢察非法，如漢刺史之職：京畿採訪使理京師城內、都畿理東都城內、關內以京官遙領、河南理汴州、河東理蒲州、河北理魏州、隴右理鄯州、山南東道理襄州、山南西道理梁州、劍南理益州、淮南理揚州、江南東道理蘇州、江南西道理洪州、黔中理黔州、嶺南理廣州。又於邊境置節度、經略使，式遏四夷。」〔註29〕唐時河北基本上屬於河北道，也有個別地方屬於河東道。河北道下有20多個州，如魏州、相州、貝州、邢州、洺州、恒州、冀州、深州、趙州、滄州、定州、易州、幽州、瀛洲、莫州、平州、媯州、檀州、薊州和營州等。

安史之亂後方鎮統轄諸州，成為名副其實的地方最高行政區域，元和末年（806～820），除了都城所在京兆府以外，唐全境分為四十七鎮，但十五道仍然作為地理區域名稱繼續使用。晚唐時期河北又歸屬於河朔三鎮。五代時期河北分別歸屬不同的割據政權。

隋唐時期河北大各地的佛教繼續發展，響堂山洞窟續鑿依然繼續，新建寺塔增多，臨濟禪宗創立並逐漸外傳遠播海外。晚唐和五代，由於唐武宗滅佛、安史之亂爆發和吐蕃北上侵入長安，唐朝發展經歷了由盛轉衰，佛教發展也由盛轉衰，各節度使的權利逐漸增加，晚唐河北地區屬於河朔三鎮，又稱河北三鎮，即范陽節度使〔註30〕、成德節度使〔註31〕、魏博節度使〔註32〕。河北屬於河朔三鎮相對獨立，且節度使信仰佛教，唐武宗滅佛時，三鎮節度使對河北地區的佛教採取支持的態度，佛教受唐武宗滅佛影響較少。

〔註29〕（後晉）劉昫等撰：《舊唐書》卷38《地理志》（一），北京：中華書局標點本，1975年，第1384、1385頁。

〔註30〕范陽節度使，或稱幽州、盧龍節度使，理幽州，臨制奚、契丹，統經略、威武、清夷、靜塞、恒陽、北平、高陽、唐興、橫海等九軍。包括今河北北部、北京、保定和長城附近地區。

〔註31〕成德節度使治恒州，領恒、趙、冀、深四州，指幽州以南和山西接壤地區，今河北中部地區。

〔註32〕魏博節度使，治魏州，管魏、貝、博、相、澶、衛六州。指今河北南部和山東北部一些地區。

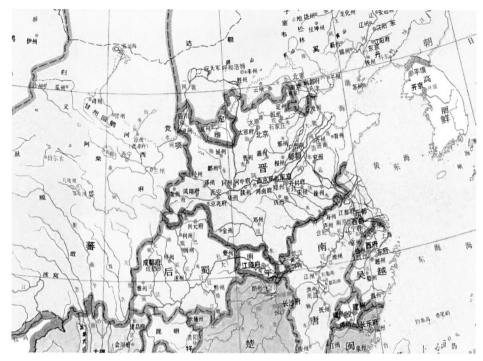

譚其驤《中國歷史地圖集》之五代十國圖（圖1）

五代十國時期又是歷史上分裂時期，北方先後出現後梁（907～923）、後唐（923～936）、後晉（936～946）、後漢（947～950）和後周（951～960）政權，河北又先後歸屬這五個朝代。十國（902～979）主要指江南地區南吳、南唐、吳越國、閩國等，湖廣有荊南、楚、武平、南漢等，蜀地有前蜀、後蜀等。

唐末黃巢農民戰爭和五代十國各政權頻繁更迭，戰亂不止，給百姓和佛教文化發展帶來很大災難，佛教呈現多地域發展的格局，且禪宗南宗和淨土得到很大發展，而唯識宗、華嚴宗、天台宗受滅佛影響發展乏力。

二、隋唐河北佛教寺院

（一）寺院總體概況

北周滅佛給北齊佛教發展帶來很大破壞。有學者認為，臨漳吳莊發現的佛造像埋藏坑與北周滅佛有一定關係。然而隋文帝建立隋朝，改變了北周武帝滅佛的政策，頒布了一系列振興佛教的政策，極大推動了佛教復興和發展。隋唐佛教興盛的局面在河北地區也得到體現，各地出現了大批寺院。隋唐時

期河北道大約有 160 多座寺院，根據史料記載，按現在地名統計，石家莊地區 30 座，如正定隋建龍藏寺、龍崗寺、廣惠寺、太平寺、唐建舍利寺、旃檀寺、精岩寺、大曆寺、天寧閣，井陘縣隋建福慶寺、顯聖寺、唐建興國寺，欒城縣隋建善眾寺、唐建志公寺、崇恩寺，元氏縣隋建開化寺，贊皇縣隋建治平寺、唐建玉泉寺，無極縣唐建法雲寺，行唐縣唐建崇福寺、香陰寺，藁城縣唐建洪照寺、智炬寺，新樂縣唐建定海寺、壽聖寺，獲鹿縣唐建本願寺，辛集縣唐建開元寺，深澤縣唐建福勝寺、大忍寺，平山縣千佛堂等；保定地區 38 座，如滿城隋建定慧寺、龍泉寺、寶數院、唐建石佛寺，順平縣隨建白馬寺、唐建崇光寺、寄骨寺，唐縣唐建聖壽寺、靈源寺、法果寺、柏岩寺，安新縣隋建昊天寺，易縣隋建華岩寺、唐建雲居寺、開元寺、龍興寺、蓮花寺，高陽縣隋建開元寺、唐建金山寺，清苑縣唐建敬愛寺、觀音寺、延慶寺、觀音堂、惠濟寺、承恩寺、法明寺、興教寺、興國寺，雄縣唐建崇興寺、鎮海寺、定惠寺，定興縣唐建聚泉寺，博野縣唐建靈光寺，定州唐建天寧寺、萬歲寺等；邢臺地區 23 座，如柏鄉縣隋建玉臺寺，任縣隋建清涼寺、唐建西明寺，鉅鹿縣隋建三明寺、唐建三明寺，沙河縣唐建漆泉寺、建福寺、延慶寺、汛愛寺，威縣唐建青龍寺、延壽寺，廣宗縣唐建青龍寺，南宮縣唐建報恩寺、定覺寺、石佛寺，內丘縣唐建寶泉寺，邢臺縣唐建開元寺、天寧寺，寧晉縣唐建追聖寺、雲臺寺，臨城縣唐建石建寺等；唐山地區 20 座，如豐潤縣隋建真常寺、唐建宏法寺、興福寺，樂亭縣唐建隆回寺、普濟寺，遵化縣唐建濟愍寺、福泉寺、慈應寺、延壽寺、棲雲寺，遷安縣唐建大雲寺、棲真寺、宣覺寺，灤縣唐建蓮臺寺、魯家灣寺、興國寺、延慶寺，玉田縣唐建靜覺寺、石鼓寺、觀音寺等；張家口地區 5 座，如唐建清泉寺、柏林寺、靈境寺、鶯峰寺、華岩寺；廊坊地區 7 座，如唐建興寧寺、定覺寺、隆福寺、三塔寺、龍泉寺、觀音庵、昊應寺等；邯鄲地區 16 座，如成安縣隋匡教寺、唐建元符寺、圓銘寺、霧睹寺，永年縣唐建龐居士庵、保慶寺，磁縣唐建龍鳳寺、高福寺，曲周縣唐建天寧寺，肥鄉縣崇福寺，雞澤縣唐建開明寺，廣平縣唐建龍泉寺、崇福寺，大名縣唐建興化寺等；衡水地區 18 座，如冀縣隋建覺觀寺，武強縣唐建清涼寺、五祖寺，衡水堂建寶雲寺，深縣唐建開元寺、福聖寺、天寧寺、石佛寺、法寶寺，饒陽縣洪福寺、慈民寺、福勝寺、清峰寺、寶月寺，武邑縣唐建雲齋寺、棲禪寺，景縣唐建雲蓋寺，故城縣唐建甘露寺等；滄州地區 11 座，如河間唐建海潮寺、天遵寺院，泊頭唐建鐘樓寺，

任丘唐建開元寺、水月寺、長豐寺等；秦皇島地區 1 座撫寧縣棲霞寺等。〔註33〕上述寺院現已大多無存，而河北道保存最多的是鎮州、相州等地，以唐代居多。

（二）鎮州的寺院與佛塔

現正定在唐時稱名不一，唐憲宗元和十五年（820）稱鎮州，《舊唐書》記載：

> 秦東垣縣。漢高改名真定，置恒山郡，又為真定國。歷代為常山郡，治元氏。後魏道武登常山郡，北望安樂壘美之，遂移郡治於安樂城，今州城是也。周、隋改為恒州，後廢。義旗初，復置恒州，領真定、石邑、行唐、九門、滋陽五縣，州治石邑。武德元年，陷竇建德。四年，賊平，徙治所於真定，省滋陽縣，又割廉州之藁城來屬。天寶元年，改為常山郡，乾元元年，復為恒州。興元元年，升為都督府。元和十五年，改為鎮州。〔註34〕

其中真定「隋屬高陽郡。武德四年，自石邑移恒州於縣為治所。載初元年，改為中山縣。神龍元年，復為真定縣。」〔註35〕唐穆宗長慶元年（821）改恒嶽為鎮嶽，恒州為鎮州，定州恒陽縣為曲陽縣。隋唐時期，河北佛教得到很大發展，建造一批寺院佛塔。《廣弘明集》載：

> 皇帝於是親以七寶箱，奉三十舍利。自內而出，置於御座之案，與諸沙門燒香禮拜，願弟子常以正法護持三寶，救度一切眾生。乃取金瓶、瑠璃各三十，以瑠璃盛金瓶，置舍利於其內，薰陸香為泥，塗其蓋而印之。三十州同刻，十月十五日正午入於銅函石函，一時起塔。……定州於恒嶽寺起塔。有一異翁，來禮拜，施布一匹，負土數籠。人問其姓字，而不答，忽然失之。此地舊無水，開皇三年初營寺其西八里，白龍淵忽東流而過，作役罷，水便絕。及將起新塔，水復大流。相州於大慈寺起塔，天時陰雪，舍利將下，日便朗

〔註33〕河北省地方志編纂委員會編：《河北省志・宗教志》，北京：中國書籍出版社，1995 年，第 63～79 頁。

〔註34〕（後晉）劉昫等撰：《舊唐書》卷38《地理志》（一），北京：中華書局標點本，1975 年，第 1502 頁。

〔註35〕（後晉）劉昫等撰：《舊唐書》卷38《地理志》（一），北京：中華書局標點本，1975 年，第 1502 頁。

照。始入函，雲復合。〔註36〕

隋唐時，相州，漢魏郡，屬河北。武德元年（618），置相州總管府，領安陽、鄴、相、臨漳、洹水、堯城等八縣。仁壽二年（602）正月二十三日，復分布五十一州建立靈塔，包括恒州、冀州、滄州、瀛州、幽州、趙州、磁州、魏州、貝州等地奉旨建塔，弘揚佛教。僅河北道就有如此之多的地方建立佛塔，也說明隋唐是河北道佛教興盛。然因為年代久遠，一些佛塔、寺院已無法具體考證，但在正定卻保存了主要隋唐以來的寺院和佛塔。

現存正定縣文保所的幾件銅鎏金造像為隋代作品，如隋仁壽元年（601）四月十二佛弟子周賑遵為上自父母……造銅鎏金觀音像一區，1966 年出土於正定縣宋營鄉韓通村；隋仁壽三年（603）三月八日郭全安去開皇十二年身充嶺南防領□平安得還家，敬造銅鎏金觀音像多身，1982 年出土於正定封建西咬村。隋開皇十五年（595）二月三日佛弟子曾阿伏發願造釋迦、多寶佛一區；歲仁壽三年六月十七日佛弟子曾舍利造觀音像一區、佛弟子曾洪以造觀音像一區、佛弟子曾□為亡妻□造像一區。後四尊像皆是 1975 年在正定巧女村發掘出土的。〔註37〕從造像地點、時間和姓氏判斷，他們出土同一信仰佛教的家族，因為不同的機緣造佛像保祐健在家人平安如意，祈願亡故的親人早生淨土。

唐代鎮州成為「河朔三鎮」之首，也成為北方的軍事、政治和經濟中心，與外界有著廣泛的聯繫。唐開成三年（838）日本天台宗僧人圓仁（793～864）來到中土，途經真定到五臺山求法，著有《入唐求法巡禮記》。唐代文殊信仰興盛，圓仁在登州法華院住了九個月的時間，準備朝聖文殊菩薩信仰興盛的五臺山，想具體瞭解五臺山的情況。「他用兩個多月的時間，經歷登州、青州、貝州、趙州、鎮州，於公元 840 年四月二十八日（陽曆六月二日）抵達五臺山」。〔註38〕

敦煌莫高窟保存一幅五臺山壁畫（第 61 窟），長 13 米之多，高 3.4 米，規模宏大，氣勢雄偉。第 61 窟壁畫分上中下三分部詳細描繪了五臺山的場景，其中在中部描繪五臺山上主要寺院，如大佛光寺、大法化寺等，有的寺院現

〔註36〕（唐）釋道宣撰：《廣弘明集》卷 17，《大正藏》第 52 冊，第 2103 號，第 215
　　　頁上欄 27～215 頁中欄 03。
〔註37〕樊子林、劉友恒：《河北正定收藏一批早期銅造像》，《文物》1993 年第 12 期。
〔註38〕〔日〕圓仁撰，白化文等校注：《入唐求法巡禮行》，石家莊：花山文藝出版
　　　社，1992 年，第 4 頁。

在尚存，且在文獻中皆有記載；下部表現通往五臺山的山路，包括從太原通往鎮州沿途的山川、風景和習俗，真實地反映了當時生活場景，形象而逼真。

　　安祿山的義子張忠志（後改名李寶臣）降唐，使鎮州城免受戰火，百姓得以安居。安史之亂後，李寶臣為成德節度使，使河北成為藩鎮割據之地，形成半獨立狀態，直至唐亡。

　　唐時河北道鎮州作為交通要道，出現在敦煌莫高窟第 61 窟的「五臺山圖」之中，另描繪寺院、蘭若、佛塔、城池等建築百餘處，有高僧說法、信徒巡禮、著名史蹟及各類神異故事等。五臺山圖不僅展示了五代時期敦煌石窟藝術的傑出成就，而且反映了唐、五代時期佛教聖地五臺山地區的歷史地理、佛教文化、社會經濟生活風貌，展現了晉陽到鎮州方圓幾百里的山川風貌，具有極其珍貴的歷史地理價值和文化藝術價值。

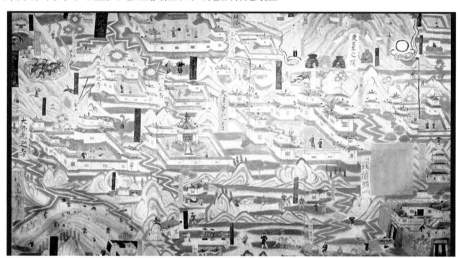

敦煌第 61 窟五臺山之鎮州道（圖 2）

1、龍藏寺的建造

　　開皇六年（586）恒州〔註39〕刺史王孝仙勸造龍藏寺，並立碑，碑為龜趺，碑額呈半圓形，浮雕六龍相交，刻工精細典雅古樸。此碑現在河北正定龍興寺寺內，是隋代重要的碑刻，無撰書人姓名，存於寺內大悲閣東側。碑高 3.15 米，寬 0.9 米，厚 0.29 米，楷書，30 行，共 1500 多字。碑額楷書「恒州刺史

〔註39〕鎮州，周、隋改為恒州。武德四年（621）徙治所於真定，省滋陽縣，又割廉州之藁城來屬。天寶元年（742），改為常山郡，乾元元年（758），復為恒州。興元元年（784），升為都督府。元和十五年（820），改為鎮州。

鄂國公為國勸造龍藏寺碑」，此碑極具史料價值和書法價值，被視為「隋碑之冠」。

隋龍藏寺碑（圖3）

《龍藏寺》碑文有「往者四魔毀聖，六師謗法……李園之內，結其惡黨，竹林之下，亡其善聚。護戒比丘，翻同雹草；持律僧尼，忽等霜蓮。慧殿仙宮，寂寥安在；珠臺銀閣，荒涼無處……我大隋乘御金輪，冕旒玉藻，上應帝命，下順民心。飛行而建鴻名，揖讓而升大寶……澍茲法雨，使潤道牙；燒此戒香，令薰佛慧。修第壹之果，建最勝之幢；拯既滅之文，匡以墜之典。忍辱之鎧，滿於清都；微妙之臺，充於赤縣。」

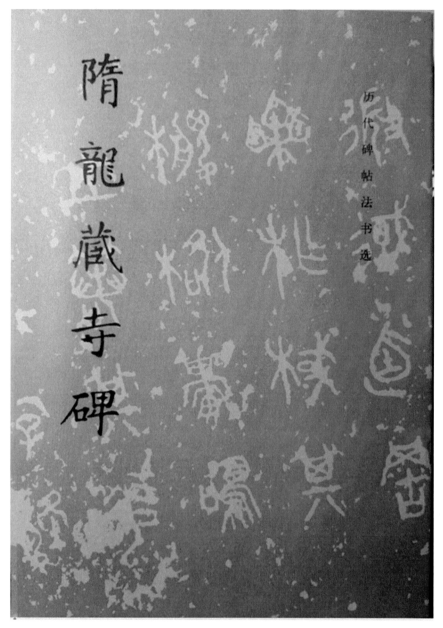

龍藏寺碑拓本封面（圖４）

　　龍藏寺的建立為日後正定成為佛教重鎮奠定了基礎。唐中宗復位，詔令天下各州立道觀、寺院一座，均以「中興」為額，龍藏寺改名中興寺。但由於年代久遠，龍藏寺保存的建築等大多為宋代或明清重修的。

隋朝龍藏寺碑碑額（圖5）

2、開元寺與須彌塔

開元寺始建於東魏興和二年（540），原名為淨觀寺（東魏），隋開皇十年（590）改為解慧寺（隋文帝）。唐武則天時改名大雲寺，唐玄宗時改名為開元寺。清末以來寺院漸廢，現存鐘樓和須彌塔兩座建築及近年出土的唐代三門樓石柱等。

開元寺內鐘樓為磚木結構的二層樓閣式建築，平面呈正方形，其大木結構、柱網、斗拱都展示了唐代建築藝術風格，是北方時代較早的一座木結構鐘樓。

須彌塔，坐落於鐘樓西側，據推測創建於唐貞觀十年（636），唐乾寧五年（898）重建。現存為明代重建方形九級樓閣式空心磚塔，塔外部收剎有曲線，較好地保留了唐塔風格。這種塔樓對峙居寺院中部的做法，反映了早期寺院的布局特點。

正定開元寺（圖6）

正定開元寺須彌塔（圖7）

正定開元寺須彌塔四角力士（圖 8）

正定開元寺晚唐鐘樓（圖 9）

3、天寧寺與凌霄塔

天寧寺始建於唐代，原名「永泰寺」，唐咸通元年（860）唐懿宗將「永泰寺」改為「天寧寺」，宋、元、明、清各朝各代皆進行過不同程度的修葺，現在寺院無存，僅存天寧寺的凌霄塔。

據清光緒《正定縣志》記載，天寧寺和凌霄塔同時建於唐懿宗咸通年間（860～874）。當時寺院規模宏大，富麗堂皇，牌坊、重門、天王殿、前殿、後殿、凌霄塔等主要建築自南而北依次排列。暮鼓晨鐘，香火鼎盛。民國初年，寺院屢遭厄難，殿堂一一毀壞，主要建築獨存凌霄塔。

凌霄塔始建於唐代宗在位年間（763～779），原名慧光塔，北宋慶曆五年（1045）重修，金皇統元年（1141）再修，易名凌霄塔，又稱木塔。宋代時凌霄塔已經傾斜，僧人懷丙對其進行修復。「僧懷丙，真定人。巧思出天性，非學所能至也。真定構木為浮圖十三級，勢尤孤絕。既久而中級大柱壞，欲西北傾，他匠莫能為。懷丙度短長，別作柱，命眾工維而上。已而卻眾工，以一介自從，閉戶良久，易柱下，不聞斧鑿聲。」〔註40〕懷丙作為木匠手藝精湛的僧人，不僅修復凌霄塔，還負責修建其他建築。《宋史》記載：

> 趙州交河鑿石為橋，熔鐵貫其中。自唐以來相傳數百年，大水不能壞。歲久，鄉民多盜鑿鐵，橋遂欹倒，計千夫不能正。懷丙不役眾工，以術正之，使復故。河中府浮梁用鐵牛八維之，一牛且數萬斤。後水暴漲絕梁，牽牛沒於河，募能出之者。懷丙以二大舟實土，夾牛維之，用大木為權衡狀鈎牛，徐去其土，舟浮牛出。轉運使張燾以聞，賜紫衣。尋卒。〔註41〕

懷丙既是著名的僧人，也是有名的建築師，先後在正定府和河中府（今山西永濟）等地弘法，解決不少建築難題，修正凌霄塔塔心、維修著名的趙州橋和和打撈鐵牛等故事流傳，在當時有一定的聲望，為此賜予他紫衣。現凌霄塔為八角九層樓閣式空心塔，總高41米。塔基磚石混砌，塔身一至三層為磚築。四至九層為大木架結構，以井字架承通天柱，各層以通天柱為中心用扒梁與簷柱相接。該塔結構既不同於一般木塔，也有別於一般磚木結構塔。這樣的結構國內現存僅此一例，極其珍貴。

〔註40〕（元）脫脫等：《宋史》卷462《方技傳》（下），中華書局標點本，1977年，第13519頁。

〔註41〕（元）脫脫等：《宋史》卷462《方技傳》（下），中華書局標點本，1977年，第13519頁。

正定天寧寺（圖 10）

天寧寺凌霄塔（唐建，宋、金重修）（圖 11）

1982 年考古人員在勘察過程中，發現地宮，找到了宋崇寧二年（1103）和金皇統六年（1146）兩方刻有銘文的舍利石函，對佛塔修建的年代，宋慶曆五年（1045）和金皇統五年（1145）重修的情況有了進一步的瞭解。

4、廣惠寺與華塔

唐貞元年間（785～804）成德軍節度使王武俊建廣惠寺，距今 1200 多年，寺內原存天王殿、前殿、華塔、地藏殿等，由於歲月緣故，現寺院不存，僅存後世重修的華塔，華塔始建於唐貞元年間（785～804），高 33.35 米，塔身四層，第一層四隅建有四座小塔，形狀為六角形亭狀單層套室。第四層為塔最精美部分。華塔塔身呈圓錐體，周身壁塑，通體沿八角八面的布局，交叉塑有力士、海獸、師子、大象和佛、菩薩等，金時對華塔進行大修。1961 年廣惠寺被國務院列為全國重點文物保護單位。

廣惠寺華塔（圖 12）

5、洪濟寺與舍利寺

洪濟寺和舍利寺俗稱前寺和後寺，曾在正定城內的西北角，始建於唐代，初名金牛寺。宋時奉敕改名十方洪濟禪院，金為十方定林院，元改為萬壽禪院，清代已經衰敗。清光緒《正定縣志》曾載：「洪濟寺俗名前寺，與後寺本一寺」，《景德傳燈錄》之《鎮州金牛和尚》記載：「師自作飯供養眾僧，每至齋時，舁飯桶到堂前，作舞曰：『菩薩子吃飯來，乃撫掌大笑，日日如是。』」唐代金牛和尚死後，舍利葬於寺院，故稱金牛寺，也稱舍利寺。金牛和尚舍利塔，明賜額「天寧舍利」，明、清時期皆進行過重修，民國時期僅存寺院大殿、舍利塔和石碑、石獅子，1995 年河北省正定縣文保所對舍利塔進行搶救性發掘，出土舍利函和宋金時期的遺物等。

宋大觀二年（1108）碑（崇因寺遺存，現存隆興寺碑亭）（圖 13）

近年來，文物部門相繼搜集了一批洪濟寺和舍利寺散失的文物，有舍利寺塔基地宮出土的石函、三彩爐以及宋大觀二年（1108）真定府洪濟禪院敕文

剞子碑、金明昌三年（1192）真定府定林禪院沼公和尚壽塔銘和元代真定路十方萬歲禪寺莊嚴禪碑等。宋代宗賾住持洪濟寺，真定府十方洪濟禪院住待傳法慈覺大師宗賾曾集《禪苑清規》，並於崇寧二年（1103）八月十五日為之作序。

宗賾禪師不僅集《禪苑清規》，而且他還弘揚淨土，《淨土聖賢錄》記載：

> 慈覺大師宗賾，襄陽人。父早亡，母陳氏，鞠養於舅氏。少習儒業，博通世典。年二十九，禮真州長蘆秀禪師出家，深明宗要。元祐（1086～1093）中，住長蘆寺，迎母於方丈東室，勸母薙染，持念阿彌陀佛，始終七載，母臨終無疾。念佛而逝，賾自謂報親之心盡矣。乃遵廬山之規，建蓮華勝會，普勸僧俗，習西方妙觀。其次專持佛名，迴向發願，期生淨土。〔註42〕

（三）成安二祖寺的建造與文物遺存

邯鄲成安縣二祖寺始建於唐貞觀十六年（642），又稱廣慈禪院、元符寺，《磁縣縣志》記載：「元符寺，在縣東北五十里二祖村。唐貞觀十六年（642）建。相傳二祖圓寂之所，開元二十年（732）建塔。宋明道二年（1033）賜額廣慈禪院，元符三年（1100）改今名。元末毀於兵。明永樂十三年（1415）重建。清康熙三十九年（1700）知州蔣擢重修。今因年久代湮，無人修理。數里之外，遙見殘塔半座，突出林表，殊為可惜。」〔註43〕

二祖寺距今有一千四百餘年的歷史，二祖寺內有二祖塔，是二祖慧可禪師的舍利塔。塔基周長二十九米，塔高五十四米，蓮華頂四米，主塔上又有一座六米高小塔，二層為一級，最上三級封頂，每級塔室均有佛像，塔角飛簷掛有小銅鐘，從塔北門可登臨塔頂，可極目遠眺，十數里風景。塔南門設佛殿一間，供奉著二祖慧可塑像。舍利塔建成後，人們將剩餘大量泥土運到寺院後院，堆成一座土山，稱「二祖山」。唐憲宗元和十二年（817）昭義軍監軍使李朝正在二祖塔前立「達摩碑」，同時對二祖塔進行修葺。二祖塔地宮出《大宋重修塔記》載：「大唐天復二年壬戌歲五月二十八日建。修塔功德主僧棲如、院主僧法堅、小師希肇。今於巨宋嘉祐二年歲次丁酉五月丙子朔八日癸未，折至十月甲辰朔六日己酉，重下年疊至嘉祐三稷歲次戊戌三月辛未

〔註42〕（清）彭際清撰：《淨土聖賢錄》卷3，《卍新續藏》第78冊，第1549號，第248頁中欄16。

〔註43〕民國《磁縣縣志》，見《中國方志叢書》華北地方第167號，臺北：成文出版社，1968年，第76頁。

朔八日戊寅，地宮再安葬。住持修塔功德主傳法僧慧金、長老慧登、僧慧光、僧慧昌。修閣功德主僧惠安、僧永淨。同修塔功德主講經論傳大乘戒沙門義執。」唐天復二年（902）、宋嘉祐二年（1057）還先後兩次對二祖塔進行修復，並記載了宋代僧俗和官員共同參與捐資重修二祖舍利塔。

我們從照片中見到的二祖舍利塔是明永樂十三年（1415）在唐代塔基的基礎上重建，清康熙三十九年（1700）磁州知縣對二祖塔進行最後一次大修。抗戰時期，兵匪四起，二祖寺和二祖塔成為二祖村村民躲避土匪的避難所。1938 年二祖塔被土匪焚燒，塔頂跌落，塔殘。之後，佛寺院碑視為四舊，屬於封建迷信，更無人敢問津和修繕。1966 年邢臺地震，塔身震裂，部分倒塌，1969 年二祖寺殿堂和舍利塔無存，塔磚被村民拆作他用，卻意外發現地宮。1987 年，修復工作正式啟動。歷經二十多年的運作，在政府、宗教、企業、信眾等大力支持下，遠景規劃佔地千畝，投資 30 億元興建中國禪都二祖寺生態文化園。如今，二祖禪寺修復工程已初具規模。

經考古發掘介紹，二祖舍利塔地宮呈八角形，深約三米，周邊總長月三十米，朝南有一小門，八面牆壁上繪有佛教故事，飛天栩栩如生。地宮宮頂繪有一對飛翔的仙鶴。地宮中央設置一張石桌，桌上放置石棺槨，棺槨上刻「大宋重修二祖禪師靈感塔記」，四周刻有圖案。石槨前有兩盞長明燈，左右擺放鑄鐵獅子和大象，四周擺放八男八女的鑄鐵俑，還出土十數枚唐、宋銅錢。

新建的二祖寺大殿（圖 14）

民國時期的二祖塔〔註44〕（圖 15）

重建中的二祖寺（圖 16）

〔註44〕二祖塔與重建的二祖寺照片來自 http://blog.sina.com.cn/u/2106936607 之成安縣二祖寺出土的文物（一、二）介紹，2019 年 12 月 16 日檢索。

二祖地宮出土宋重修二祖舍利塔碑〔註45〕（圖17）

二祖塔地宮出土銀棺（圖18）

〔註45〕圖 17～23 是二祖地宮出土文物，來自 http://blog.sina.com.cn/u/2106936607 之
　　　　成安縣二祖寺出土的文物（一、二）介紹，2019 年 12 月 16 日檢索。

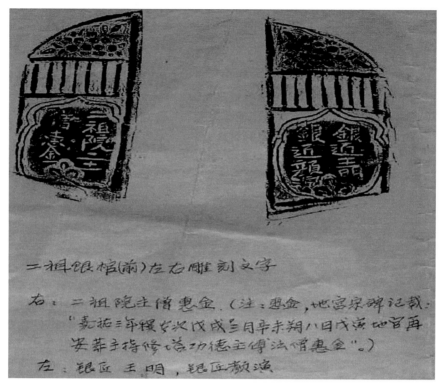

地宮出土二祖銀棺前文字（圖 19）

二祖寺出土鑄鐵俑像（圖 20）

二祖寺出土鑄鐵俑像（圖21）

二祖寺出土鑄鐵俑像（圖22）

二祖寺出土鑄鐵獸（圖 23）

梁武帝撰達摩大師碑（二祖寺保存）（圖 24）

達摩碑碑陽錄文（圖25）

達摩碑碑陰錄文（圖26）

三、鎮州臨濟宗的創立與發展

（一）義玄禪師與臨濟宗

隋唐時期佛教發展達到鼎盛階段，唐代佛門人才濟濟，高僧輩出，譯經弘法、注疏經典、開窟建寺等達到鼎盛階段，佛教各宗派出現，而最具有中國特色的禪宗之一的臨濟宗與正定有著不解之緣。正定的臨濟寺成為臨濟宗的祖庭，大名興化寺是義玄弘法和圓寂之處，也曾經輝煌一時。

晚唐五代禪宗得到進一步的發展，尤其禪宗的南宗成為主流，以馬祖和石頭法系最為興盛。其中馬祖道一法系被稱為洪州宗，在江西、湖南、湖北、安徽和福建等地較為興盛。黃檗希運師承道一弟子懷海，在唐裴休的支持下，黃檗希運禪師在南方廣傳心要，其聲望大增，四方學子雲集，禪風盛行於南方。黃檗希運傳法慧照義玄，義玄禪師深受希運禪師和大愚禪師的影響。

黃檗希運禪師在福建黃檗山寺出家，經過幾年的修學，對於佛法有了一定的體悟，然後他遊歷天台，後到洛陽，經人指點，去江西南昌尋馬祖修習禪法，遺憾的是等希運禪師來到南昌時，馬祖大師已經遷化，於是希運禪師成為懷海弟子，跟隨懷海禪師修習禪法。希運禪師還曾到南泉隨馬祖領域弟子普願禪師參學。後來希運禪師又回到江西黃檗山，住大安寺開始弘法活動，並與裴休居士相識，在江西和安徽得到裴休大力支持，與唐皇室成員到南方避難的李忱交往密切。

作為慧能法系嫡孫的黃檗希運禪師，諡「斷際禪師」，希運禪師師懷海，傳洪州禪法，希運禪師的傳法弟子有六人，《百丈叢林清規證義記》記載：「南嶽支，讓傳（江西普照大寂）馬祖道一，一傳（洪州百丈）大智懷海，海傳（洪州黃檗）正覺斷際希運傳（臨濟真常）慧照義玄，為臨濟宗第一世，濟傳（魔府興化）廣濟存獎，獎傳（汝州南院）慧顒，顒傳（汝州風穴）延沼……」〔註46〕《黃檗山志》也載：「（希運）嗣法弟子六人，曰臨濟義玄，曰睦州尊宿，曰千頃山，曰烏石觀，曰羅漢徹，曰裴休居士。惟義玄禪師為正傳，建立黃檗宗旨。一時道播諸方，而臨濟一宗屹起於此，歷七百餘年，代不乏人，兒孫遍天下，皆師源遠流長，故能赫奕如是也。」〔註47〕黃檗希運禪師是馬

〔註46〕（唐）懷海集編，（清）儀潤證義：《百丈叢林清規證義記》卷7（下），《卍新續藏》第63冊，第1244號，第497頁上欄06。

〔註47〕清道光《黃檗山志》卷3，杜潔祥主編：《中國佛寺史志彙刊》（第三輯、第四冊），臺北：丹青圖書公司印行，1985年，第100頁。

祖道一的再傳弟子，也是中國禪宗歷史上一個重要的人物。在禪學方面繼承
和發展慧能、懷讓、馬祖、懷海等心性思想，傳法弟子主要有六人，有僧人
有居士，尤其以義玄禪師最為出名，弘揚洪州，創立臨濟宗，將南禪宗發揚
光大。

　　唐宣宗年間，僧人義玄來到正定住滹沱河邊的臨濟院，將南禪宗傳入河
北一帶，鎮州臨濟院是中國佛教臨濟宗的祖庭。義玄來至鎮州臨濟院時，已
有唐普化禪師在此弘法。義玄在臨濟院弘法，創立臨濟宗。唐咸通元年（860）
普化禪師圓寂，不久義玄禪師也離開臨濟院來至城裡的臨濟寺，因太尉墨君
和捨宅為寺，即臨濟寺，並迎請義玄法師前來主持，義玄將禪宗南宗思想在
鎮州發揚光大，在正定臨濟院創立禪宗五家之一的臨濟宗，正定的臨濟寺成
為臨濟宗的祖庭。

　　義玄在臨濟寺住持不久，先後到山西永濟、大名府，居住在大名興化寺，
咸通八年（867）義玄圓寂。在大名府和真定分別建塔，真定臨濟寺內的佛塔，
即澄靈塔。

　　臨濟義玄（？～867）為唐代高僧，義玄今山東人，俗姓邢，《臨濟錄·
行錄》記載：「師諱義玄，曹州南華人也，俗姓邢氏。幼而穎異，長以孝聞。
及落髮受具，居於講肆，精究毗尼，博賾經論。俄而歎曰：此濟世之醫方
也，非教外別傳之旨。即更衣遊方，首參黃蘗，次謁大愚，其機緣語句載
於《行錄》。既受黃蘗印可，尋抵河北鎮州城東南隅，臨滹沱河側，小院住
持，其臨濟因地得名。時普化先在彼，佯狂混眾，聖凡莫測，師至即佐之，
師正旺化，普化全身脫去，乃符仰山小釋迦之懸記也。適丁兵革，師即棄
去，太尉默君和於城中舍宅為寺，亦以臨濟為額，迎師居焉。後拂衣南邁
至河府，府主王常侍〔註48〕，延以師禮，住未幾即來大名府興化寺居於東
堂。師無疾，忽一日攝衣據坐，與三聖問答畢，寂然而逝，時唐咸通八年
丁亥孟陬月十日也。門人以師全身，建塔於大名府西北隅，敕諡慧照禪師，
塔號澄靈。」〔註49〕

〔註48〕應該就是王紹懿，元和十一年（816年）已有可檢校左散騎常侍之職，到咸通
　　　　七年（866年）去世，其間經歷唐憲宗、唐穆宗、唐敬宗、唐文宗、唐武宗、
　　　　唐宣宗和唐懿宗多為皇帝。
〔註49〕（唐）慧然集：《鎮州臨濟慧照禪師語錄》，《大正藏》第47冊，第1985號，
　　　　第506頁下欄08。

　　晚唐五代禪宗得到進一步的發展，尤其禪宗的南宗成為主流，以馬祖和石頭法系最為興盛。其中馬祖道一法系被稱為洪州宗，在江西、湖南、湖北、安徽和福建等地較為興盛。黃檗希運師承道一弟子懷海，在裴休的支持下，黃檗希運禪師在南方廣傳心要，其聲望大增，四方學子雲集，禪風盛行於南方。黃檗希運禪師傳法慧照義玄。義玄禪師在鎮州創立的臨濟宗形成禪宗一大宗派──「臨濟宗」，成為禪宗五大派別中流傳最廣的一個分支，臨濟宗產生於北方，後傳入南方，廣為興盛。宋代臨濟宗遠播海外，現在臨濟弟子遍天下。

　　唐武宗滅佛之前後，唐希運的弟子義玄禪師北上來至鎮定，及至唐武宗滅佛運動開始，因「河朔三鎮」仍然屬於割據局面，成德軍節度使對佛教採取保護措施，「河朔三鎮」佛教受到滅佛影響較小。〔註50〕唐武宗滅佛政策給一些地區的佛教以沉重打擊，然而河朔三鎮佛教在節度使的保護下，繼續得到發展，持續發展。節度使王元逵護持佛教，各地高僧紛紛來到正定宣傳佛法，鎮州不但沒有受到滅佛衝擊，臨濟禪宗在鎮州創立，為此，鎮州成為佛法傳播的中心。《入唐求法巡禮記》對滅佛後的情況有一定記載，但提到鎮州等地則是另一番景象：「會昌五年（845 年）十一月三日，大使來到莊上，相看安存……唯黃河已北，鎮、幽、魏、潞等四節度，元來敬重佛法，不拆舍，不條流僧尼，佛法之事，一切不動之，頻有敕使勘罰，云『天子自來毀拆焚燒，即可然矣。臣等不能作此事也。』」〔註51〕

　　義玄作為黃檗希運和大愚的弟子，上承慧能、南嶽懷讓、馬祖道一、百丈懷海、黃檗希運等思想，創建臨濟宗，並形成大機大用，棒喝齊施獨特禪法，使南禪宗思想在北方弘揚和發展壯大。臨濟宗在禪宗發展史上佔有重要地位，是創建時間最早、流傳久遠和影響深遠的禪宗宗派。這對後世的影響是非常深遠的，有「禪宗三分曹洞，七分臨濟」之說。

　　臨濟寺既成為中國佛教禪宗臨濟派的發源地，也是日本佛教臨濟宗的祖庭。1983 年國務院確定為全國重點寺院，2001 年臨濟寺的澄靈塔被列為全國重點保護文物。

〔註50〕崔紅芬：《淨慧長老生活禪與臨濟禪法初探》，2013 年第四屆黃梅禪文化論壇提交論文。

〔註51〕〔日〕圓仁撰，白化文等校注：《入唐求法巡禮行》，石家莊：花山文藝出版社，1992 年，第 496 頁。

正定滹沱河旁的臨濟院遺址（圖27）

　　有明禪師（1916～2010）作為臨濟宗第四十五世傳人，他一生閱歷豐富，經歷民國動盪、抗日戰爭、解放戰爭、文革和改革開放等。禪師自幼出家，多地遊學參法，足跡遍及河北、山西、河南、湖北、山東、北京、浙江等地。由於歷史的原因，佛教發展曾受到一定制約，有明法師身處逆境，雖易服而信仰堅定，並身體力行在生活實踐中踐行佛法。改革開放以來，宗教政策得以落實，寺院得到恢復，有明禪師生前曾歷任中國佛教協會理事、河北省政協委員、河北省佛教協會名譽會長、河北省石家莊市佛教協會會長、河北省正定縣臨濟寺方丈等職。他一生節儉樸實生活，嚴於戒律，精進弘法，利益眾生，為臨濟祖庭的復建、臨濟禪法中興和河北佛教的發展做出了不朽的貢獻。有明禪師在臨濟寺不僅艱辛重建祖庭，弘法臨濟法脈，而且積極與國內外僧界進行友好交流，以佛法為紐帶，密切了臨濟寺與日本、韓國、越南等地的關係，將臨濟禪法遠傳世界各地。

正定縣城臨濟寺（圖28）

臨濟澄靈塔（圖29）

（二）從諗禪師與趙州禪

　　與義玄禪師先後到鎮州、趙州一帶弘傳禪法的還有從諗禪師，他住錫趙州柏林禪寺弘法。趙州的柏林禪寺在隋唐時期稱觀音院，觀音院始建於東漢末年，魏晉隋唐時期皆稱「觀音院」。唐代道深法師住持寺院，弘傳唯識，觀音院出現一個發展高峰，唐高祖武德七年（624）玄奘法師在趙州從高僧道深法師學《成實論》，終始 10 月，資承略盡，於次年秋轉赴長安。〔註 52〕《大慈恩寺三藏法師傳》中也有「又到趙州，謁深法師學《成實論》」〔註 53〕的記載。道深襄國郡（今河北邢臺）人，《京大慈恩寺釋玄奘傳》對道深有所介紹，「有沙門道深，體悟成實，學稱包富，控權敷化，振網趙邦」。〔註 54〕道深時期觀音院成實學興盛，故玄奘來趙州跟隨道深學習成實學應是事實。

　　晚唐時，八十高齡的著名禪僧從諗（778～897）來至趙州，住觀音院。從諗禪師年少時聰穎伶俐，但性情孤傲不介，「越二親之羈絆，超然離俗。」〔註 55〕出家後曾追隨南泉普願二十餘年，從諗與義玄有密切師承關係。南泉寂後，從諗下山開始行腳。「趙州行腳天下時，至少到過今天的山東、河北、江西、湖南、湖北、浙江、安徽七個省。」〔註 56〕從諗禪師八十歲時，也就是唐大中十一年（857），行腳至趙州觀音院。王鎔將從諗迎到鎮府，禮奉供養。「唐乾寧四年十一月二日，右脅而寂，壽一百二十歲，諡真際大師。」〔註 57〕王鎔還曾作詩兩首，悼念從諗禪師。《哭趙州和尚二首》，即「師離灄水動王侯，心印光潛塵尾收。碧落霧霾松嶺月，滄溟浪覆濟人舟。一燈乍滅波旬喜，雙眼重昏道侶愁。縱是了然雲外客，每瞻瓶幾淚還流。」「佛日西傾祖印隳，珠沈丹沼月沈輝。影敷丈室爐煙慘，風起禪堂松韻微。只履乍來留化跡，

〔註 52〕明海主編：《柏林禪寺志》，鄭州：大象出版社，2015 年，第 871 頁。

〔註 53〕（唐）慧立、彥悰著：《大慈恩寺三藏法師傳》卷 1，北京：中華書局標點本，1983 年，第 9 頁。

〔註 54〕（唐）道宣撰，郭紹林點校：《續高僧傳》卷 4《唐京師大慈恩寺釋玄奘傳》，北京：中華書局標點本，2014 年，第 96 頁。

〔註 55〕（宋）贊寧，范祥雍點校：《宋高僧傳》卷 11《唐趙州東院從諗傳》，中華書局標點本，1987 年，第 258 頁。

〔註 56〕陳星橋：《廣參苦行存典範，古柏千年存禪風——趙州和尚生平化跡與趙州禪的歷史影響》，《法音》，2002 年第 8 期。

〔註 57〕（宋）普濟著，蘇淵雷點校：《五燈會元》卷 4《南泉願禪師法嗣·從諗禪師》，北京：中華書局標點本，1984 年，第 207 頁。

五天何處又逢歸？解空弟子絕悲喜，猶自潸然對雪幃。」〔註58〕《宋高僧傳》載：「以真定王氏阻兵，封疆多梗，朝廷患之。王氏抗拒過制，而偏歸心於諗。」〔註59〕這說明晚唐時成德鎮節度使也即趙王王鎔對於從諗的尊崇。

從諗禪師青州人，或曰曹州人，俗姓郝，法名從諗，曾參南泉普願（748～834），與百丈懷海、黃檗希運交往密切。唐宣宗大中年間來至趙州，禪師的「庭前柏樹子」「吃茶去」等公案、話頭被禪林內外廣為傳誦和參悟。從諗在趙縣一帶弘化40年，相傳年120歲端坐而終，諡號真際禪師，立光祖塔紀念。從諗禪師被尊為「趙州和尚」「趙州古佛」，他所住持的道場也被稱為「古佛道場」。

從諗禪師又與在鎮州弘法的黃檗弟子義玄禪師關係很好，他們經常交流佛法，在北方弘傳禪法，共同推動北方禪法的興盛。

趙州和尚像（圖30）

〔註58〕（唐）文遠：《趙州真際禪師語錄》，《古尊宿語錄》卷14，《卍新續藏》第68冊，第1315號，第91頁上欄15。

〔註59〕（宋）釋贊寧，范祥雍點校：《宋高僧傳》卷11《唐趙州東院從諗傳》，北京：中華書局標點本，1987年，第258頁。

柏林禪寺趙州和尚塔（圖31）

（三）存獎禪師與臨濟宗的傳播

隋唐時期，不僅鎮州、趙州一帶佛教興盛，塔寺林立，而且義玄禪師還將臨濟禪法傳至邯鄲大名一帶。咸通六年（865）左右，義玄禪師來至大名府興化寺傳佈臨濟禪法，並將臨濟禪法傳給存獎禪師。咸通八年（867）義玄禪師圓寂，嗣法弟子存獎禪師為其撰寫記略，以彰義玄禪師之弘法活動。義玄禪師在鎮州創立機鋒棒喝的臨濟禪法，不僅在鎮州、大名等地得到很好的弘揚，而且隨著僧人的往來交流，臨濟禪法傳至河南汝州和南方等地，唐五代宋時在北方形成了臨濟傳承法脈。《百丈叢林清規證義記》記載：

> 希運傳（臨濟真常）慧照義玄，為臨濟宗第一世，濟傳（魏府興化）
> 廣濟存獎，獎傳（汝州南院）慧顒，顒傳（汝州風穴）延沼，沼傳

（汝州首山）省念，念傳（汾州太子）無德善昭，昭傳（潭州石霜）慈明楚圓，圓傳（袁州楊岐）方會，會傳（舒州白雲）守端，端傳（荊州東山五祖）法演，演傳（成都昭覺）圓悟佛果克勤……〔註60〕

義玄禪師傳存獎，存獎（829～888）俗姓孔，幽州人。存獎弟子藏暉委託唐代公乘億所撰的《魏州故禪大德獎公塔碑》則是現存最早的關於存獎生平的記錄，也是研究晚唐河朔三鎮佛教的重要資料。根據《魏州故禪大德獎公塔碑》記載，存獎禪師先在薊州盤山甘泉院依禪大德曉方學習佛法，唐大中五年（851）和九年（855）先後開設戒壇，弘傳戒律。咸通元年（860）左右拜義玄為師，修學臨濟禪法，成為一位精通禪法和律學的高僧，在魏博鎮興化寺法弘揚光大，深受世人喜愛，被尊為「當世如來」。存獎禪師又將臨濟禪法傳給汝州南院慧顒（？～952），慧顒再傳汝州風穴寺延沼禪師，延沼禪師傳汝州首山省念禪師等，臨濟宗也逐漸走向興盛。

原唐建興化寺和義玄禪師的舍利塔皆不存。明清重建寺塔現也不存。上世紀末儘管寺塔和殘垣斷壁不復存在，但常有日、韓等僧人到此朝拜。2002年，在韓國佛教界的支持下，興化寺開始復建，建成大雄寶殿、藥師殿、彌陀殿等，具有韓式風格，現因故寺院被閒置。

大名興化寺（圖32）

〔註60〕（唐）懷海集編，（清）儀潤證義：《百丈叢林清規證義記》卷7（下），《卍新續藏》第63冊，第1244號，第497頁上欄06。

興化寺臨濟祖師塔遺跡（圖33）

四、邢州白雀庵與開元寺

（一）白雀庵與妙善公主

觀音全稱「觀世音」，別稱「光世音」、「觀自在」、「觀世自在」等，是大乘佛教最為信奉的菩薩之一。觀世音菩薩大慈大悲，應聲救度，普門示現，中國人對觀音菩薩寄予了特殊而美好的感情。隨著觀世音經典的翻譯和觀音信仰形成，觀音偽經和感應故事大量出現，宋時已出現了「家家阿彌陀，戶戶觀世音」的局面。觀音形象也由英俊莊嚴的男性或中性菩薩逐漸演變為溫雅賢淑的女性菩薩，而在民間中下層百姓中則流傳兼有佛教觀音救苦救難和儒家孝悌為一身的妙善公主信仰，出現《香山大悲菩薩傳》等。

隋代襄國郡，唐時稱邢州，邢州的南宮觀音信仰興盛，被視為妙善公主的故鄉之一。妙善公主是觀世音菩薩中國化後被民間創造出來的形象。

1、觀世音菩薩形象的轉變

在佛教文獻對於觀世音菩薩身世、性別的記載較少，或作為王子，以男相出現，或呈中性的菩薩相出現。而觀世音菩薩傳入中土以後，其形象變得

更加豐富，或男相或女相或呈中性相。

　　《悲華經》、《妙法蓮華經文句》、《法華義疏》和《觀音義玄》等都記載了觀世音菩薩為男身，或作為轉輪聖王名無量淨的王太子，寶藏如來等諸佛為之授記，名觀世音。而西秦聖堅譯《佛說羅摩伽經》記載了「觀世音身真金色，手執大悲白寶蓮華，說《大慈悲經》，勸發攝取一切眾生，入於普門示現法門」。〔註61〕在金剛八楞寶座上的觀音坐身體為真金色，手持大悲白寶蓮華，無男相女相之說。

　　玄奘譯《十一面神咒經》所描繪觀音形象為「左手執紅蓮花軍持，展右臂以掛數珠，及作施無畏手，其像作十一面，當前三面作慈悲相，左邊三面作瞋怒相，右邊三面作白牙上出相，當後一面作暴惡大笑相，頂上一面作佛面像。諸頭冠中皆作佛身，其觀自在菩薩身上，具瓔珞等種種莊嚴」，〔註62〕那十一面觀音是男相還是女相沒有明確記載。

　　但唐菩提流志所譯的《如意輪陀羅尼經》所記觀世音形象則發生了變化，有女相有男相之別，「東面畫圓滿意願明王，左畫白衣觀世音母菩薩，北面畫大勢至菩薩，左畫多羅菩薩，西面畫馬頭觀世音明王，左畫一髻羅剎女，南面畫四面觀世音明王」。〔註63〕《如意輪陀羅尼經》中白衣觀世音母菩薩應現女相，馬頭觀世音明王現男相。

　　《觀音經》所記觀音菩薩有三十三化現之身，《楞嚴經》有三十二化身的記載，觀音菩薩隨緣度化，可化現不同身形，有男相、女相，或性相不明晰，化現女身的有比丘尼、優婆夷、女居士、婦女、女童、貴婦、女主等，這些形象在相應的繪畫和塑像中也有所體現。《觀世音持驗紀》序：

> 觀音大士，佛法之廣大教化主也。過去已成正法明如來，逆來示菩薩相。立大願，不度盡眾生，誓不成佛。菩薩雲者，言覺有情也。菩薩摩訶薩者，言大覺有情也。稱觀世音者，謂觀世間。眾生稱名，悉蒙救拔離苦。從他機而立名也，又稱觀自在者，謂一身現千手眼，隨類應化，圓融無礙，從自行而立名也。《楞嚴》云：「由我觀聽圓

〔註61〕（西秦）聖堅譯：《佛說羅摩伽經》卷上，《大正藏》第10冊，第294號，第859頁下欄15。

〔註62〕唐玄奘譯：《十一面神咒心經》，《大正藏》第20冊，第1071號，第154頁上欄03。

〔註63〕（唐）菩提流志譯：《如意輪陀羅尼經》，《大正藏》第20冊，第1080號，第193頁中欄17。

明，故觀音名，遍十方界，能以眼根作耳根佛事，故名觀世音自在無礙。此菩薩具十四無畏，三十二應，諸神通種種，左右彌陀，則為極樂之親臣。顯化娑婆，則為世尊之良弼。楊枝一滴，遍灑大千世界，尤與我東土眾生最有緣。凡至心持其名號及經咒等，隨獲感應。」〔註64〕

《大方等無想經》也記載了菩薩化現女身救度眾生的情況，「汝於彼佛，暫得一聞《大涅槃經》，以是因緣，今得天身，值我出世，復聞深義，舍是天形，即以女身，當王國土，得轉輪王所統領處四分之一。得大自在，受持五戒，作優婆夷，教化所屬城邑、聚落、男子、女人、大小受持五戒，守護正法，摧伏外道諸邪異見。汝於爾時，實是菩薩，為化眾生，現受女身。」〔註65〕

　　佛經所記的觀音形象在敦煌壁畫、造像，巴蜀造像和黑水城絹畫、麻畫等中有生動的表現，敦煌盛唐第45窟的《觀音經變》中充分體現了觀世音菩薩隨緣度化的情形，觀音的形象可男可女，可老可幼，可官可民，可神可凡等。在中土觀音女性化的過程正是觀音信仰逐漸深入民心的過程，也是觀音信仰逐漸本土化和世俗化的過程。

　　至於觀音何時由男相變為女相，學界有學者認為，「在南北朝時期觀音皆為男身，演變到了盛唐時，依照中國善男信女的信仰心理需要，終於神秘地完成了向慈眉善目的白衣柔美女子形象的轉化。而到了宋代，這一「轉化」則進一步普及到了全國」。〔註66〕也有學者認為在唐代，或宋時觀音變為女性，于君方則認為：「自五代以降，觀音開始經歷一段女性化的過程；到了明代，此一轉變過程臻於成熟，觀音成為完全漢化的女神。」〔註67〕

　　但觀音形象的轉變具體情況如何？我們通過對遺存不同朝代、不同地點的觀音形象的比較分析，認為觀音繪畫、塑像等基本遵循了佛教經典的內容，觀音菩薩或現男相或女相，或無性相，對觀音由男相轉變為女相的時間並不能一概而論。所以本人對「唐代完成了觀音性別的轉變，自此原本是男身的

〔註64〕《觀音經持驗記》卷上，《卍新續藏》第78冊，第1542號，第91頁上欄05。

〔註65〕（北涼）曇無讖譯：《大方等無想經》，《大正藏》第12冊，第387，第1098頁上欄01。

〔註66〕韓秉方：《香山寶卷與中國俗文學之研究》，《北京科技大學學報》2007年第3期。

〔註67〕于君方：《觀音——菩薩中國化的演變》，北京：商務印書館，2015年，第296頁。

印度在中土被改造成女身，觀音最初的『威猛丈夫』的形象在世人的心中漸漸淡去，取而代之的一位慈悲祥和、面帶母性般微笑的女菩薩」〔註68〕的觀點並不贊同，至少觀音菩薩呈男相的繪畫在敦煌唐、宋、西夏和元都有存在。隨著黑水城文獻的出土，藏於俄羅斯艾爾米塔什博物館的西夏時期所繪觀音菩薩，很多被描繪成男相。

總之，隨著大乘觀音經典傳入中土和翻譯流行，自南北朝以來，觀音信仰在中土已非常盛行，觀音化現不同身相，尤其女相救度眾生不僅有經典依據，而且在傳世文獻和佛教藝術中也有諸多記載。中國百姓對外來的大慈大悲的觀音給予了特殊感情，觀音信仰深入人心，對觀音菩薩寄予了諸多美好的嚮往，希望觀音菩薩能滿足和實現他們各種願望，隨之觀世音菩薩的形象也發生了一些變化。

2、妙善公主流傳

在中國不僅觀音菩薩的形象發生了變化，而且民間更是將觀音現實人格化，出現了觀音轉世娑婆世界的妙善公主的孝女形象，也出現了民間據觀音經典演繹而成的《香山大悲菩薩傳》等。

河北邢臺南和縣的白雀庵被視為妙善公主出家的道場之一。白雀庵在南和縣縣城王東北行10餘公里的白佛村。白雀庵因歷史悠久、規模龐大，且是傳說中中國化觀世音妙善公主的出家地而著名。除了河北邢臺的南和縣的妙善公主的傳說外，河南平頂山、四川遂寧、河北邢臺南宮、陝西銅川和浙江等都有妙善公主的傳說，這些地區都在竭力打造妙善公主的道場以吸引旅遊。

目前比較流行的妙善公主的故事最早可追溯到唐道宣法師(596～667)，在蔣之奇所作的《香山大悲菩薩傳》中有載：「道宣律師在長安終南山靈感寺行道，律師宿植德本，淨修梵行，感致天神，給侍左右。師一日問天神曰：我聞觀音大士於此土有緣，不審靈跡，顯發何地最勝？天神曰：觀音示現無方，而肉身降跡惟香山，因緣最為勝妙。師曰：香山今在何所？天神曰：嵩嶽之南二百餘里，有三山並列，其中為香山，即菩薩成道之地。」天神給道宣講述妙善的故事本身就有靈驗傳奇的特色。因道宣非常相信靈驗故事，不僅大力宣揚妙善故事，而且也竭力弘傳《高王觀世音經》，他自己還著有《道宣律師感通錄》。

〔註68〕自此原本是男身的印度」應加「觀音」二字。徐華威、王水根：《觀音菩薩是男是女——中土觀音變性原因探析》，《佛教文化》2006年第6期。

　　天神給道宣講述妙善公主的故事到底如何？我們不得而知，現知最早的是宋代蔣之奇（1031～1104）所撰的《香山大悲菩薩傳》。蔣之奇是佛教徒，為法雲宗敏法師的弟子，曾為《楞伽阿跋多羅寶經》作序。元符末年（1099或1100）來至汝州任職，與香山寺住持懷晝交往密切，懷晝向蔣之奇講述妙善的傳說，蔣之奇記述成文《大悲菩薩傳》。

　　蔣之奇在香山寺所作《大悲菩薩傳》後由蔡京（1046～1126）書寫並鐫刻於石碑之上，稱《香山大悲菩薩傳碑》，俗稱《蔡京碑》，亦稱《千手千眼觀世音菩薩得道正果史話碑》。由於蔣之奇和蔡京的推崇，《香山大悲菩薩傳》在河南香山一帶開始流傳。蔣之奇在河南汝州任職時間不長，崇寧元年（1102）蔣之奇知杭州，把他撰寫完成不久的《香山大悲菩薩傳》也帶到杭州，將妙善公主的傳說又傳播到杭州。由於各種因緣，杭州上天竺寺的普明法師得到《香山大悲菩薩傳》後重新潤色成文，重刊印上天竺寺內，名《香山大悲成道傳碑》，從此，香山大悲菩薩妙善公主的故事又在吳越地區廣泛傳播。

　　妙善公主的故事從河南來至杭州，民國年間《香山寶卷》序文記載：「宋普明禪師於崇寧二年（1103）八月十五日，在武林上天竺獨坐期堂，三月已滿，忽見以老僧云：公單修無上乘正真之道，獨接上根，焉能普濟。汝當代佛行化，三乘演暢，頓漸齊行，便可廣度中下群情。公若如此，方報佛恩。師問僧曰：將何法可度於人？僧答云：吾觀此土人與觀世音菩薩宿有因緣，就將菩薩形狀略說本末，流行於世，供養持念者，福不唐捐，此僧乃盡宣其由，言已隱身而去。普明禪師一覽歷耳，遂即編成此卷。忽然觀世音菩薩親現紫金相，手提淨瓶綠柳，駕雲而現，良久歸空，人皆見之，無不敬仰。後人聞已，愈加精進，以此流傳天下。」〔註69〕普明禪師雖無可考究，但假借普明所撰《香山大悲成道傳》與蔣之奇所撰《大悲菩薩傳》有了不同，普明所撰已將天神講述改為受觀音化現僧人的指點而作，專為普度中下層民眾而宣揚。

　　觀音入於人間即妙善，專為救度民間眾生而生；妙善亦即觀音，其傳說沒有脫離佛教。《香山大悲菩薩傳》和《香山大悲成道傳》等不同版本的妙善公主的故事將正統的佛教觀音信仰與民間化的觀音信仰兩個體系合二為一。

　　由於《香山大悲菩薩傳》在民間廣為傳唱流行，到元代趙孟頫（1254～1322）之妻管道升（1262～1319）又撰《觀世音菩薩傳略》，據說這是根據《香

〔註69〕《香山寶卷》序，上海：上海文益書局印行（影印本），1914年。

山大悲菩薩傳》所改的最早的別本。後來《香山大悲菩薩傳》又不斷衍生變
化為寶卷、戲劇、小說和各種唱本流傳，明代以來出現了《觀世音菩薩普渡
授記歸家寶卷》《觀音送子寶卷》《觀音大士遊十殿陰陽善惡報應人心寶卷》《觀
音濟度本願真經》《魚籃觀音寶卷》《觀音十二圓覺》《觀音釋宗日北斗南經》
《觀音十歎寶卷》《普陀觀音寶卷》《香山記》《南海觀音全傳》《全像觀音出
身南遊記傳》《大香山》和《觀音濟度本願真經》等。

妙善公主的中國民間的傳說，是參照觀音經典和觀音信仰而由民間逐漸
演化出的更加符合中國百姓的形象，河南、四川、河北、陝西和浙江等竭力
打造妙善公主的故鄉和發源地，與觀世音菩薩的信仰有著密切的關係。

（二）開元寺

邢州還有著名的大開元寺，唐代的邢州在十六國後趙時期成為襄國，是
後趙中心，西域佛圖澄曾在此弘法建寺，相傳開元寺與後趙有一定關係，始
建於後趙佛圖澄時期。隋唐佛教興盛，隋分舍利敕建佛塔供奉，貝州人寶襲
法師曾奉敕送舍利到邢州，在邢州見到了奇異景象，《續高僧傳》載：「釋寶
襲，貝州人，雍州三藏僧休法師之弟子……襲十八歸依，誦經為業，後聽經
論，偏以《智度》為宗，布響關東，高聞時傑，從休入京，訓勗為任……逮
仁壽造塔，又敕送舍利……邢州泛愛寺。忽於函上見諸佛菩薩等像，及以光
明，周滿四面，不可殫言。通於二日，光始潛沒，而諸相猶存。及當下時，
又見臥像一軀，赤光踊起。襲欣其所感，圖而奉敬」。〔註70〕「《京畿金石考》
也載，大業五年四月（609）在邢州城內建文帝舍利塔，並由李百藥撰文立《文
帝舍利塔碑》。光緒《邢臺縣志》的記載也印證了「文帝舍利塔碑，大業五年
四月立，李百藥撰，書丹人名缺不可辨」之事〔註71〕。因碑銘遺失，邢州泛
愛寺是否開元寺的前身尚待考證。及至唐代，開元寺的記載也較為詳細，唐
玄宗的八代祖李熙和七代祖李天錫就埋葬在邢州的堯山縣，而且當時的名相
宋璟也是邢州人，因此，玄宗時期邢州的發展備受重視，當時邢州城內建有
很多寺院。開元年間，玄宗詔令武則天時期所建大雲寺改名為開元寺，「天授
元年（690）十月二十九日，兩京及天下諸州，各置大雲寺一所，至開元二十

〔註70〕（唐）道宣撰，郭紹林點校：《續高僧傳》卷12《唐京師大總持寺釋寶襲傳》，
　　　　北京：中華書局標點本，2014年，第420～421頁。
〔註71〕冀金剛、趙福壽主編：《邢臺開元寺金石志》，北京：國家圖書館出版社，2013
　　　　年，第31頁。

六年（738）六月一日，並改為開元寺」。〔註72〕唐玄宗改邢州大雲寺為開元寺是為了供奉佛祖和他的金身塑像，詔令地方官員每年到寺院為其祝賀千秋，開元寺成為了皇家的御用寺廟。唐、宋、金、元時期，開元寺都得到很大程度的發展。

宋朝，因邢州處於交通要道，靠近京杭大運河，戰略位置和地理位置優越，邢臺開元寺依舊受到朝廷的關注。宋徽宗為大聖塔賜名「圓照」，後陳振還撰寫了《敕賜邢州開元寺圓照塔記》，由晁詠書寫，立碑以記之。

金擁有河北道全境，金大定五年（1165），由時任贊皇縣主簿兼縣尉的劉仲尹撰寫，襄國醫學博士張天和書寫，閻崧篆額的《修開元寺圓照塔記》立於開元寺圓照塔前。現存在開元寺內的金大定二十四年（1184）鑄造大鐵鐘，是開元寺的主持定喜為了替皇上祈福，聯合其他官員和僧人所鑄。大定二十四年（1184）還在圓照塔旁修建了開元寺鐘樓。

元代忽必烈兩次親臨開元寺，敕額「大開元寺」，忽必烈朝的名相劉秉忠是邢州人，以劉秉忠為首的邢州學派和邢州幕僚集團對元朝有著不可估量的歷史貢獻和影響力，在他們的努力之下，邢州的經濟文化得到很快發展，為開元寺的發展提供了良好的環境。劉秉忠因曾經為僧人，在他的大力推薦和提攜，邢州出現了以萬松行秀、萬安廣恩、虛照弘明為中心的高僧集團，他們對邢臺開元寺的發展做出巨大貢獻，萬安大師曾在此寺召開資戒壇大會，邀請多位高僧前來參加，並親自設壇說法，受戒者眾多。廣恩大師開創的宗派被忽必烈敕定為「大開元宗」，其本人也被敕贈「弘慈博化大師」的稱號。

邢臺大開元寺出土的唐代的《六祖能禪師碑銘》和《曹溪能大師碑》以及邢臺沙河漆泉寺遺址出土《大唐廣陽漆泉寺故覺禪師碑銘》等。據《邢臺開元寺金石志》統計，現在開元寺內及其開元寺塔林內遺存的經幢及其構件總共有14件，唐代立11件，其餘三件分別是建立於五代時期的後梁、後唐時期和北宋時期。以唐十六面《佛頂尊勝陀羅尼》經幢最為獨特。經幢多是《佛頂尊勝陀羅尼》兼及其他陀羅尼等。

除宋徽宗為開元寺大聖塔賜名「圓照」、《敕賜邢州開元寺圓照塔記》外，其餘多為元代金石碑刻，蒙古定宗皇后稱制二年（1250）立《邢州開元寺萬安恩公塔銘》、至元十六年（1279）立《順德府重修大開元寺普門塔記》、大德五年（1301）立《順德府大開元寺萬安恩公碑記》、後至元二年（1336）立

〔註72〕（宋）王溥：《唐會要》卷48，北京：中華書局，1955年，第850頁。

《順德府大開元寺萬安座下歷代主持並垂法名頌之碑》等」。〔註73〕

明清對開元寺多次重修，留有明代《重修開元寺殿閣記》《重修開元寺菩薩殿記》、《重新金身碑記》《重修開元寺山門兩殿記》和清熙四年（1665）和乾隆三十一年（1766）立《重修開元寺碑》等，記載了明清重修開元寺的具體情況。

五、曲陽八會寺石刻經

隋唐時期，定州曲陽也是佛教聖地之一。北齊時期開始建造寺院，在少容山（也稱黃山）上建有上閣寺、下閣寺、菩薩院、鐘樓寺、普同院、資福院、聖壽院和靜岩院等，故稱八會寺。八會寺在隋唐時期發展到鼎盛，而毀於五代戰亂，明弘治元年對八會寺進行過重修，到清末已經焚毀殆盡。

八會寺雖毀，但隋代刻經卻保存基本完好。八會寺西北保存雖開皇年間雕刻石經，有佛名經、佛經和佛像，現在佛像基本被毀，而現存的佛經依然清晰。經文有六部，龕內五部，龕外一部，還有龕楣鐫刻佛名，這些佛經以佛名經為主，有鳩摩羅什譯《佛垂般涅槃略說教戒經》（八會寺南龕）、《妙法蓮華經觀世音菩薩普門品第二十五》（西龕）、《佛說彌勒成佛經》（八會寺北龕）、《現在賢劫千佛名經》（八會寺東壁南北龕）、宋畺良耶舍譯《五十三佛名經》（八會寺東壁北龕）、西晉敦煌三藏譯《佛說決定毗尼經》（八會寺龕外）和《三十五佛名》（八會寺龕外）《二十五佛》（八會寺南壁佛龕），現遺存曲陽隋代石刻經已是全國文物保護單位。

曲陽八會寺石佛龕（圖34）

〔註73〕冀金剛、趙福壽主編：《邢臺開元寺金石志》，北京：國家圖書館出版社，2013年，第5頁。

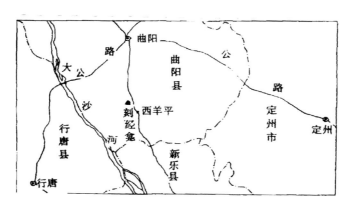

曲陽刻經龕的位置〔註74〕（圖35）

　　曲陽遺存刻經年代有隋開皇十三年（593），與隋開皇四年（584）山西天龍寺刻經、隋開皇九年（589）河南寶山靈泉寺大住聖窟開鑿年代相近，可以說，他們是同一時期的石刻經。參與曲陽石刻經有官員也有普通信眾，與北周滅佛、末法思想和曲陽人靈裕法師等護法有密切關係。

　　因此，從南北朝至隋朝，出現以鄴城為中心，向東、向南、向北的佛教文化傳播和石刻經傳統的延續，也反映了北朝至隋時期，佛教信仰也深入民間，開龕刻經等活動興盛。

北朝至隋代佛教石刻經分布示意圖〔註75〕（圖36）

〔註74〕劉建華：《河北曲陽八會寺隋代經龕》，《文物》1995年第5期。
〔註75〕劉建華：《河北曲陽八會寺隋代經龕》，《文物》1995年第5期。

曲陽八會寺出土石刻《佛名經》（圖 37）

曲陽八會寺出土石刻《佛垂般涅槃略說教戒經》（圖 38）

此外，今北京西南房山區，即隋唐時期幽州的雲居寺，保存了從隋大業初年至明代末年的石刻經，歷時千餘年，雲居寺石刻經的藏經洞是中國佛教文化特色的寶庫。雲居寺始建於隋末唐初，初名「智泉寺」，後改稱「雲居寺」，經過歷代修葺，形成五大院落六進殿宇。明清及解放後，曾經過多次大規模修復。

房山雲居寺自隋唐靜琬發起刻經，經唐、遼、金、元、明各代，刻有經板 14278 塊，刻經千餘部，三百多卷，遺存的石刻經僅隋唐時期就出版了 5 冊，它是研究我國古代政治、經濟、文化、藝術、書法，尤其是佛教經典和歷史的珍貴資料，也是世界寶貴的文化遺產。

六、晚唐五代河北佛教發展的轉變

隋唐佛教在河北也發展到極為興盛的階段，由於河朔三鎮節度使的護持，唐晚期河北佛教得以繼續發展，唐安史之亂和唐武宗滅佛等對河北地區影響不是很明顯。但是安史之亂後，朝廷無力清除地方上的割據勢力，晚唐時期的河北分別屬於相衛節度使薛嵩、魏博節度使田承嗣、成德節度使李寶臣、盧龍（幽州）節度使李懷仙等統轄。《舊唐書》記載：「魏博治魏州，管魏、貝、博、相、澶、衛六州。……成德治恒州，領恒、趙、冀、深四州。……盧龍治幽州，管幽、涿、瀛、莫、檀、薊、平、營、媯、順等十州。」〔註 76〕唐代宗大曆八年（773），昭義節度使薛嵩〔註 77〕去世，田承嗣趁機出兵佔領相、衛、磁、洺四州，引起成德、淄青等節度使的不滿，聯合對魏博鎮出兵，戰事平息後，魏博鎮增領衛、相、洺、貝四州，成德鎮增領滄州，盧龍（幽州）鎮增領瀛州，至此河朔三鎮的割據格局基本形成。

河朔三鎮政局相對穩定，佛教也有相當程度的發展。會昌法難前河朔三鎮地區建立了許多佛教寺院，諸如武德年間武強的清涼寺；貞觀二年（628）清苑的敬愛寺；貞觀十四年（640）南宮的報恩寺；顯慶元年（656）豐潤的宏法寺；上元二年（675）藁城的智炬寺；垂拱四年（688）廊坊的隆福寺；開元八年（720）獲鹿的本願寺等等，〔註 78〕其中一些還具有皇家背景。河朔

〔註 76〕（後晉）劉昫等撰：《舊唐書》卷 38《地理志》（一），北京：中華書局標點本，1975 年，第 1390～1391 頁。
〔註 77〕唐代宗大曆元年（766）改相衛節度使為昭義節度使。
〔註 78〕參見河北地方志編纂委員會：《河北省志‧宗教志》，北京：中國書籍出版社，1995 年，第 63～79 頁。

三鎮寺院形成規模，高僧大德往來於此，交流佛法。

　　日本僧人圓仁的《入唐求法巡禮行記》也記載了他來大唐時魏博、盧龍、成德河朔三鎮的佛教發展情況：「唯黃河已北，鎮、幽、魏、潞等四節度，元來敬重佛法，不拆舍、不條流僧尼。佛法之事，一切不動之。頻有敕使勘罰，云：『天子自來毀拆焚燒，即可然矣。臣等不能做此事也。』」〔註79〕唐武宗時期的會昌法難雖然對當時的中國佛教造成了較大的衝擊，然而中央的政令在河朔三鎮地區卻沒有得到認真貫徹執行。可以說河朔三鎮的節度使信仰佛教，他們對佛教採取的保護措施，為此很多僧人來到河朔三鎮，繼續弘法立宗，不同佛教思想在此交融匯通。河朔三鎮成為唐武宗滅佛後佛教的發展中心，如義玄禪師在鎮州臨濟院創立臨濟宗、趙州從諗禪師在觀音院發展趙州禪等。

　　但到五代時，河北一帶先後出現後梁（907～923）、後唐（923～936）、後晉（936～946）、後漢（947～950）和後周（951～960），河北北部為契丹統轄。河北一帶不同政權的頻繁更迭交替，給河北百姓帶來了無盡的痛苦，百姓希望得到佛教神靈護祐。現存滄州鐵獅子，相傳是後周太祖廣順三年（953）時期鑄造的，距今已千餘年的歷史。據《滄縣志》載：「鐵獅，在舊州城內開元寺前，高一丈七尺，長一丈六尺。背負巨盆，頭頂及項上個有『獅子王』三字，右項及牙邊皆有『大周廣順三年鑄』七個字，左肋有『山東李雲造』。腹內、牙內外有《金剛經》經文。」據北京科技大學2001年4月的測量，鐵獅子身長6米多，體寬僅3米，通高5米多，重32噸。

　　後周世宗即位後，他卻掀起了滅佛運動，發布了嚴格限制佛教的禁令，裁減僧尼，禁止私度：

　　　　請禁天下私度僧尼，及不許妄求師號紫衣。如願出家受戒者，皆須赴闕比試藝業施行，願歸俗者一聽自便。詔曰：「兩都左右街賜紫衣及師號僧，委功德使具名聞奏。今後有闕，方得奏薦，仍須道行精至，夏臘高深，方得補填。每遇明聖節，兩街各許官壇度七人。諸道如要度僧，亦仰就京官壇，仍令祠部給牒。今後只兩街置僧錄，道錄僧正並廢。〔註80〕

<hr>

〔註79〕〔日〕圓仁撰，白化文等校注：《入唐求法巡禮行記》，石家莊：花山文藝出版社，1992年，第496頁。

〔註80〕（宋）薛居正等撰：《舊五代史》卷10《梁末帝本紀》（下），北京：中華書局標點本，1976年，第146頁。

對於沒有敕額寺院，一律停廢，「諸道州府縣鎮村坊，應有敕額寺院，一切仍舊，其無敕額者，並仰停廢，所有功德佛像及僧尼，並騰並於合留寺院內安置。天下諸縣城郭內，若無敕額寺院、只於合停廢寺院內，選功德屋宇最多者，或寺院僧尼各留一所，若無尼住，只留僧寺院一所。」〔註81〕經過周世宗的滅佛毀佛運動，對統治者來說取得一定成績：

> 每年造僧賬兩本，其一本奏聞，一本申祠部，逐年四月十五日後，勒諸縣取索管界寺院僧尼數目申州，州司攢賬，至五月終以前文帳到京，僧尼籍帳內無名者，並勒還俗。其巡禮行腳，出入往來，一切取便。是歲，諸道供到帳籍，所存寺院凡二千六百九十四所，廢寺院凡三萬三百三十六，僧尼繫籍者六萬一千二百人。〔註82〕

北周滅佛，廢寺，勒令部分僧尼還俗，將廢除寺院的財富收歸統治者所有，將沒收銅器，設立機構，監鑄錢幣，「詔禁天下銅器，始議立監鑄錢」，〔註83〕以解決政權的財政困難。

滄縣縣志中的鐵獅子（圖 39）

〔註81〕（宋）薛居正等撰：《舊五代史》卷 115《周世宗本紀》（二），北京：中華書局標點本，1976 年，第 1529 頁。

〔註82〕（宋）薛居正等撰：《舊五代史》卷 115《周世宗本紀》（二），北京：中華書局標點本，1976 年，第 1530～1531 頁。

〔註83〕（宋）薛居正等撰：《舊五代史》卷 115《周世宗本紀》（二），北京：中華書局標點本，1976 年，第 1531 頁。

河北省博物館藏五代曲陽王處直墓出土彩繪散樂浮雕（圖 40）

　　北方戰亂和北周滅佛給河北地區的佛教打擊很大，大量寺院被毀，大批僧尼還俗，佛經的翻譯停止，佛學研究水平也逐漸下降。但長期戰亂，百姓備受痛苦，為了得到心靈的慰藉，將念佛、習禪和往生淨土視為其追求的目標，五代以後佛教信仰更加世俗化和民間化。

第三章　宋遼金佛教多元發展及河北佛教文化遺存

第一節　宋代佛教的發展

一、佛教復興與譯經刻經

經過五代十國之後，先後建立了不同的政權，出現宋、西夏和遼、金先後對峙局面，宋、遼、西夏、金時期雖是歷史上割據分裂時代，卻是各民族文化大融合時期。佛教發展形成了不同發展中心和發展特色。漢傳佛教和藏傳佛教都有一定發展，漢傳佛教中的顯、密融合發展，佛教世俗化進一步加強，觀世音、阿彌陀等信仰進一步民間化。

（一）宋初恢復佛教政策

建隆元年（960）宋太祖趙匡胤稱帝，他有感於後周滅佛，對國家社稷不利，宋代政權一改前代後周佛教政策，積極支持佛教發展，停毀塔寺，廣度僧尼，復建寺院佛塔，修造佛像，宣講佛法，收集和抄寫佛經，造金字佛經，在寺院進行一些佛事活動。太祖皇帝登基，「以慶誕恩，詔普度童行八千人」，詔度行童八千人，以壯大僧人的隊伍。「六月，詔諸路寺院，經顯德二年當廢未毀者，聽存。其已毀寺所有佛像許移置存留，於是人間所藏銅像稍稍得出。」〔註1〕徹底改變後周毀佛的局面，希望重振佛法。《佛祖統紀》贊曰：「自

〔註1〕（宋）志磐撰：《佛祖統紀》卷43，《大正藏》第49冊，第2035號，第394頁下欄12。

有佛法以來，有道之國未嘗不隆篤佛教以勸天下。太祖初見周朝毀像，傷之曰：『令毀佛法，大非社稷之福。』及登大寶，亟下興復之詔。可謂有道之君，必隆佛教。」〔註2〕（建隆）二年（961），詔前徐李重進，凡死於兵者，以揚州行宮置建隆寺，為薦冥福，如唐太宗貞觀四年故事。〔註3〕宋太祖下令停止廢毀寺院，對建議毀佛的大臣給以黥杖、發配等處罰。

宋太祖推崇佛教並身體力行，多次參拜大相國寺等，為社稷、百姓祈福。宋初崇佛的局面吸引外籍僧人來宋，同時，太祖也派遣僧人出訪留學，積極進行東西佛法交流。《佛祖統紀》載：「建隆三年（962），西域于闐國沙門善名七人來，詔館於相國寺……十一月高昌國遣僧法淵，獻辟支佛牙玉器。」〔註4〕

乾德三年（965），滄州沙門道圓，遊五天竺往返十八年，及還偕于闐使者至京師，獻佛舍利、貝葉梵經，上召見便殿，問西土風俗，賜紫方袍、器幣……四年，詔秦涼既通，可遣僧往西竺求法。時沙門行勤一百五十七人應詔，所歷焉耆、龜茲、迦彌羅等國，並賜詔書諭令遣人前導，仍各賜裝錢三萬。」〔註5〕

宋太祖復興佛教的政策取得一定成效，東西交往密切，梵僧來華攜帶顯密經典，促進了宋代譯經的再度繁榮。太祖還曾令僧人抄寫金字佛經並開始雕刊藏經，宋太祖對佛教的態度奠定了北宋皇室崇佛的「祖宗之制」，〔註6〕宋太祖護持佛法的態度和弘揚佛教的具體措施得到後世皇帝的繼承和傲仿。

宋太祖繼承隋唐以來佛教發展的格局和傳統，建寺造像和翻譯佛經，在朝廷直接管理、干預和資助下，太祖實現試經度僧制度，宋每歲試經度童行，只有通《妙法華經》者，祠部給牒披剃。「開寶二年，長春節詔天下沙門，殿試經律論義十條，全中者賜紫衣。」〔註7〕

〔註2〕（宋）志磐撰：《佛祖統紀》卷43，《大正藏》第49冊，第2035號，第394頁下欄15。

〔註3〕（宋）志磐撰：《佛祖統紀》卷43，《大正藏》第49冊，第2035號，第395頁上欄05。

〔註4〕（宋）志磐撰：《佛祖統紀》卷43，《大正藏》第49冊，第2035號，第395頁上欄19。

〔註5〕（宋）志磐撰：《佛祖統紀》卷43，《大正藏》第49冊，第2035號，第396頁上欄28。

〔註6〕黃啟江：《北宋佛教史論稿》，臺北：臺灣商務印書館，1997年，第31頁。

〔註7〕（宋）志磐撰：《佛祖統紀》卷43，《大正藏》第49冊，第2035號，第395頁下欄08。

太宗登基之初，為了擴大僧人數量，一次度行童十七萬人。宋太宗還加強了與西域、天竺的聯繫，吸引很多僧人來宋弘法譯經，數十年不止。宋太宗奉佛建寺，但不盲從，制定了對僧人的一些管理制度，使之有序的發展，更好地利用佛教為政治、經濟和文化服務。他曾說：「浮屠氏之教有裨益政治，達者自悟淵微，愚者妄生誣謗，朕於此道，微究宗旨。凡為君治人，即是修行之地，行一好事，天下獲利，即釋氏所謂利他者也。」〔註8〕真宗時，宋代佛教發展到鼎盛時期，不僅有皇室成員出家，而且還有一些高官顯貴信佛拜佛。宋代譯經院內設有潤文官，而潤文官都是由精通內外學的儒臣充任。不僅世俗高官參與譯經，而且宋真宗還為譯經作序，他認為佛教流行有利於對周邊民族的教化，使之安定，曾說：「戎羯之人，崇尚釋教，亦中國之利。可給糧，聽其請。」〔註9〕宋給周邊政權施捨佛經，傳入西夏和遼朝，促進與周邊政權文化交流，為佛教的推廣提供了極大的便利。

（二）宋代譯經與刻經

1、宋代譯經

從宋初到景祐初的八十年間，自印度經絲綢之路來宋、西夏弘法的僧人即有八十餘人，其中著名的有天息災、法天、施護、智吉祥和金總持等，他們在宋設立譯經院翻譯佛經和培養梵文人才，使宋代譯經再度興盛。唐憲宗元和五年（810）翻譯完成《大乘本生新地觀經》後，唐代譯經結束。直到北宋太宗太平興國五年（980）重開譯經場，使得中止一百七十餘年的漢地譯經活動在北宋太宗太平興國五年（980）以後再次拉開序幕。

太平興國七年（982）宋太宗設立譯經院，詔天竺僧人法天、天息災、施護及懂梵文的漢僧、朝廷官員參與譯經。太宗還親自作了《新譯三藏聖教序》。後來譯經院裏附帶培養翻譯人才，改名傳法院，為管理流通大藏經版而附設印經院。梵僧天息災、施護和法天等不僅翻譯佛經，而且在譯經院從事譯經兼教授梵文，培養大量佛教人才，彌補了宋代佛教人才缺乏的局面。

仁宗時期繼續譯經，並為譯經作序，景祐二年（1035）上御製《天竺字源序》，賜譯經院。是書即法護、惟淨，以華梵對翻為七卷，聲明之學實肇於

〔註8〕（宋）李燾撰：《續資治通鑑長編》卷 24「太平興國八年條」，北京：中華書局標點本，1979 年，第 554 頁。
〔註9〕（宋）李燾撰：《續資治通鑑長編》卷 72「大中祥符二年條」，北京：中華書局標點本，1979 年，第 1643 頁。

茲。其所序云：翻宣表率，則有天息災等三藏五人（西土四人，天息災、施護、法賢、法護；東土一人，則惟淨耳），筆受、綴文、證義，則自法進至慧燈七十九人，五竺貢梵經僧，自法軍至法稱八十人。此土取經僧得還者，自辭澣至棲秘百三十八人，梵本一千四百二十八，譯成五百六十四卷。〔註10〕

宋代譯經院的規模不斷擴大，不但翻譯校勘佛經，刊印存放佛經，還兼有培養翻譯人才的功能。《佛祖統紀》卷四十三記載：「息災等言：『歷朝翻譯並藉梵僧，若遐阻不來，則譯經廢絕。欲令兩街選童子五十人習學梵字。』詔令高品王文壽選惟淨等十人引見便殿，詔送譯經院受學。惟淨者，江南李煜之姪。口受梵章，即曉其義。歲餘度為僧，升梵學筆受，賜紫衣光梵大師。」〔註11〕《大中祥符法寶錄》（卷三）也有類似記載，在太平興國八年（983）法天譯出《大方廣總持光明經》上進皇帝閱覽之際，天息災因奏曰：「臣等竊見教法東流，歷朝翻譯，宣傳佛語，首在梵僧，其如天竺、中華，方域懸阻或遇梵僧有闕，則慮翻譯復停。臣等欲乞下兩街僧司，選諸寺院童子五十人，就譯經院，先令攻習梵字，後令精窮梵義，所貴成就梵學，繼續翻宣。上可之，乃詔殿頭高品王文壽於左右街僧司集京城出家童子五百人以選之，得惟淨等五十人。是月左街僧司神曜引惟淨等見於崇政殿。」〔註12〕由梵僧奏請，皇帝許可，僧官負責挑選童子學習梵文，為譯經培養人才的舉措在中國譯經史上是值得稱道的事情，著名的僧人惟淨等就是傳法院培養的僧人。

宋代譯場完備，分工更細、更明確，設譯主、證梵義、證梵文、筆受、綴文、參詳、證義、潤文（後更設譯經使）等，參與譯經的高僧有法天、天息災、施護、法護、法護、惟淨、日稱、慧詢、紹德、智吉祥、金總持、天吉祥等。咸平二年（999）繼太宗之後作《繼聖教序》，還命趙安仁、楊億等人編錄《大中祥符法寶錄》（22 卷）、宋仁宗天聖年間（1023～1031）詔令譯經三藏惟淨和其他譯經僧一起編訂經目，即《天聖釋教總錄》（3 卷）、景祐年間（1034～1037）又令呂夷簡、宋綬等編訂《景祐新修法寶錄》（21 卷），對

〔註10〕（宋）志磐撰：《佛祖統紀》卷 45，《大正藏》第 49 冊，第 2035，第 409 頁下欄。
〔註11〕（宋）志磐撰：《佛祖統紀》卷 43，《大正藏》第 49 冊，第 2035，第 398 頁上欄。
〔註12〕（宋）趙安仁等編：《大中祥符法寶錄》卷 3「別明・聖代翻宣錄中之二・藏乘區別年代指明二之一」，見《宋藏遺珍》第 108 冊，上海：上海磧砂藏影印會，1935 年。

前朝譯經進行整理總結。

從太平興國七年（982）起，逐年都譯進新經，繼續到天聖五年（1027），譯出五百餘卷。熙寧四年（1071）廢譯經院，其後因缺乏新經梵本，譯事時斷時續，宋哲宗紹聖年間（1095），天吉祥、金總持等譯出《大乘智印經》等，北宋譯經也接近尾聲，一直維持到政和初（1111）為止。綿延百餘年的宋代譯經對中原、對周邊民族政權產生很大影響。宋朝翻譯和弘傳印度後期大量密教經典，密教在中原的發展得以恢復。

總之，漢地的譯經從漢至宋的千餘年間，佛經翻譯持續不斷，譯經史上曾出現諸多高僧，他們辛勤努力，歷朝歷代翻譯佛經多有佚譯或不存，遺存下來的 1440 部，5888 卷，以此形成了中國佛教經典《大藏經》。元忽必烈時期編訂的《至元法寶勘同總錄》卷一記載了一千多年的譯經情況，「自東漢孝明帝永平十年戊辰，至大元聖世至元二十二年乙酉，凡 1219 年，中間經朝代 22 代，傳譯之人 194 人，所出經律論三藏 1440 部，5580 卷。」《至元法寶勘同總錄》所涉及的譯經人員和數量遠遠不能全面體現歷史上譯經的具體情況，但也反映了我國譯經歷史的源遠流長和譯經數量的豐富。

2、宋刻藏經

漢文大藏經的雕刻始於宋代，宋開寶四年（971）「六月十一日，敕成都再造金字佛經一藏……前後凡造金銀字佛經數藏。今年敕雕佛經印一藏，計一十三萬版。」〔註13〕太平興國八年（983）六月，益州雕刻的 13 萬塊雕板運到京師開封後，太宗詔譯經院，賜名傳法院，於西偏建印經院，進行印刷《開寶藏》工作，同時也開展對入藏新譯經的雕板和印刷工作。《開寶藏》是第一部官刻漢文本大藏經，又稱《蜀版大藏經》。據說《蜀版大藏經》雕刻完畢之後，張從信曾經編過一個目錄，共 480 帙，收錄佛經 5048 卷，可惜這個目錄佚失，無從考證。後來學者根據《開寶藏》兩個覆刻本和再刻《高麗大藏經目錄》和《趙城金藏目錄》推斷，《開寶藏》是依據《開元錄》為底本雕刻的，自「天」字至「英」字止，共 480 帙，是第一部雕版卷軸裝大藏經。

宋代《開寶藏》先後傳入高麗、遼和西夏，對周邊政權佛教文化和佛經的流傳起了積極的推動作用。為此高麗有了《高麗大藏經》，契丹遼有了《契丹藏》，而西夏也遺存豐富的依據漢文本翻譯的西夏文經典，西夏曾六次向宋

〔註13〕（元）覺岸、寶洲：《釋氏稽古略》卷 4，《大正藏》第 49 冊，第 2037 號，第 860 頁上欄 26。

獻馬請賜佛經,並建塔保存宋所賜佛經,以此為底本翻譯成西夏文,在黑水城出土文獻中有較多的保存。

宋除了官刻《開寶藏》以外,還有幾部私刻大藏經,即《崇寧藏》《毗盧藏》和宋刻《磧砂藏》。其中《崇寧藏》在福州東禪等覺院刻板,又《東禪等覺院本》,敕賜《崇寧萬壽大藏》。《崇寧藏》是繼《開寶藏》《契丹藏》之後的第三部大藏經,《崇寧藏》的版式與之前大藏經的版式不同,「一改《開寶藏》和《契丹藏》的卷軸裝為摺裝,1 紙摺為 6 頁,每頁 6 行,個別 1 紙 30 行的,則摺為 5 摺。這種摺裝為宋、元、明、清以來刻本大藏經所沿用」。〔註 14〕《崇寧藏》雖是私刻版大藏經,但版式的改變對後世產生的影響非常之大。總之,宋代雕刻的大藏經不論官刻還是私刻,對後世佛教發展和傳播起了很大的作用。

二、宋代禪宗興盛與對外交流

宋代禪宗大振,「安史之亂」和唐武宗滅佛,北宗才逐漸衰落,禪宗南宗卻日漸興盛,傳遍大江南北。在河北創立的臨濟禪,通過存獎、慧顒、延沼、省念等師徒的弘傳,臨濟禪法逐漸從北方又廣為流行到南方。《百丈叢林清規證義記》記載了臨濟宗的傳承:「希運傳(臨濟真常)慧照義玄,為臨濟宗第一世,濟傳(魔府興化)廣濟存獎,獎傳(汝州南院)慧顒,顒傳(汝州風穴)延沼,沼傳(汝州首山)省念,念傳(汾州太子)無德善昭,昭傳(潭州石霜)慈明楚圓,圓傳(袁州楊岐)方會,會傳(舒州白雲)守端,端傳(荊州東山五祖)法演,演傳(成都昭覺)圓悟佛果克勤……」〔註 15〕《介庵進禪師語錄》也有詳細記載,自五祖以下:

> 六祖曹溪慧能大師、曹溪第二世南嶽懷讓禪師、曹溪第三世江西馬祖道一禪師、曹溪第四世洪州百丈山懷海禪師、曹溪第五世洪州黃檗山希運禪師、曹溪第六世鎮州臨濟義玄禪師、臨濟第二世魏府興化存獎禪師、臨濟第三世汝州南院慧顒禪師、臨濟第四世汝州風穴延沼禪師、臨濟第五世汝州首山省念禪師、臨濟第六世汾州太子院善昭禪師、臨濟第七世潭州石霜慈明楚圓禪師、臨濟第八世袁州楊

〔註 14〕 李富華、何梅著:《漢文佛教大藏經研究》,北京:宗教文化出版社,2003 年,第 192 頁。
〔註 15〕 (唐)懷海集編,(清)儀潤證義:《百丈叢林清規證義記》卷 7(下),《卍新續藏》第 63 冊,第 1244 號,第 497 頁上欄 06。

岐方會禪師、臨濟第九世舒州白雲守端禪師、臨濟第十世蘄州五祖
法演禪師、臨濟第十一世成都府佛果圓悟克勤禪師。〔註16〕

臨濟禪法在北方形成一定師承，在省念之後，又傳至南方，並發揚光大。《闢
妄救略說》也記載了六祖下禪宗傳承，即第一世湖廣南嶽懷讓禪師、第二世
江西馬祖道一禪師、第三世洪州百丈懷海禪師、第四世洪州黃檗希運禪師、
第五世鎮州臨濟義玄禪師、第六世魏府興化存獎禪師、第七世汝州南院慧顒
禪師、第八世汝州風穴延沼禪師、第九世汝州首山省念禪師、第十世汾州太
子善昭禪師、第十一世潭州石霜楚圓禪師、第十二世袁州楊岐方會禪師、第
十三世舒州白雲守端禪師、第十四世蘄州五祖法演禪師、第十五世成都昭覺
克勤禪師、第十六世平江虎丘紹隆禪師、第十七世明州天童曇華禪師、第十
八世明州天童咸傑禪師、第十九世夔州臥龍祖先禪師、第二十世杭州徑山師
範禪師、第二十一世袁州仰山祖欽禪師、第二十二世臨安天目原妙禪師、第
二十三世臨安天目明本禪師⋯⋯〔註17〕

臨濟宗由義玄創立，義玄從南方來至北方，義玄作為黃檗希運和大愚的
弟子，上承慧能、南嶽懷讓、馬祖道一、百丈懷海、黃檗希運等思想，在鎮
州創宗立派，建臨濟宗，並形成獨特的機鋒棒喝的臨濟禪法，使南禪宗思想
在河北等地弘揚。義玄將臨濟禪法傳弟子興化存獎，存獎又傳南院慧顒，慧
顒傳風穴延沼，延沼傳首山省念，臨濟禪法經過多位高僧的弘傳在鎮州、大
名、汝州等地發展壯大，省念的再傳弟子遍及大江南北，也將臨濟禪法遍傳
南北。

宋代的禪宗不僅在大江南北傳播，而且還遠播國外，禪宗，尤其臨濟宗、
曹洞宗遠傳日本等，對日本佛教發展也產生很大影響。日本僧人榮西（1141
～1215）在宋乾道四年（1168）、淳熙十四年（1187）曾兩次來到宋求法，第
一次帶回《天台山新章疏》等30多部，第二次入宋拜臨濟宗黃龍派第八代法
嗣虛庵懷敞為師，在天童寺等地參禪修學四年，宋紹熙二年（1191）回日本。
回國後榮西弘傳臨濟宗禪法，創立日本臨濟宗。榮西的再傳弟子希玄道元也
入宋求法，遍歷名山名剎，參訪高僧大德，得到天童寺如淨禪師的啟發而開
悟，回國後弘揚曹洞宗風，創立了日本的曹洞宗。

〔註16〕（清）真理等編：《介庵進禪師語錄》卷10，《嘉興藏》第29冊，第B233號，
第367頁中欄07。

〔註17〕（明）圓悟著：《闢妄救略說》，《卍新續藏》第65冊，第1280號，第153頁
上欄17。

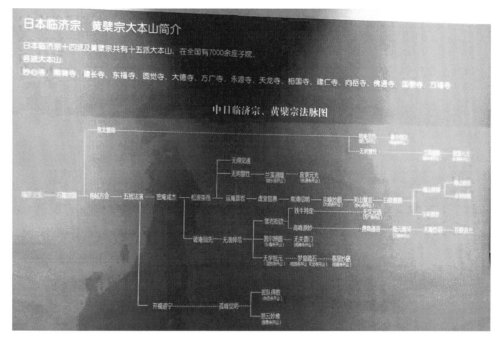

正定臨濟寺繪製臨濟法脈（圖 1）

　　唐末五代之時形成了臨濟宗、潙仰宗、曹洞宗、雲門宗和法眼宗五宗。入宋以來臨濟宗又分為楊岐派、黃龍派，出現「五宗七家」之說，禪宗發展也達到極盛。五代時，吳越王錢氏大力發展佛教，將江南地區的教寺改為禪寺。南宋時期江南禪剎興盛，出現五山十剎的禪宗寺院，對中國思想文化和宗教信仰影響深遠。

第二節　遼金佛教的發展

一、遼代佛教的發展

（一）遼佛教政策

　　遼在正式立國前，已開始信奉佛教。遼太祖耶律阿保機在唐天復二年（902）九月始建開教寺，後唐天復二年（902）「（遼太祖）城龍化州於潢河之南，始建開教寺」。〔註18〕太祖六年（913），以兵討兩冶，以所獲僧崇文

〔註18〕（元）脫脫等撰：《遼史》卷 1《太祖本紀》（上），北京：中華書局標點本，1974 年，第 2 頁。

等五十人歸西樓，建天雄寺以居之，以示天助雄武。〔註19〕僧人在遼境內宣傳佛教，皇室成員去寺院祈願、薦福和飯僧等。

　　遼前期基本上確定了儒、釋、道並舉，以儒為先的方針。遼滅後唐，立後晉石敬瑭為帝，得燕雲十六州，遼代佛教在原來基礎又得到進一步發展。遼代中後期皇帝和皇后崇佛更甚，上起帝王后妃，下至平民百姓皆重信佛教，佛教的地位可以說已升至儒、道之上。遼統治者也開始利用佛教維護自身的統治，遼歷代統治者護持佛教，佛教發展到極為興盛階段，修建寺院，施捨土地和民戶供養寺院。據不完全統計，遼上京道有佛塔 10 座，東京道有 13 座，中京道 21 座，西京道有 4 座，南京道有 14 座，還有數量豐富和類型各異的經幢等。十一世紀時遼興宗大力提倡密教，佛頂尊勝陀羅尼經幢的建立，成為一時之風氣。到金朝佛頂尊勝依舊流行。宿白先生提到：「遼人佞密，更甚於中原，1123 年金人滅遼，又三年（1126）亡北宋。有金密籍如房山刻密、陝西密像以及分布於各地的佛頂尊勝陀羅尼經幢和雕飾密像的密簷塔等，皆延遼宋之舊。」〔註20〕

　　遼統治者在祭拜先祖、慶賀節日、超度亡魂、作戰取勝或皇帝巡幸寺院時都要禮佛飯僧。遼統和六年（988）聖宗皇帝到南京的延壽寺、延洪寺禮佛，十二年（994）以遼景宗像成，再次到延壽寺禮佛飯僧。十五年（997）又來延壽寺禮佛。聖宗之子遼興宗也是為非常崇佛的皇帝，遼重熙十一年（1042）與皇后在燕京憫忠寺、延壽寺、三學寺禮佛供僧。諸皇帝中禮佛飯僧規模最大的一次是道宗大康四年（1078）七月，「諸路奏飯僧三十六萬」。〔註21〕遼不僅飯僧的規模巨大，度僧的人數也數量可觀。遼道宗篤信佛教更甚，他禮佛經僧、廣印佛經、建造塔寺，是遼代歷史上奉佛最為虔誠、最為熱心的帝王。在遼道宗時期，遼代佛教達到鼎盛。咸雍八年（1072）三月癸卯，「有司奏春、泰、寧江三州三千餘人願為僧尼，受具足戒，許之」。〔註22〕《遼史》贊曰：「道宗初即位，求直言，訪治道，勸農興學，救災恤患，粲然可觀。及

〔註19〕（元）脫脫等撰：《遼史》卷 1《太祖本紀》（上），北京：中華書局標點本，1974 年，第 6 頁。

〔註20〕宿白：《藏傳佛教寺院考古》，北京：文物出版社，1996 年，第 239 頁。

〔註21〕（元）脫脫等撰：《遼史》卷 23《道宗本紀》（三），北京：中華書局標點本，1974 年，第 281 頁。

〔註22〕（元）脫脫等撰：《遼史》卷 23《道宗本紀》（三），北京：中華書局標點本，1974 年，第 273 頁。

夫謗訕之令既行，告訐之賞日重，群邪並興，讒巧競進，賊及骨肉，皇基浸危，眾正淪胥，諸部反側，甲兵之用無寧歲矣。一歲而飯僧三十六萬，一日而祝髮三千。」〔註23〕遼不僅飯僧的規模巨大，度僧的人數眾多，一些僧人被賜予各種封號、德號，出任各級僧官。

遼代民間佛教信仰也十分興盛，伽藍眾多，佛塔林立，民間佛事也是日盛一日，當時民間還流行「千人邑」佛教活動組織，進行佛事活動。

統治者雖然大力支持佛教的發展，但也採取了一些禁止私度僧尼和破壞佛教戒律，對於私度僧尼給予嚴懲。在崇信僧人的同時，遼也實現嚴格的度僧制度，通過對經律論的考試而選拔優秀的僧人，促進了佛學研究的發展，遼代華嚴宗興盛與此有密切的關係。遼代皇帝不僅親自研習經典，如道宗（1055～1100）精通梵文，精研華嚴的《釋摩訶衍論》，著有《華嚴經隨品贊》十卷、《華嚴經贊》和《華嚴經五頌》等；而且還出現很多著名的學問僧，研習和弘揚密教和華嚴經典。

遼代法相、密宗、禪宗、淨土宗和律宗等也有一定發展，道殿是遼代小五臺山金河寺顯密兼修的高僧，將《華嚴》的圓教思想以融會密教，小五臺山是遼代佛教聖地，在當時影響很大，皇室成員還到五臺山金河寺飯僧禮佛，《遼史》載：「九月癸卯，幸五臺山金河寺飯僧。」〔註24〕遼代另一位僧人行均也在小五臺山撰寫完成著名的《龍龕手鏡》。道殿自都城歸隱小五臺山，也是因為該地佛教興盛，道殿來小五臺山已是暮年，即大約在壽昌三年（1097）以後。《顯密圓通成佛心要集》是在壽昌三年（1097）以後到遼道宗去世之前即乾統元年（1101）年間完成的。《顯密圓通成佛心要集》也成為具有五臺山佛教文化象徵的文獻之一。

（二）遼朝刻經

遼佛教興盛不僅表現在佛事活動和宗派的弘傳方面，而且也體現在刊印藏經、石刻佛經、賜僧人官職和建寺修塔等諸多方面。遼聖宗始雕《契丹藏》，遼興宗（1031～1054）曾皈依受戒，繼續刊刻大藏經，遼道宗續補《契丹藏》。《契丹藏》，又稱《遼藏》，是遼王朝官方主持雕造的藏經，是繼宋《開寶藏》

〔註23〕（元）脫脫等撰：《遼史》卷26《道宗本紀》（六），北京：中華書局標點本，1974年，第314頁。

〔註24〕（元）脫脫等撰：《遼史》卷13《聖宗本紀》（四），北京：中華書局標點本，1974年，第143頁。

之後的第二部大藏經，刻本卷軸裝。實際上，學界對於《契丹藏》的研究存在不同觀點，對於《契丹藏》的研究多與山西應縣木塔出土遼代刻經和河北豐潤縣天宮寺塔的出土遼代佛經有密切關係。

遼興宗（1031～1054）曾皈依受戒，編刻大藏經。1974 年在山西應縣木塔出土了 90 多件遼代文物，《應縣木塔遼代密藏》記載，應縣木塔修建於遼道宗清寧二年（1056），在四層主尊佛像內發現《遼藏》12 卷和單刻經 35 卷，共 47 卷〔註25〕。其中 12 卷《遼藏》為刻本卷軸裝，存千字文帙號，帙號與石晉可洪《新集藏經音義隨函錄》相合，與《房山石經》之遼金兩代刻經基本吻合。

遼大規模刻經始於太平七年（1027），遼應曆十五年（965）《重修范陽白帶山雲居寺碑》、清寧四年（1058）《涿州白帶山雲居寺東峰續鐫成四大部經記》、天慶八年（1118）《大遼涿州鹿山雲居寺續秘藏石經塔記》和《大遼燕京涿州范陽縣白帶山雲居寺釋迦佛舍利塔記》等對於遼刻石經有較為詳細的記載。在遼代石刻經中，遼高僧通理大師中晚期的刻石經是《房山石經》中最具價值的內容。

遼天慶五年（1115）完顏阿骨打建立金朝，佛教從高麗、渤海國傳入金朝，女真人有了佛教信仰。及至遼保大五年（1125）金以武力滅遼，金朝繼承和延續遼代崇信佛教的風俗習慣，尤其金佔領宋都汴梁後，深受漢族文化的影響，又廣泛吸收借鑒宋地佛教。

二、金代佛教的發展

（一）金代佛教政策

金代儒釋道都得到發展，女真人受到漢地和遼代、渤海等影響，對佛教接受和認同較早。建國之後，皇室貴戚大多信仰佛教，有「帝后見像設，皆梵拜」〔註26〕的記載。金世宗佛教發展達到全盛，金代的華嚴宗、禪宗、淨土、律宗和密宗都得到一定發展，以禪宗最為興盛，密宗和華嚴等兼修，為元代佛教的發展奠定了基礎。

金朝實行科舉選拔人才，重視儒學和文化發展。天輔三年（1119）金太祖

〔註25〕朱子方認為應縣木塔 47 件遼刻經有 42 件為卷軸裝，4 件蝴蝶裝，1 件卷軸裝改經摺裝。

〔註26〕（宋）洪皓撰：《松漠紀聞》，上海：上海書店出版社，1994 年，第 48 頁。

創製女真字，頒行天下，視為女真大字。金熙宗（1135～1149）時仿契丹字和漢字偏旁又創製女真字，天眷元年（1138）頒行，視為女真小字，二者同行並用。在發展本民族文化的繼承上，吸收漢文化和佛教文化，尊孔，修建孔廟，崇尚儒學，皇統元年（1141）二月戊子，熙宗詣文宣王廟奠祭孔子，並謂臣子曰：「孔子雖無位，以其道可尊，使萬世高仰如此。」〔註27〕但也積極支持佛教，金熙宗修建寺院，敬重漢地僧人，傚仿漢制建立佛教管理機構，任命僧官管理佛教事務，如律師悟殊受到重用，被任命為中都右街僧錄。

金海陵王正隆元年（1156），「庚辰，御宣華門觀迎佛，賜諸寺僧絹五百匹、綵五十段、銀五百兩。」〔註28〕金章宗承安四年（1199）「庚午，御宣華門，觀迎佛」〔註29〕等記載。

金世宗（1161～1189），金朝佛教發展到全盛階段，金世宗為出家母親修建清安寺、垂慶寺，其母李氏，諡貞懿皇后。《金史》載：

> 舊俗，婦女寡居，宗族接續之。後乃祝髮為比丘尼，號通慧圓明大師，賜紫衣，歸遼陽，營建清安禪寺，別為尼院居之。貞元三年，世宗為東京留守。正隆六年五月，後卒。世宗哀毀過禮，以喪去官。未幾，起復為留守。是歲十月，後弟李石定策，世宗即位於東京，尊諡為貞懿皇后，其寢園曰孝寧宮。大定二年，改葬睿宗於景陵。初，後自建浮圖於遼陽，是為垂慶寺，臨終謂世宗曰：「鄉土之念，人情所同，吾已用浮屠法置塔於此，不必合葬也。我死，毋忘此言。」世宗深念遺命，乃即東京清安寺建神御殿，詔有司增大舊塔，起奉慈殿於塔前。……九年，神御殿名曰報德殿。詔翰林學士張景仁作《清安寺碑》，其文不稱旨，詔左丞石琚共修之。十三年，東京垂慶寺起神御殿，寺地褊狹，詔買傍近民地，優與其直，不願鬻者以官地易之。二十四年，世宗至東京，幸清安、垂慶寺。〔註30〕

〔註27〕（元）脫脫等撰：《金史》卷35《禮志》（八），北京：中華書局標點本，1975年，第815頁。

〔註28〕（元）脫脫等撰：《金史》卷5《海陵王本紀》，北京：中華書局標點本，1975年，第106頁。

〔註29〕（元）脫脫等撰：《金史》卷11《章宗本紀》（三），北京：中華書局標點本，1975年，第249頁。

〔註30〕（元）脫脫等撰：《金史》卷64《后妃本紀》（下），北京：中華書局標點本，1975年，第1518～1519頁。

金世宗在金大定十四年（1174）：「四月乙丑，上諭宰臣曰：『聞愚民祈福，多建佛寺，雖已條禁，尚多犯者，宜申約束，無令徒費財用。』」〔註31〕

　　金統治者在積極支持佛教的同時，也採納唐宋鬻賣度牒以解決國家財政和補充軍需的政策。金實行僧尼納稅和官賣度牒制度。金代僧尼要納稅，「僧道入粟，始自度牒，終至德號、綱副威儀、寺觀主席亦量其貲而鬻之。」〔註32〕熙宗皇統五年（1145）「頃以邊事未定，財用缺乏，自東、南兩京外，命民進納補官，及賣僧、道、尼、女冠度牒，紫、褐衣師號，寺觀名額。今邊鄙已寧，其悉罷之。慶壽寺、天長觀歲給度牒，每道折錢二十萬以賜之。」〔註33〕僧尼納稅和鬻賣度牒、師號成為國家一項重要收入，對交納的具體數量也作了規定。金章宗「承安二年，賣度牒、師號、寺觀額，復令人入粟補官。三年，西京饑，詔賣度牒以濟之」。〔註34〕承安三年「各降補官及德號空敕三百、度牒一千，從兩行部指定處，限四月進納補換。又更造一百例小鈔，並許官庫易錢。一貫、二貫例並支小鈔，三貫例則支銀一兩、小鈔一貫，若五貫、十貫例則四分支小鈔、六分支銀，欲得實貨者聽，有阻滯及輒減價者罪之。」〔註35〕金章宗泰和六年（1205）「時兵興，國用不給，萬公乃上言乞將僧道度牒、師德號、觀院名額並鹽引，付山東行部，於五州給賣，納粟易換。」〔註36〕金章宗另一子忒鄰，泰和二年八月生，上久無皇嗣，祈禱於郊、廟、衍慶宮、亳州太清宮，至是喜甚。彌月，將加封，三等國號無愜上意者，念世宗在位最久，年最高，初封葛王，遂封為葛王。十二月癸酉，生滿百日，放僧道度牒三千道，設醮玄真觀，宴於慶和殿……〔註37〕金宣宗貞祐三年「壬

〔註31〕（元）脫脫等撰：《金史》卷7《世宗本紀》（中），北京：中華書局標點本，1975年，第161頁。

〔註32〕（元）脫脫等撰：《金史》卷46《食貨志》（一），北京：中華書局標點本，1975年，第1030頁。

〔註33〕（元）脫脫等撰：《金史》卷50《食貨志》（五），北京：中華書局標點本，1975年，第1124～1125頁。

〔註34〕（元）脫脫等撰：《金史》卷50《食貨志》（五），北京：中華書局標點本，1975年，第1125頁。

〔註35〕（元）脫脫等撰：《金史》卷48《食貨志》（三），北京：中華書局標點本，1975年，第1076～1077頁。

〔註36〕（元）脫脫等撰：《金史》卷95《蒲察通傳》，北京：中華書局標點本，1975年，第2105頁。

〔註37〕（元）脫脫等撰：《金史》卷93《章宗諸子傳》，北京：中華書局標點本，1975年，第2059頁。

戌，降空名宣敕、紫衣師德號度牒，以補軍儲。」〔註38〕金統治者利用各種名義鬻賣度牒，以增加財政收入的同時也壯大了僧尼隊伍。

金統治者對於佛教採取積極管理的政策，嚴禁私度僧尼，實行定期定額的試經度僧制度，在延續遼制的同時試經更加嚴格，規定：

> 凡試僧、尼、道、女冠、三年一次，限度八十人，差京府幕職或節鎮防禦佐貳官二員、僧官二人、道官一人、司吏一名、從人各一人、廚子二人、把門官一名、雜役三人。僧童能讀《法華》、《心地觀》、《金光明》、《報恩》、《華嚴》等經共五部，計八帙。《華嚴經》分為四帙。每帙取二卷，卷舉四題，讀百字為限。尼童試經半部，與僧童同。……中選者試官給據，以名報有司。凡僧尼官見管人及八十、道士女冠及三十人者放度一名，死者令監壇以度牒申部毀之。〔註39〕

金朝試經對於僧童要求誦讀《法華》、《心地觀》、《金光明》、《報恩》、《華嚴》五部經典，三年一次，金章宗還規定「丁卯，敕自今長老、大師、大德不限年甲，長老、大師許度弟子三人，大德二人，戒僧年四十以上者度一人。其大定十五年附籍沙彌年六十以上並令受戒，仍不許度弟子。尼、道士、女冠亦如之。」〔註40〕在試經度僧之外，對有德望的高僧也有一定優待，但度僧人數有嚴格限定。

金代國祚雖短，在華嚴、禪、淨、密教、戒律各宗都有相當的發展。受到宋、遼影響，金代禪宗尤為盛行，金人佔領中原之前，臨濟禪宗已經非常興盛，楊岐系圓悟克勤（1063～1135）曾住汴京天寧寺弘法，黃龍系淨如（？～1141）住濟南靈巖寺傳法，北方禪宗在金代再次興盛與傳播。

（二）金代僧人與刻經活動

金人佔領中原以後，尤其金朝將都城前往燕京之後，在金河北和北京地區廣建寺院、佛塔，吸引眾多僧人弘法，金朝的華嚴密教、律學都得到傳播。善柔（1197～1269），是金朝遺僧，《奉聖州法雲寺柔和尚塔銘》和《補續高僧傳》等對他有一定記載。筆者對善柔有所考證研究，善柔為德興人，即奉聖

〔註38〕 （元）脫脫等撰：《金史》卷 14《宣宗本紀》（上），北京：中華書局標點本，1975 年，第 309 頁。

〔註39〕 （元）脫脫等撰：《金史》卷 55《百官志》（一），北京：中華書局標點本，1975 年，第 1234 頁。

〔註40〕 （元）脫脫等撰：《金史》卷 10《章宗本紀》（二），北京：中華書局標點本，1975 年，第 239 頁。

州人，今河北涿鹿人，俗姓董，其活動分為兩個階段，首先在金朝時期主要精力是學習佛法，積累佛學知識，是一位精通華嚴和律學的僧人。金滅亡後，他在蒙元時期繼續從事佛事活動，弘揚華嚴和傳播律學，講演密乘，提倡顯密融合，充分發揮華嚴圓融的奧旨。善柔佛學知識豐富，廣度眾生，品行高尚，受世人尊敬。〔註41〕

　　寶應秀即萬松行秀、萬松老人（1166～1246）〔註42〕為金末蒙古時期著名的曹洞宗的禪僧，《宗統編年》卷二十五載：「曹洞第十八世雪巖祖示寂。曹洞第十九世祖諱行秀嗣雪巖祖。曹洞第十九世萬松祖嗣宗統。」〔註43〕《補續高僧傳》、《五燈會元續略》、《五燈嚴統》、《繼燈錄》、《五燈全書》、《續燈正統》、《續燈存稿》、《續指月錄》和《新續高僧傳》等皆對萬松行秀都有相關記載，只是內容取捨詳略有異。行秀生於金朝，主要活動蒙元時期，他為曹洞宗著名僧人，歷主大剎，名滿朝野，大振洞上宗風。同時行秀對華嚴圓融思想也有較深瞭解，對當時佛教發展有重大促進作用。行秀思想禪教融合，佛儒兼通，著述豐富，耶律楚材、李純甫以萬松行秀為師，金蒙兩朝統治者對他也十分重視。

　　善柔出家較晚，在金滅亡的前夕，他主要精力是學習佛法，積累佛學知識，是位精通華嚴和律學的僧人。金滅亡後，他在蒙元時期繼續從事佛事活動，弘揚華嚴和傳播律學，講演密乘，提倡顯密融合，充分發揮華嚴圓融的奧旨。〔註44〕《奉聖州法雲寺柔和尚塔銘》記載：「自是日與所度弟子定慧、和純、順遇等七人，嗣法弟子扶宗弘教大師行育等二十餘人講演秘乘，敷析本統，昭揭天下，俾有知覺皆造佛地，歷四十年弗懈益勤。」〔註45〕其中「扶宗弘教大師行育」即指龍川大師，「歷四十年弗懈益勤」則透露出善柔與所度

〔註41〕崔紅芬：《金朝遺僧善柔考略》，《遼金史論集》（第 13 輯），北京：中國社會科學出版社，2013 年，第 254～269 頁。

〔註42〕程群、邱秩浩：《萬松行秀與金元佛教》，《法音》2004 年第 4 期。劉曉：《萬松行秀新考》，《中國史研究》2009 年第 1 期。

〔註43〕藍吉富主編：《禪宗全書》（第 23 冊），臺北：文殊出版社印行，1988 年，第479 頁。

〔註44〕崔紅芬：《金朝遺僧善柔考略》，《遼金史論集》（第 13 輯），北京：中國社會科學出版社，2013 年，第 254～269 頁。

〔註45〕（元）程鉅夫撰：《雪樓集》卷 21「碑銘」之「奉聖州法雲寺柔和尚塔銘」，見李修生主編：《全元文》（第 16 冊），卷 543，南京：江蘇古籍出版社，1999年，第 508～509 頁。（明）明河撰：《補續高僧傳》卷 4，《卍新續藏》第 77冊，第 1524 號，第 392 頁下欄 07。

弟子、嗣法弟子歷四十年都不懈怠，龍川，又稱行育、行吉祥，贈司空、鴻臚卿，有扶宗弘教大師封號、護法大師之諡號。他生於金大正七年（1230）以前，圓寂於至元三十年（1293），金末蒙古初期隨善柔法師學習佛法，是為顯密兼修的高僧。西夏遺民慧覺在蒙古時期出家，先在賀蘭山修習密法，後仰慕龍川大師，至洛陽隨龍川學習華嚴，形成了善柔—龍川—慧覺華嚴師承。

金代僧人知玲從嵩山少林寺英公傳總持法，後於皇統中（1141～1149）住河北盤山（今天津薊縣）感化寺專弘密教。從現存五家子磚塔遺構推測，似金剛界曼陀羅法和《華梵加句靈驗佛頂尊勝陀羅尼》、《大準提陀羅尼》、《佛頂準提咒》等在民間亦極流行。

金代弘傳淨土可考的有祖朗、禪悅、行秀、廣思及居士王子成等。祖朗（1149～1222）在大定年間（1161～1189）歷主燕京崇壽、香林諸寺，日課佛號數萬聲，感化甚眾。廣思於河北臨城山建淨土道場，結白蓮華會，謹守廬山慧遠的規模，開北地蓮社念佛的風氣。關於淨土的著述，有萬松行秀的《淨土》、《洪濟》、《萬壽》、《四會》及王子成的《禮念彌陀道場懺法》等。

金還刊刻《趙城金藏》和雕刻《房山石經》，《趙城金藏》是潞州崔進之女，崔法珍斷臂化緣，歷時13年雕造完成的，大定十八年（1178）法珍進獻給朝廷。因年代久遠和戰亂不止，寺院荒廢，蒙元初期，《趙城金藏》已有殘缺。蒙古統治者曾兩次增補雕印《趙城金藏》。現存《趙城金藏》是1933年在山西趙縣廣勝寺被發現的，1949年入藏北平圖書館的。《趙城金藏》所據的底本是《開寶藏》，而我國新編《中華大藏經》則以《趙城金藏》為底本陸續出版的。

金繼承遼代鑿刻《房山石經》的傳統，從金熙宗天會十年（1132）開始，終於金章宗明昌二年（1191）左右，歷史60餘年，刻經70多帙，既有四阿含類，更有唐宋新譯的密教經典。《房山石經》中《佛說大乘莊嚴經》（四卷，天眷二年即1139刻石，《南藏》、《北藏》、《徑山藏》和《龍藏》收錄，帙號為「竭」字）、《佛說大乘聖無量壽決定光明王如來陀羅尼經》（重刻石，金刻，無刻石年代）、《佛說大乘聖無量壽決定光明王如來陀羅尼經》（金刻，無刻石年代，此兩種刻本收錄《南藏》帙號為「竭」字，《北藏》、《徑山藏》和《龍藏》收錄，帙號為「力」字）、《最勝佛頂陀羅尼經》（金刻，無刻石年代，收錄《南藏》，帙號為「竭」字，《北藏》、《徑山藏》和《龍藏》收錄，帙號為「忠」字）、《七佛讚唄伽陀》（金天眷三年即1140年刻石，收錄《南藏》，帙

號為「竭」字，《北藏》、《徑山藏》和《龍藏》收錄，帙號為「言」字）、《佛說聖佛母小字般若波羅蜜多經》（金刻，無刻石年代，收錄《南藏》，帙號為「竭」字，《北藏》、《徑山藏》和《龍藏》收錄，帙號為「忠」字）、《佛說大乘聖吉祥持世陀羅尼經》（金刻，無刻石年代，收錄《南藏》，帙號為「竭」字，《北藏》、《徑山藏》和《龍藏》收錄，帙號為「力」字）和《佛說無能勝幡王如來莊嚴陀羅尼經》（金天眷三年即 1140 年刻石，收錄《南藏》，帙號為「竭」字，《北藏》、《徑山藏》和《龍藏》收錄，帙號為「忠」字）八經十一卷同帙，帙號為「刻」字。〔註46〕這些內容也說明金朝密教經典的流行。

　　宋遼金時期是不同政權對峙分裂時期，形成了不同的佛教文化發展中心。遼金、北宋、南宋、西夏、高昌、吐蕃、大理、蜀地等佛教發展中心。由於地域不同和文化背景的差異，各佛教文化中心也獨具特色，不同地域文化相互融合，顯教和密教都比較流行，並影響到中原地區。禪宗文化不斷外東傳播，對日本、高麗產生很大影響。

第三節　宋遼金河北佛教文化遺存

　　宋遼時期，河北佛教出現南北兩個發展中心，燕雲十六州由遼代統轄，遼燕京佛教是一個發展中心。燕雲十六州之外的其他地區基本由北宋控制，真定、定州、大名等也成為佛教發展的中心。金朝擁有河北全境，在宋遼佛教基礎金代佛教文化繼續發展。這一時期河北作為不同民族文化交匯之地，佛教呈現多民族文化融合的特色。顯密佛教及其藝術在河北都得到融合和發展。

一、宋遼金河北行政區劃

（一）宋遼金河北行政區劃

　　在經歷五、六十年的混亂和割據之後，後周將領發動陳橋兵變，擁護趙匡胤為皇帝，都城為開封，開啟了一個新的歷史時期。北宋雖然統一南方十國，但與西夏、遼的戰爭失利，主要出現了北宋、西夏和遼等分立政權。

　　北宋將河北設為河北路，又分為東、西路，北部屬於遼代統轄。河北東路包括：府三，即大名，開德，河間；州十一，即滄，冀，博，棣，莫，雄，

〔註46〕中國佛教協會、中國佛教圖書文物館編：《房山石經》（第 25 冊），北京：華夏出版社，2000 年，第 470～512 頁。

霸，德，濱，恩，清；大名府，魏郡，慶曆二年（1041），建為北京，八年（1049），始置大名府路安撫使，統北京、澶懷衛德博濱棣、通利保順軍。開德府，澶淵郡，鎮寧軍節度。本澶州。崇寧四年（1105），建為北輔。五年（1106），升為府。宣和二年（1120），罷輔郡，仍隸河北東路。縣七：濮陽，觀城，臨河，清豐，衛南，朝城，南樂。河間府，河間郡，瀛海軍節度。至道三年（997），以高陽隸順安軍。舊名關南，太平興國七年（982），改名高陽關。慶曆八年（1048），始置高陽關路安撫使，統瀛莫雄貝冀滄、永靜保定乾寧信安一十州軍。本瀛州，防禦。大觀二年（1108）升為府，賜軍額。縣三：河間，樂壽，束城。〔註47〕

河北西路包括：府四，即真定，中山，信德，慶源；州九，即相，濬，懷，衛，洺，深，磁，祁，保。軍六：天威，北平，安肅，永寧，廣信，順安。縣六十五。真定府，常山郡，唐成德軍節度。本鎮州，漢以趙州之元氏、欒城二縣來屬。開寶六年（973），廢九門、石邑二縣。端拱初，以鼓城隸祁州。淳化元年（990），以束鹿隸深州。慶曆八年（1048），初置真定府安撫使，統真定府、磁相邢趙洺六州。縣九：真定，藁城，欒城，元氏，井陘，獲鹿，平山，行唐，靈壽。中山府，博陵郡。建隆元年，以易北平並來屬。太平興國初，改定武軍節度。本定州。慶曆八年（1048），始置定州路安撫使，統定保深祁、廣信、安肅、順安、永寧八州。政和三年（1113），升為府，改賜郡名曰中山。縣七：安喜，無極，曲陽，唐，望都，新樂，北平。信德府，次府，鉅鹿郡。後唐安國軍節度。本邢州。宣和元年（1119），升為府。縣八：邢臺，沙河，任，堯山，平鄉，內丘，南和，鉅鹿。慶源府，趙郡，慶源軍節度。本趙州，軍事。大觀三年，升為大藩。崇寧四年（1105），賜軍額。宣和元年（1119），升為府。縣七：平棘，寧晉，臨城，高邑，隆平，柏鄉，贊皇。〔註48〕

河北路，蓋《禹貢》兗、冀、青三州之域，而冀、兗為多……南濱大河，北際幽、朔，東瀕海，西壓上黨……宋初募置鄉義，大修戰備，為三關，置方田以資軍廩。契丹數來侵擾，人多去本，及薦修戎好，益開互市，而流庸復來歸矣。大名、澶淵、安陽、臨洺、汲郡之地，頗雜斥鹵，宜於畜牧。浮

〔註47〕參見（元）脫脫等撰：《宋史》卷86《地理志》（二），北京：中華書局標點本，1977年，第2121～2125頁。

〔註48〕參見（元）脫脫等撰：《宋史》卷86《地理志》（二），北京：中華書局標點本，1977年，第2126～2130頁。

陽際海，多鬻鹽之利。其控帶北地，鎮、魏、中山皆為雄鎮云。〔註49〕

　　河北北部屬於遼的範圍，自遼立石敬瑭為後晉皇帝，燕雲十六州歸遼，「晉復遣趙瑩奉表來賀，以幽、薊、瀛、莫、涿、檀、順、媯、儒、新、武、雲、應、朔、寰、蔚十六州並圖籍來獻。於是詔以皇都為上京，府曰臨潢，升幽州為南京，南京為東京。改新州為奉聖州，武州為歸化州。」〔註50〕遼會同元年（938）遼「太宗以皇都為上京，升幽州為南京，改南京為東京，聖宗城中京，興宗升雲州為西京，於是五京備焉」。〔註51〕幽州是遼代最為興盛的地區。

　　遼代的河北分屬南京和西京等，「析津府。本古冀州之地……自唐而晉，高祖以遼有援立之勞，割幽州等十六州以獻，太宗升為南京，又曰燕京。城方三十六里，崇三丈，衡廣一丈五尺，敵樓、戰櫓具。八門：東曰安東、迎春，南曰開陽、丹鳳，西曰顯西、清晉，北曰通天、拱辰。大內在西南隅。皇城內有景宗、聖宗御容殿二：東曰宣和，南曰大內。內門曰宣教，改元和。外三門曰南端、左掖、右掖。左掖改萬春，右掖改千秋。門有樓閣，球場在其南，東為永平館。皇城西門曰顯西，設而不開；北曰子北。西城顛有涼殿，東北隅有燕角樓。坊市、廨舍、寺觀，蓋不勝書。其外，有居庸、松亭、榆林之關，古北之口，桑乾河、高梁河、石子河、大安山、燕山（中有瑤嶼）。府曰幽都，軍號盧龍。開泰元年落軍額。統州六、縣十一。」〔註52〕

　　及至女真阿骨打建金，河北全境皆在金朝統轄之內。金承遼制，建五京，設上京路、咸平路、東京路、北京路、西京路和中都路。宋靖康二年（1127）金滅北宋，遷都中都。「中都路，遼會同元年為南京，開泰元年號燕京。海陵貞元元年定都，以燕乃列國之名，不當為京師號，遂改為中都。府一，領節鎮三，刺史郡九……大興府，上。晉幽州，遼會同元年升為南京，府曰幽都，仍號盧龍軍，開泰元年更為永安析津府。天會七年析河北為東、西路時屬河

〔註49〕　（元）脫脫等撰：《宋史》卷86《地理志》（二），北京：中華書局標點本，1977年，第2130～2131頁。

〔註50〕　（元）脫脫等撰：《遼史》卷4《太宗本紀》（下），北京：中華書局標點本，1974年，第44～45頁。

〔註51〕　（元）脫脫等撰：《遼史》卷37《地理志》（一），北京：中華書局標點本，1974年，第438頁。

〔註52〕　（元）脫脫等撰：《遼史》卷40《地理志》（四），北京：中華書局標點本，1974年，第493～494頁。

北東路，貞元元年更今。」〔註53〕

天會七年（1129）析河北為東、西路。河北東路置本路兵馬都總管，府一，領節鎮二，防禦一，刺郡五，縣三十，鎮三十五。河北西路，府三，鎮二，防禦二，刺郡五，縣六十一。天會七年（1129）把河北分為河北東路和河北西路，河北東路包括河間府、莫州、獻州、冀州、神州、清州、滄州和景州等，河北西路包括真定府、威州、沃州、邢州、洺州、磁州等。

金朝擁有今華北地區，及淮河以北的廣大地區。金章宗時，其文化發展達到鼎盛，今北京地區佛教興盛。

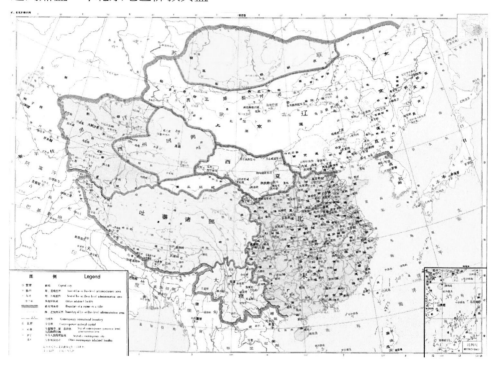

譚其驤《中國歷史地圖集》遼宋全圖（圖2）

（二）宋遼金寺院情況

宋遼金時期文化中心主要集中在東部、南部等地區，尤其遼金雖有五都，但南京（後來的燕京）逐漸成為政治文化的中心，佛教文化的發展主要集中在今河北和北京一帶。

〔註53〕（元）脫脫等撰：《金史》卷24《地理志》（上），北京：中華書局標點本，1974年，第572～573頁。

　　據不完全統計，宋遼金時期僅河北地區修建的寺院有 130 多座，其中石家莊地區 24 座，如宋的正定大悲閣、廣福寺，趙縣的開元寺，金朝元氏縣的金山寺、寶峰寺、晉城的磐石寺、無極的壽寧寺等；保定地區 32 座，如北宋易縣興國寺、高陽縣的壽恩寺、福興寺、興德寺、楞嚴寺，清苑縣的法王寺，定州的開元寺，金朝滿城縣的大覺寺，清苑的圓覺寺、三聖寺、天寧寺、義濟寺、青雲寺，高陽的興化寺，唐縣的風化寺、風山寺、宛陀寺，淶水的東寺、皇甫寺，定州的毗盧寺、金橋寺等；邢臺地區 20 座，如平鄉縣宋清涼寺、常樂寺，南宮縣宋洪濟寺，鉅鹿縣宋普利寺、三明寺，邢臺市的宋凌霄寺、玉山寺，內丘縣的宋經閣寺、石河庵，寧晉縣宋清河寺、金代連山寺，沙河寺的宋峰巒寺，新河縣遼代石佛寺、金代保寧寺，南和縣金幸福寺，任縣的金代靈光寺、八寶寺等；唐山地區 14 座，如遵化縣遼代蓮華院、金代寶林寺，灤縣遼代華岩寺、金代白馬寺、金代雲居寺、洪覺寺、薦福寺、壽聖寺、廣福寺，樂亭縣金代靈澤寺，豐潤縣遼極樂院、金代翠峰寺、金代祐國寺，遷安縣金代清寧寺；張家口地區 7 座，如宣化縣遼代永寧寺，陽原縣遼代永安寺，懷來縣遼代延福寺，蔚縣遼雙松寺，涿鹿縣金建靈勝寺、金建靈山寺、彰儀寺等；廊坊地區 17 座，如永清縣宋建大佛寺、遼建隆慶寺、內興寺、金建崇國寺、石各莊大寺、壽延寺，固安縣遼建龍泉寺、法華寺、慧峰寺，香河縣遼建棲隱寺，霸縣遼建龍泉寺，廊坊金建廣福寺、寧國寺、靈巖寺、古營寺、團城寺、興勝寺；邯鄲地區 10 座，如磁縣宋建雍熙寺、鳳凰寺，成安縣宋建普賢寺、洪覺寺，肥鄉縣宋建崇興寺，大名縣宋建普照寺、白馬寺、壓沙寺、大安寺，魏縣金建文殊寺；衡水地區 8 座，如冀縣宋建泰寧寺、王莊寺、天界寺，棗強縣寺建龍回寺，深縣宋建詳院寺，武強縣宋建楞嚴寺，饒陽縣宋建永安寺，故城縣宋建積慶院；承德地區 1 座，如平泉縣遼建靜安寺；滄州地區 2 座，如任丘縣金建青雲寺，鹽山縣金建牛留寺；秦皇島地區 2 座，如撫寧縣遼建石佛寺、金建紅沙寺。〔註 54〕目前大多寺院不存，保留下來的只是少數。

二、鎮州佛教文化遺存

　　鎮州屬於河北西路，是宋、遼、金時期的一個文化中心，在五代基礎上

〔註 54〕參見河北地方志編纂委員會：《河北省志‧宗教志》，北京：中國書籍出版社，1995 年，第 63～79 頁。

佛教文化得到復興，河北地區的佛教與歷史大背景的發展相一致，漢傳顯教和密教都有所融合發展。

（一）鎮州龍興寺

1、龍興寺的復建

正定在宋朝時期稱為鎮州，宋遼對峙時期，此地在地理位置上，對北宋具有重大的軍事意義，為河朔之根本，與宋朝代替後周有著極深的淵源。宋太祖篤信佛教，他認為佛教興衰與國家興衰存亡有密切聯繫，《畿輔通志》記載了隆興寺在府治東，舊名龍興寺，俗謂大佛寺，隋開皇六年建，初謂龍藏寺。〔註55〕《隆興寺志》記載：「隋開皇六年（586）恒山郡東北創建龍藏寺，恒州刺史鄂國公王孝仙碑記。唐僧自覺在郡城西廓外四里許範銅鑄大悲菩薩像，高七尺三寸，名大悲寺。五代時毀，銅像之半，周顯德（954～959）中又將銅像一半借用鑄錢。」〔註56〕北宋開寶二年（969）趙匡胤臨太原路住在正定禮佛，得知大悲菩薩興廢之緣由，下令重鑄大悲菩薩像，修建大悲閣。「宋開寶二年三月上臨太原駐蹕潯陽，究詢大悲菩薩興廢之由，住持可儔奏對，命於龍藏寺鑄像建閣，事未舉。俄，寺之東北蔬圃井內常放赤光，占者，以為地有銅物。四年六月大雨，五臺山漂木千萬至頹龍河止，中有大木特出。表聞，上嘉悅之，隨命軍器庫使劉審瓊等七月二十一日鳩工監修於放光處，發之得銅無筭。因鑄大悲菩薩像並取潯木建大閣，工竣，命名大悲閣，旋改天寧閣。龍藏寺改名龍興寺。」〔註57〕由於農民戰爭和北周滅佛等因素，唐和尚自覺所鑄銅大悲菩薩至唐末五代時期，已經被毀無存。宋開寶四年（971）趙匡胤敕建大悲閣和重新鑄造大悲菩薩。《正定府龍興寺鑄金銅像菩薩並蓋大悲寶閣序》《真定府龍興寺大悲閣記》對於宋代復建大悲閣和重新鑄大悲像皆有類似的記載，其中《真定府龍興寺大悲閣記》載：

> 距真定府城之西三、四里有大悲寺，唐自覺禪師所造金銅大悲菩薩在焉，因以名寺。五代之亂、契丹犯境，燒寺鎔毀其半，□□以香

〔註55〕（清）李鴻章等：《畿輔通志》卷181，上海：商務印書館影印本，1934年，第6704頁。

〔註56〕清《敕建隆興寺志》，《羅氏雪堂藏書遺珍影印》（八），全國圖書館文獻縮微複製中心，第346～347頁。

〔註57〕清《敕建隆興寺志》，《羅氏雪堂藏書遺珍影印》（八），全國圖書館文獻縮微複製中心，第348頁。

泥補完之。周顯德中國用空虛，掌計者無遠圖，收羅天下銅佛鑄錢，以資調度，於是菩薩之像又以泥易其半。宋興，太祖皇帝開寶二年討晉不庭，駐蹕真定，召群僧而問焉，得像之興□本末。欲從置城中不可，且言像壞之時，有文在其中曰：「遇顯即毀，遇宋即興」，於是詔遣中使相地於龍興寺佛殿之北，將復建閣主通像，以慰鎮人之意。□駕還京師未幾，寺之菜園有祥光出其上，凡三年不滅，望氣者占之，得古銅物不可勝數。時暴雨大作，浮棟樑材千萬計，自五臺山而下至頖龍河止，州以事上聞，詔以銅鑄像，以木建閣內，遣軍器使與州鈐轄等領其事，工人冶者與夫力役之輩皆妙選能者，凡所經費悉從官給。像成其身七十三尺，其臂四十有二，咸容烜赫，相好圓成。善者建之而心開，不善者瞻之而生敬……大悲菩薩乃觀音大士應現之身，正法明如來降跡之體也。於曩劫來□□□修入三摩地，成妙功德，勝圓通上，合十方諸佛，本原妙心同一慈力；下合六道，眾生融通無礙，同一悲仰能成三十二應入。國土之身超過六十二億沙數。菩薩之智顯現眾多，妙容宣說無邊神咒，通身是眼，不見纖塵；多手護持，拔提諸趣；不動真際，得大自在。故觀音名遍十方國，是故世人聞名起敬植大福緣，睹相悟心直趨正覺非夫。〔註58〕

清代趙文濂寫的《隆興寺》的詩文中有：「龍興寶剎建，欽工七丈金身，傑閣中何日。鑾輿重過此，龍旗鳳蓋謁琳宮，樓閣參差……滄海桑田屢廢興。鳳藻龍章映日紅，碑亭壯麗峙西東，貞瑉細撝摩堙字，隋代書傳鄂國公，八角琉璃坎不盈，相傳此井出銅精，闌干數遍尋遺跡，綆汲惟留水一泓。」〔註59〕隋代建立的寺院曾經歷五代戰亂和北周滅佛破壞，及至宋初重建大悲閣，重鑄大悲菩薩，使得龍興寺名副其實地成為一座皇家寺院，龍興寺的大悲閣也稱天寧閣。

　　有關「龍藏寺」何時改為「龍興寺」？梁勇對其有所論述，他利用一些史料證明在唐中宗時期已有龍興寺之名。〔註60〕唐代就已改名為「龍興寺」，

〔註58〕（清）沈濤編：《常山貞石志》卷12，見《石刻史料新編》第18冊，臺北：新文豐出版公司，1977年，第124～126頁。

〔註59〕（清）趙文濂：光緒元年《正定縣志》，石家莊：河北人民出版社，2008年，第660頁。

〔註60〕參見梁勇、楊俊科：《石家莊史志論稿》，石家莊：河北教育出版社，1988年，第313頁。

《佛祖統紀》也載:「(唐玄宗)二十六年,敕天下諸郡立龍興、開元二寺。二十七年,敕天下僧道,遇國忌就龍興寺行道散齋,千秋節祝壽就開元寺。」〔註61〕唐玄宗在開元二十六年(738)曾經敕天下各郡立龍興、開元二寺。隋時「隆藏寺」在開元年間改為「龍興寺」,宋代延續此名稱。

2、龍興寺文化遺存

龍興寺現存的文物比較複雜,有宋、明、清等朝代的,也有些文物是從其他寺院搬來。現存大悲閣供奉著大佛寺的主尊千手千眼觀音菩薩,俗稱大佛。從宋代以來,大佛與滄州獅子、定州塔、趙州的石橋並稱為河北「四寶」。

現存宋代的建築有天王殿、摩尼殿、轉輪藏閣、慈氏殿等,宋代遺存在結構上各具特色,在我國的建築藝術和建築史上也佔有重要地位。

天王殿是龍興寺的第一重大殿,也是山門,單簷歇山頂,七檁中柱式,儘管曾被清代改修,但從梁架結構、斗拱、構件製作上判斷,依然是宋代建築的原型。

隆興寺天王殿(圖3)

〔註61〕(宋)志磐:《佛祖統紀》卷40,《大正藏》第49冊,第2035號,第375頁上欄23。

　　天王殿往北是大覺六師殿，現只存遺跡，根據寺內旅遊指示牌，可知，大覺六師殿始建於宋神宗元豐年間（1078～1086），原為面闊七間，進深五間重簷歇山頂建築，佔地面積約 1800 平方米，金元清等朝皆進行過重修，民國時期因年久失修坍塌。

大覺六師殿遺址（圖4）

大覺六師殿坍塌前的照片（圖5）

　　大覺六師殿背面是摩尼殿，建在一米多的高臺上，殿面寬闊，重簷歇山頂，始建於宋皇祐四年（1052）。正方形殿身每面正中各出一山花向前的歇山式抱廈，使平面形成十字形。每面歇山向前，略似北平紫禁城角樓，這式樣在宋畫中常見，斗拱奇特：柱頭鋪作小而簡單，補間鋪作大而複雜，在正角內有四十五度的如意拱，都是後世少見的，與《營造法式》所載「角柱生起」基本一致，也是現存是實證之一。因殿身和四抱廈的整體組合，摩尼殿外觀重疊雄偉。根據著名的古建築學家梁思成的描述，摩尼殿闊七間，深七間，但側面當心間旁的兩次間，闊只及其他間之半，摩尼殿的平面是個近於正方的長方形，也是現存建築中最大、最重要的建築。梁思成對摩尼殿大加讚譽：「這種的布局，我們平時除去北平故宮紫禁城角樓外，只在宋畫裏見過；那種畫意的瀟灑，古勁的莊嚴，的確令人起一種不可言喻的感覺。尤其是在立體布局的觀點上，這摩尼殿重疊雄偉，可以算是藝臻極品，而在中國建築物裏也是別開生面。」〔註62〕建築家梁思成先生曾於 1933 年 4 月、1933 年 11 月、1952 年夏天、1963 年先後四次到正定考察摩尼殿和佛教建築群，可見，摩尼殿在隆興寺建築群中重要的地位。

摩尼殿外觀（圖 6）

〔註62〕梁思成：《正定古建築調查紀略》，《梁思成文集》（第 2 冊），北京：中國建築工業出版社，2001 年，第 9 頁。

摩尼殿背面的倒坐觀音（圖7）

摩尼殿的建造時間基本確定為宋皇祐四年（1052），在拆除構建時發現了許多宋代的墨書題記，內容有：「皇祐四年二月二十三日立，小都料張德故記。小都料張□從匀二十八立，皇祐四年二月二十三日立柱口，真定府都料王璋□。」〔註63〕可見當地工匠參與了宋初龍興寺摩尼殿的重建工作。

摩尼殿內槽背面有懸塑五彩海島觀音，山石突兀起伏，祥雲縈繞，峰巒疊嶂，有威武的天神、羅漢，觀音四周有龍虎獅象等。正中間塑座南面北的觀音菩薩，又稱倒坐觀音觀音。觀音菩薩一足下垂，一足踞起的姿勢，一手臂下垂，另一手撫在下垂手腕之上，面容秀麗恬靜，姿態優雅得體，似生活中一位完美的女性。從觀音坐姿和身段判斷為宋代原塑。1923 年魯迅在北京

〔註63〕張秀生：《正定隆興寺》，文物出版社，2000 年，第 8 頁。

購得此觀音照片，視為佛教美學佳作，將其置於書案之中。

在大悲閣的前面兩側是轉輪藏閣和慈氏閣，大悲閣、轉輪藏閣和慈氏閣都是宋朝建築遺存。北宋開寶二年（969）宋太祖趙匡胤親征河東，後駐真正，去大悲閣禮佛，得知原來的大悲菩薩像經歷遼進犯和北周滅佛而遭到劫難，決定重新修建大悲閣，募役三千餘聚集在龍興寺，開始浩大的工程，重新鑄造大悲菩薩像。工匠們採用屯土的方法分七段接續鑄造而成。《正定縣志》記載「洎像壞之際，於蓮花座之中有字曰：遇顯即毀，遇宋即興。無乃前定之數乎？」〔註64〕開寶四年（971）宋太祖下令在龍興寺內重鑄大悲像、蓋大悲閣，開寶八年（975），新的隆興寺建成，太祖親往祝賀，「新隆興寺成，凡五百六十二區，丙申，車駕臨視。」〔註65〕龍興寺以主體採用中軸線左右對稱的布局擴建寺院，形成了從南向北的縱深建造，殿堂建築重疊有序，高低錯落層次分明而規模宏大的宋代皇家寺院，成為「河朔名寺」，也是研究宋代佛教寺院建築的重要實例。

《正定縣志》還載：「在東門內，舊名龍興寺，俗謂大佛寺。隋開皇六年建，初謂龍藏寺。創建之日天降異香。恒山刺史鄂國公王孝伶立石，長史兼行參軍九門張公禮撰文。宋乾德初，於寺北建大悲閣，鑄銅佛像七十三尺，臂四十有二，太祖曾幸之，繪像於閣西。」〔註66〕宋太祖在龍興寺建大悲閣，並鑄造大悲菩薩像，有「鎮常山凡七年，北邊以寧」〔註67〕的記載。宋朝河北西道的正定府是經濟、政治、文化的中心，修建寺院和鑄造佛像以保祐一方平安。到1961年，隆興寺被稱為全國重點文物保護單位，全國十大名寺之一，現為AAAA級旅遊景區。梁思成曾讚譽隆興寺為京外名剎，羅哲文也講道：「隆興寺規模宏大，內容豐富，世所罕見，當是奇觀」，隆興寺是正定重要的古建築群之一，可把隆興寺稱河北重要的寺院之一。

《隆興寺鑄像修閣碑》提到瓊法和尚奉旨來龍興寺，為龍興寺的發展做出了很大貢獻，「太平興國之七年（982）秋仲□月，粵有芻，其名瓊法祗受。

〔註64〕（清）趙文濂：光緒元年《正定縣志》，石家莊：河北人民出版社，2008年，第626頁。

〔註65〕（宋）李燾：《續資治通鑑長編》卷16「太祖開寶八年條」，北京：中華書局標點本，1979年，第353頁。

〔註66〕（清）趙文濂：《正定縣志》卷15《寺觀》，石家莊：河北人民出版社，2008年，第1頁。

〔註67〕（元）脫脫等：《宋史》卷251《韓令坤傳》，北京：中華書局標點本，1977年，第8833頁。

宣旨專主佛閣……□閣之成也，宜周之以廊宇，嚴之以閈閎」〔註68〕瓊法法師在太宗時期住持龍興寺，為大悲閣鑄造大悲菩薩像立傳，明朝廷官員書丹並篆額。於是，宋代鎮州龍興寺也成為皇家寺院。宋天聖九年（1031）下詔天下寺院在長寧節分別藏太祖御書，又以龍興寺大悲閣配樓殿成為御書樓。崇寧二年（1103）新任真定知府奏請宋徽宗把龍興寺大悲閣敕賜額為「天寧閣」。

　　梁思成四次考證正定的古建築，當時主殿大悲閣已毀，梁思成認為，千手千眼的銅像是中國最大的銅佛像，高 21.3 米，42 臂，他推斷，「在佛香閣（大悲閣）坍塌以前，全部的布局、氣魄的確是宏壯之極」。

宋鑄大悲觀音的全貌（圖 8）

〔註68〕（清）沈濤：《常山貞石志》卷 11，見《石刻史料新編》第 18 冊，臺北：新文豐出版公司，1977 年，第 13349～13350 頁。

隆興寺現存大悲菩薩頭部（圖9）

大悲閣菩薩像四周方臺石雕像（圖10）

大悲閣菩薩像四周方臺石雕伎樂象（圖11）

大悲閣菩薩像四周方臺石雕伎樂象（圖12）

宋重修龍興寺碑（圖 13）

　　大悲閣左右前面建有慈氏閣（東面）和轉輪藏殿（西面）。轉輪藏殿梁架結構非常罕見，殿內現保存一個宋代轉輪藏，「『轉輪藏』這三個字雖然是佛寺裏一切八角形藏經書架的通用名稱，但是實際會『轉』的輪藏，實例甚少」。〔註 69〕轉輪藏，又稱轉輪經藏、輪藏或經藏，是佛寺用來收藏佛教的地方。據宋《營造法式》記載，經藏有兩種形式，即壁藏和轉輪藏兩種。相傳轉輪經藏的創始者是南朝梁善慧大士（傅大士）。因傅大士少年家貧，未進學堂，對不認字之苦體會頗深，成道之後，有感於經目繁多，眾人不能遍閱，更感

〔註69〕梁思成：《正定古建築調查紀略》，《梁思成文集》（第 2 冊），北京：中國建築工業出版社，2001 年，第 15 頁。

於不識字或識字不多的下層黎庶不能披覽書庫中的佛經。故創設轉輪藏，願世人「有發菩提心者，志誠竭力，能推輪藏不計轉數，是人即與持誦諸經功德無異，隨其願心，皆獲饒益。」〔註70〕轉輪經藏在宋代比較流行，隆興寺內宋代的轉輪藏閣為現存轉輪藏中時代較早的。此閣建立於北宋，保留著宋代建築的特點。

隆興寺遺存宋轉輪藏（圖14）

〔註70〕張勇：《傅大士研究》，上海：上海人民出版社，2012年，第318頁。

轉輪藏殿內的彌勒佛（梁思成拍照）〔註71〕（圖 15）

慈氏閣（梁思成拍照）〔註72〕（圖 16）

〔註71〕梁思成：《正定古建築調查紀略》，《梁思成文集》（第 2 冊），北京：中國建築
　　　　工業出版社，2001 年，第 17 頁。
〔註72〕梁思成：《正定古建築調查紀略》，《梁思成文集》（第 2 冊），北京：中國建築
　　　　工業出版社，2001 年，第 19 頁。

慈氏閣也是宋代建築，內供奉彌勒菩薩立像。彌勒像通上下兩層，兩側還有羅漢像，大象座後有梯通達上層。彌勒像有輪廓奇特而精美的背光，是宋代的原物。「彌勒像頸上掛了了一大串真的大念珠，既大且笨，權衡完全不合，不知是後世何人惡作劇。大像左右有八尺高的小菩薩像侍立，繞有宋風。大像座前更有送子觀音，正抱著小娃娃不知送與誰家，俗劣殊甚。」〔註73〕從梁思成的描述判斷，彌勒立像與送子觀音明顯不是一個時代，但除了彌勒立像外，其他在解放前全毀。彌勒像高 7.4 米，是北宋獨木雕刻而成，頭戴天冠，著菩薩裝，手作說法印，身後裝飾高 8.8 米的火焰紋背光，1995 年才用修殘補缺、隨舊著色的方法進行復原性修復。

宋慈氏閣內彌勒立像（圖 17）

〔註73〕梁思成：《正定古建築調查紀略》，《梁思成文集》（第 2 冊），北京：中國建築
　　　　工業出版社，2001 年，第 19 頁。

金大定二十年（1180）廣惠大師經幢局部
（清康熙十四年移到此，原在龍興寺東院大殿旁）（圖 18）

金大定二十年（1180）廣惠大師經幢全部（圖 19）

　　廣惠大師舍利幢用漢白玉摞疊雕刻而成，襯石頭上有蓮花瓣一周，八角形束腰雕刻坐像，已漫漶不清。二層西面雕刻獅首，前肢似用力撐地。三層為八角形，每面雕刻蹲坐力士，形態各異，力士上面是雙層蓮華座，蓮花座上是幢身，雕《佛頂尊勝陀羅尼》、立幢年代和立幢人。幢身二層有題記「大金國河北西路真定都僧錄改授廣惠大師舍利經幢並序」，立幢人是廣惠大師的弟子順道，龍興寺傳教師簡了沙門法通撰文，玄隱沙門洪道書。序文記載了廣惠大師祁州人，俗姓劉，崔母氏。他自幼出家，父母去世後，廣惠大師來至真定龍興寺，依止感公修學佛法，受具足戒後，遊歷汴、洛、德、泰等地參學，廣讀經疏，天會年間（1123～1135）回到龍興寺，傳法弘教，皇統年間（1141～1148）授河北西路都僧錄，賜圓明大。貞元二年（1154）改授廣惠大師。大師晚年曾募緣修建六師殿，雕刻經藏。大定三年（1163）圓寂，世壽78，僧臘58。〔註74〕《敕建隆興寺志》有「金廣惠和尚」傳記：

> 師本貫祁州角頭村彭城劉君子，法名智和，有賜號曰圓明。母崔氏，因感祥夢誕生，性純孝。母歿，矢願出家，入隆興寺傳教院禮感公為師。付法試之，朝讀暮誦。洞徹精微，感公有青過於藍之譽。三賜紫衣，遷僧錄。重修六師殿，刊印百法板。大定當年十月初一日囑。以火焚後，得舍利無算。學法傳戒者數百，弟子門人順道建立經幢，銘其實行。康熙乙卯年，正定邑候祖公澤溶瞻禮斯幢，惜其逼近佛典，捐資賜隙地遷之，並置石才棹爐以供焉。〔註75〕

廣惠大師舍利經幢、傳記涉及多位僧人，是研究金代河北地區僧人和佛教的珍貴材料。

　　宋代真定龍興寺的發展達到極為興盛的階段，大悲閣、大覺六師殿（現無存）、慈氏閣和轉輪經藏典是典型的宋代文化遺物，在元明清皆有重新維修。儘管後世在重修時會對某些部件有所改動，但基本保持宋代的原型。這些實物為研究宋代佛教的發展、佛教建築等提供了真是的內容。

（二）趙州陀羅尼經幢

　　在趙縣縣城南大街與石塔路交口處還有一處唐代陀羅尼經幢，此處曾是唐代開元寺所在地，目前寺院不存，僅留存下經幢。經幢「平面呈八角形，

〔註74〕劉友恒：《隆興寺內的兩座經幢》，《文物春秋》1997 年第 3 期。

〔註75〕清《敕建隆興寺志》，《羅氏雪堂藏書遺珍影印》（八），全國圖書館文獻縮微複製中心，第 450～451 頁。

共七級,高 16.44 米,逐級用整塊石料雕琢迭砌而成,形制似塔,俗稱石塔,始建於北宋景祐五年(1038),由禮賓副使、知趙州王德成等督辦,本州人何興、李玉等人建造。最底層為方形臺級。臺基底層為方形,臺基束腰處的四周為刻有蓮華的圓柱、金剛力士和姿態生動的露半身『婦人掩門』圖像。基本上為八角束腰式須彌座。座分兩層:第一層束腰部八角上,各雕一根蓮華圓柱,以柱為界分為八個長方格,格內雕刻佛教八寶。第二層束腰部以石雕圓柱分為二十四間,每間雕一佛像。束腰頂部雕刻出單簷仿木結構建築。在第二層須彌座之上的八面簷角雕有幾座須彌山峰,險峻、秀逸的山峰層巒中雕有廟宇、寶塔、浮雲、樹木、禽獸、攀山小徑等。山峰托著第一節幢身,幢身呈八角形,正面(南面)篆刻『奉為大地水陸蒼生敬造佛頂尊勝陀羅尼幢』」。〔註 76〕該陀羅尼經幢在明代曾進行過妝奩和維修,在第六節幢身上面為一八角亭,幢身上刻「隆慶五年(1571)辛未九月」八個字。

現存趙縣陀羅尼經幢(圖 20)

〔註 76〕參見河北省趙縣地方編纂委員會編纂:《趙縣志》,北京:中國城市出版社,1993 年,第 455~456 頁。

三、豐潤佛教文化遺存

今河北豐潤縣在後晉天福元年（936）石敬瑭割燕雲十六州給遼，豐潤也屬於遼代統轄地域。遼代豐潤大部分為永濟務，屬玉田縣，少部分屬灤州。《遼史》載：「貞觀初省，乾封中復置。萬歲通天元年更名玉田，屬營州。開元四年，還屬幽州。八年，屬營州。十一年，又屬幽州。十八年來屬。《搜神記》：『雍伯，洛陽人，性孝，父母沒，葬無終山。山高八十里，上無水，雍伯置飲。人有就飲者，與石一斗，種生玉，因名玉田。』」〔註77〕金大定二十七（1187）以永濟務置永濟縣，泰和間（1201～1208）置豐潤，屬於薊州。金朝豐潤屬於中都路大興府的薊州，現屬於河北唐山市。

二十世紀七十年代以來，在河北豐潤縣天宮寺塔和山西應縣木塔中發現了十分珍貴的遼藏印本。河北豐潤天宮寺是遼清寧元年（1055）修建，據載是遼官員張成〔註78〕捨錢購地而建，初名「南塔院」，清寧八年（1062）其子又在寺院西北角高臺上修建佛塔，密簷磚塔，高24米，共13層，八角實心，保存遼代建築特色，古塔造型古樸，雕刻細緻。遼壽昌三年（1097）道宗賜額「極樂」，改為極樂寺。遼乾統五年（1105）改為天宮寺。金天會五年（1127）朝廷對天宮寺加敕「大」字，故城大天宮寺。

天宮寺修建完畢，一直受到遼金統治者的封賜和重視。因年代久遠等諸多因素的影響，天宮寺無存，但天宮寺塔依然保存。1976年唐山大地震遭到破壞，1987年重修時，在河北豐潤縣天宮寺塔第4～8曾第二塔心室內發現遼代印經一箱，鎏金銅佛像、文殊普賢石造像等。陳國瑩在《豐潤天宮寺塔保護工程及發現的重要遼代文物》中介紹了《佛說阿彌陀經》（B73，一卷，每行16字）、卷軸佛經〔註79〕、《聖光消災經》〔註80〕（B74，一卷，小字，每

〔註77〕（元）脫脫等撰：《遼史》卷40《地理志》（四），北京：中華書局標點本，1974年，第499頁。

〔註78〕張正在《遼史》《金史》皆有記載，他是遼晚期的官員，作為潤州刺史，在遼天祚保大三年降金，《遼史》載：「二月乙酉朔，與中府降金。來州歸德軍節度使田顥、權隰州刺史杜師回、權遷州刺史高永昌、權潤州刺史張成，皆籍所管戶降金。」

〔註79〕羅炤認為是《佛說大乘聖無量壽決定光明王如來陀羅尼經》（一卷）、《佛說阿彌陀經》（一卷）、《佛頂心陀羅尼經》（一卷）。

〔註80〕指唐不空譯《佛說熾盛光大威德消災吉祥陀羅尼經》，或唐佚譯《大威德金輪佛頂熾盛光如來消除一切災難陀羅尼經》。

行 10 字）、《大唐中興三藏聖教》〔註81〕（B75，一冊）、《大乘本生心地觀經》
（B76，三冊，咸雍六年，即 1070 十月奉宣雕印）、《華嚴經》（B77，八卷，
黃綾函套，長 26.5 公分，寬 17.5 公分，基本完好，內有「時重熙十一年（1042）
歲次壬午孟夏甲戌朔雕印記」、《金剛經》（B78，一冊）、《妙法蓮華經》（B79，
八卷，燕京弘法寺都勾當詮法大德沙門雲矩提點雕造，天王寺文英大德賜華
沙門志延校勘）、《一切佛菩薩名集》（B80，卷六，皇朝七代歲次癸巳重熙二
十有二）等。〔註82〕

修葺後的豐潤天宮寺塔（圖 21）

　　豐潤天宮寺塔中發現三個編號為卷軸裝的佛經，即《佛說大乘聖無量壽決
定光明王如來陀羅尼經》（一卷）、《佛說阿彌陀經》（一卷）、《佛頂心陀羅尼經》
（一卷）；七個編號為蝴蝶裝的佛經，即《陀羅尼集》（擬）《金光明最勝王經》
《大乘本生心地觀經》《華嚴經》《金剛經》《妙法蓮華經》《一切佛菩薩名集》。

〔註81〕羅炤認為是《金光明最勝王經》（1 冊）。
〔註82〕參見陳國瑩：《豐潤天宮寺塔保護工程及發現的重要遼代文物》，《文物春秋》
　　　　1989 年創刊號。

　　這批出土經卷最初由陳國瑩介紹，它們是否遼藏，學界也有不同觀點，朱子方在陳國瑩之後撰文，認為這批遼刻經卷中有無《契丹藏》還不能肯定。〔註83〕羅炤認為，天宮寺塔《花嚴經》與《大乘本生心地觀經》每卷首、尾皆刻印帙號，與《契丹藏》同經帙號相同，應是覆刻《契丹藏》單刻經。〔註84〕方廣錩認為豐潤天宮寺塔發現的遼藏紙薄字密，稱為《遼小字藏》，天宮寺塔《大乘本生心地觀經》可視為《遼小字藏》印本，亦可作為鑒別《遼小字藏》的依據，並稱《遼小字藏》可能是《遼大字藏》改版覆刻本，二者皆為官刻版。〔註85〕

　　天宮寺塔發現的《大方廣佛華嚴經》共八冊，每冊十卷，總計八十卷。千字文帙號刻在卷首。首冊首葉首行作「大周新譯大方廣佛花嚴經序，卷第一，平」。八十卷共編千字文帙號八個，為「平、章、愛、育、黎、首、臣、伏」，認為《大方廣佛華嚴經》、《大乘本生心地觀經》版式完全不同，因此肯定不會屬於同一部藏經。〔註86〕天宮寺塔所出《華嚴經》為刻本蝴蝶裝，每版 10 行，行 30 字，共 850 葉，卷 1、2、5、6、7 冊後有題記：「大契丹國燕國長公主奉為先皇御靈，冥資景福，太后聖壽，永保遐齡，一人隆戴斗之尊，正後葉齊天算。太弟公主，更析脈於銀潢；親王諸妃，常分陰於玉葉。次及有職，後逮含情；近奉慈尊，遠城佛道。特施淨財，敬心雕造小字《大花嚴經》一部，所冀流通，悉同利樂。時重熙十一年歲次壬午（1042）孟夏月甲戌朔雕印記。燕京左街僧錄崇錄大夫檢校太保演法通慧大師、賜紫沙門瓊煦提點雕造。」儘管天宮寺塔所出《華嚴經》有帙號存在，但有學者認為，從題記內容可以判斷此經為寺院私刻本。

四、房山佛教文化遺存

　　遼金時期的房山曾稱奉先縣，屬於中都路大興府。遼涿州屬於永泰軍，漢高祖六年（公元前 201）分燕置涿郡，魏文帝改范陽郡，晉為范陽國，元魏復為郡。隋開皇二年（582）罷郡，屬幽州，大業三年（607）以幽州為涿郡。唐武德元年（618）郡廢，為涿縣，七年（624）改范陽縣，大曆四年（769）置涿

〔註83〕朱子方：《〈豐潤天宮寺塔保護工程及發現的重要遼代文物〉一文讀後記》，《文物春秋》1991 年第 2 期。

〔註84〕羅炤：《有關〈契丹藏〉的幾個問題》，《文物》1992 年第 11 期。

〔註85〕方廣錩：《遼藏版本及〈遼小字藏〉存本》，《文獻》2015 年第 2 期。

〔註86〕方廣錩：《遼藏版本及〈遼小字藏〉存本》，《文獻》2015 年第 2 期。

州。石晉以歸遼太祖,包括大房山、六聘山、涿水、樓桑河、橫溝河、禮遜河、祁溝河和四和縣,即范陽縣、固安縣、新城縣、歸義縣。金朝涿州屬於中都路大興府。遼代的南京、金朝的燕京是經濟、文化和宗教中心,現存遼代的佛教遺跡最為豐富,如房山石刻經和眾多的佛教碑銘、陀羅尼經幢的保存等。

(一)房山石刻經

房山石刻經在隋唐時期刻經的基礎上,至遼金達到最盛階段。房山石經與雲居寺的佛教建築和歷史密切相關。雲居寺的修建年代所載不詳,有遼建和唐建之說。明修《涿州志》只記載了,雲居寺,在城之東北隅,有浮屠高二十餘丈,周圍三十餘步。乾隆年間編修的《涿州志》除了上述內容外,還增加了「有《修建碑記》並《續鐫石經記》《秘藏石經塔記》」內容。古雲居寺早已無存,僅存雲居寺塔,據曹汛先生考證,雲居寺塔始建於遼興宗重熙六年(1037),比之前學界的觀點遼道宗大安八年(1092)提前了五十多年。〔註87〕雲居寺以石刻經聞名天下,房山石刻經為研究佛教、隋唐遼金明社會生活和僧人活動提供了豐富的資料。

參與石刻經的事業的僧人有遼代僧人志才、通理恒榮、通照善定等,他們在北京房山雲居寺發現的石刻經中皆有所記載。雲居寺石刻經從隋朝大業初一直持續到明朝末年,鐫刻佛經千餘種。在歷時千餘載的刻經事業沿革中有四次變革,第一是,靜琬法師從隋代始創刻經至唐開元二十八年(605～740),為初階段;第二是,唐天寶元年至唐乾寧元年(742～894),正式按《開元錄》以「般若部」為首的原則;第三是,遼重熙十一年至清寧二年(1042～1056)刻《大寶積經》120卷,正式以《契丹藏》刻經,經名卷次條次及碑式有了統一,開始刻「千字文」帙號。至遼大安九年(1093)道宗刻經止,終結以前所刻經籍的帙數,在天慶八年(1118)志才撰《大遼涿州涿鹿山雲居寺續秘藏塔記》中記述曰:「梁公穎奏道宗皇帝賜錢刻四十八帙,通前上石,共一百八十七帙,已厝東峰七石室內,見今大藏仍未及半。」用大碑刻經至此為止;第四是,通理大師賜紫沙門恒榮主辯刻經,志才《大遼涿州涿鹿山雲居寺續秘藏塔記》云:「故上人通理大師……慨石經未圓,有續造之念,至大安九年正月一日遂於茲寺開放戒壇……所獲施錢乃萬餘鏹,付門人見右街僧錄通照大師善定勘校石經,石類印版,背面俱用,鐫經兩紙,至大安十年錢已費盡,

〔註87〕曹汛:《涿州雲居寺塔的年代學考證》,《建築師》2007年第1期。

功且權止，碑四千八十片，經四十四帙。」〔註88〕

　　房山石經中遼金數量最多，鑿刻了大量唐宋時期翻譯的漢傳顯教和密教經典。遼金刻經屬於房山石經第三、四階段，開始按照經目和千字文帙號開始刻經，此後通理大師主持刻經，繼續刻有佛經 44 帙，其門人善銳、善定於天慶八年（1118）在雲居寺西南角，穿地為穴，將道宗和通理所刻石經埋藏其中。通理的弟子善伏也有續刻。天會十年（1132）金代續刻石經，天會十四年（1136）燕京圓福寺僧見嵩續刻《大都王經》1 帙（10 卷）；天眷元年至皇統九年間（1138～1149），奉聖州（今河北涿鹿）保寧寺僧玄英暨弟子史君慶、劉慶餘等續刻密宗經典 39 帙；皇統九年至明昌初年年間（1149～1190）金章宗的皇伯漢王、劉丞相夫人、張宗仁等續刻《阿含》等 20 帙。此外，還有不知名的刻經者所刻《金剛摧碎陀羅尼經》、《大藏教諸佛菩薩名號集》、《釋教最上乘秘密藏陀羅尼集》等。金刻石經，除《大教王經》藏於東峰第三洞外等處。任傑根據房山石經，還考證慈賢譯經除了上述五種外，還有《佛頂尊勝陀羅尼》（一卷）、《一切如來白傘蓋大佛頂陀羅尼》（一卷）、《大悲心陀羅尼》（一卷）、《大隨求陀羅尼》（一卷）和《梵本心經》（一卷），共十部佛經。〔註89〕

　　元代房山石刻經基本停刻，明代時期繼續續刻，萬曆（1573～1619）、天啟（1621～1627）和崇禎（1628～1643）年間刻有《華嚴經》（40 卷）《法寶壇經》《寶雲經》《佛遺教經》《四十二章經》《大方廣總持寶光明經》《梵網經》《阿彌陀經》等。房山石經豐富了唐宋以來密教文獻的內容，為密教文獻研究提供了珍貴資料。現已出版的《房山石經》僅遼金時期的刻經就有 23 冊之多。房山石刻經保存幽州、涿州等商業、官紳和社會、政治、經濟、宗教文化等非常重要的資料，也為研究書法藝術提供珍貴的資料。

（二）遼金經幢、碑銘

　　河北和燕京地區佛教興盛，寺院多，而遺存的碑銘和佛塔也非常豐富。根據楊衛東先生的考證，房山雲居寺現存一通《重修雲居寺千人邑之碑》，此碑立於遼應曆十五年（965），碑陽刻「邑人」王正撰《重修范陽白帶山雲居

〔註88〕任傑：《房山石刻〈大智度經論〉整理記》，《房山石經之研究》，北京：中國佛教協會出版，1987 年，第 48～50 頁。

〔註89〕任傑：《房山石經中保存的契丹國慈賢譯經》，《房山石經之研究》，北京：中國佛教協會出版，1987 年，第 58～64 頁。

寺碑記》，碑陰刻千人邑邑首及邑眾的題名。這是目前金石文獻所見的對「邑會」的組織形式、邑旨、入會條件和捐施定例的記述。〔註90〕

楊衛東先生在《古涿州佛教刻石》中提及他書中收入古代佛教碑石一百七十八刻，其時限上起北魏，下迄清代，其中北魏四石，北齊一石，隨三石，唐二十三石，遼六十五石，金三十一石，元五石，明二十一石，清二十四石。從石刻種類上分，有碑碣、摩崖、造像、經版、經幢、塔銘等七種。〔註91〕

遼金佛教發展不僅顯密兼融，而且還繼續唐代建立經幢之傳統，遼金立經幢十分流行。遼金經幢的形制多為六角、八角，有的幢身為單層，有的為多層。幢身刻陀羅尼，還有序文和題記，序文一般包括所立經幢的名稱、立幢的目的、立幢人和立幢的時間等。幢分為經幢或墓幢，一般立於寺院、村落附近、個人宅院、高塔的地宮等處。經幢所刻陀羅尼經的為《佛頂尊勝陀羅尼》《無垢淨光陀羅尼》等。

遼經幢所刻陀羅尼經，多為《佛頂尊勝陀羅尼經》《準提陀羅尼》《金剛般若經》《多心經》《華嚴經》《智炬如來破地獄真言》《燒香真言》《昇天真言》《七懼藏佛母心大尊那真言》等。這與經文的宣說、密教經典流行和信眾的祈願有密切關係。1976 年在房山北鄭村遼塔內發現遼應曆五年（955）建經幢，平面八角形，由蓋頂、身、基座三部分組成，幢身刻漢文《佛頂尊陀羅尼經》及北鄭院邑建陀羅尼記等。遼統和二十三年（1005）立《重修雲居寺碑記》等，碑文是僧人釋智光撰。遼太平六年（1026）刻於房山石經山九層塔前《涿州石經山韓紹勳題記》。遼重熙二十年（1051）刻《北鄭村遼塔石函》，1977 年出土。遼清寧二年（1056）刻立《涿州超化寺沙門法慈修建實錄碑》，原存涿州市西管頭村超化寺內，現失佚。遼清寧四年（1058）立於石經山第七洞外的《涿州白帶山雲居寺東峰續鐫成四大部經記》（四部經，即《正法念處經》《大涅槃經》《大花嚴經》《大般若經》），現立雲居寺後白帶山雷音寺洞門前。遼清寧五年（1059）刻《藏經法幢》，今大定年間重新修繕重立，現藏涿州市文物保管所。遼清寧九年（1063）立《佛頂尊勝

〔註90〕參見楊衛東：《古涿州佛教刻石》，石家莊：河北教育出版社，2007 年，第 11 頁。

〔註91〕參見楊衛東：《古涿州佛教刻石》，石家莊：河北教育出版社，2007 年，第 24 頁。

陀羅尼幢》,現藏涿州市文物保管所。遼咸雍四年(1068)立《新贖大藏經香幢》,現藏涿州市文物保管所。遼大康元年(1075)刻《佛頂尊勝陀羅尼經幢》,原在河北涿州市,早已失佚。此幢拓片保存在國家圖書館,首題為「奉為先亡過父母特建《尊勝陀羅尼》幢」。遼大康六年(1080)立《藏掩感應舍利記碑》,原立於涿州城寺內,久佚,有拓本存世,首題「井亭院圓寂道場藏掩感應舍利記」,僧人普環撰文。金天會七年(1129)、金皇統四年(1144)刻《尊勝陀羅尼經》幢,2002 年在涿州城發現。天會十四年(1136)原立於房山石經山藏經洞的《沙門見嵩續造石經之記碑》,今佚,拓片藏在國家圖書館。金天眷三年(1140)刻《石經山雲居寺鐫藏經總經題字號目錄石》,1987 年被發現。金大定三年(1163)刻「韓珪建經幢」,幢身刻《淨法界陀羅尼真言》,原存河北固安縣,現失佚。

由於年代久遠,很多經幢、碑銘已經亡佚,也有一些經幢、碑銘的拓本被保存下來,可以參考《北京圖書館中國歷代石刻彙編》第 45、46 冊「遼金編」,《北京遼金史蹟圖志》《遼代石刻文編》《遼代石刻文編續》《全遼文》等資料。

五、宣化佛教文化遺存

自漢代以後,宣化地區的建制屢有變化。漢武帝時屬於幽州,唐武宗會昌年間置山北八軍,《遼史》載曰:「歸化州,雄武軍,上,刺史。本漢下洛縣。元魏改文德縣。唐升武州,僖宗改毅州。後唐太祖復武州,明宗又為毅州,潞王仍為武州。晉高祖割獻於遼,改今名。有桑乾河、會河川、愛陽川;炭山,又謂之陘頭,有涼殿,承天皇后納涼於此,山東北三十里有新涼殿,景宗納涼於此,唯松棚數陘而已;斷雲嶺,極高峻,故名。州西北至西京四百五十里。」〔註 92〕金朝改為宣化州,《金史》記載:「宣德州,下,刺史。遼改晉武州為歸化州雄武軍,大定七年更為宣化州,八年復更為宣德。戶三萬二千一百四十七。」〔註 93〕宣化屬於金西京路,也是佛教興盛的中心。

〔註 92〕 (元)脫脫等撰:《遼史》卷 41《地理志》(五),北京:中華書局標點本,1974年,第 510～511 頁。

〔註 93〕 (元)脫脫等撰:《金史》卷 24《地理志》(中),北京:中華書局標點本,1975年,第 567～568 頁。

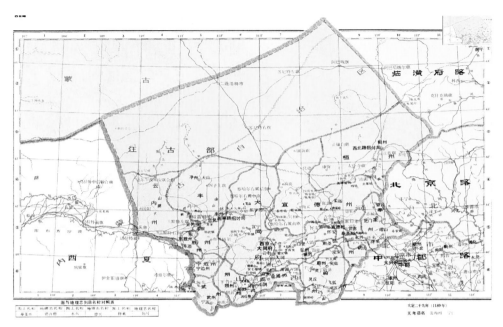

譚其驤《中國歷史地圖集》之金朝西京路（圖22）

　　自遼以來，宣化為幽州鎮山後四州之一，地理位置重要，遼歸化州雄武軍成為溝通燕、雲兩地的重要交通樞紐，其經濟繁榮，社會相對穩定，佛教興盛，建寺較多，有遼建蔚州金河寺、聖因寺等。

（一）道殿弘法活動

1、道殿與金河寺

　　遼代金河寺沙門道殿在金河寺弘法活動，並撰寫完成《顯密圓通成佛心要集》。《顯密圓通成佛心要集》對後世和周邊產生很大影響。

　　《顯密圓通成佛心要集》被後世視為密教典籍，並入藏流行，它最早被收錄在《磧砂藏》〔註94〕中，之後《洪武南》〔註95〕、《永樂南藏》〔註96〕、《永樂北藏》〔註97〕、《徑山藏》〔註98〕、《乾隆大藏經》〔註99〕、《頻伽精舍

〔註94〕《磧砂藏》第 522 冊，「功」字函。
〔註95〕《洪武南藏》「更」字函。
〔註96〕《永樂南藏》「營」字函。
〔註97〕《永樂北藏》「封」字函，北京：線裝書局，2000 年，第 137 冊，第 1～82頁。
〔註98〕《徑山藏》又名《嘉興藏》，「封」字函。
〔註99〕《乾隆大藏經》第 128 冊，「說」字函，第 561～616 頁。

大藏經》〔註100〕等中對其皆有收錄。《顯密圓通成佛心要集》還傳入西夏，其漢文本殘卷在黑水城文獻中得以保存。

　　道㲀，字法幢，俗姓杜，今山西大同人，有關其記載很少，只能從一些零散記載窺見道㲀一生。《顯密圓通成佛心要並供佛利生儀後序》：「今我親教和尚，諱道㲀，字法幢，俗姓杜氏，雲中人也。家傳十善，世稟五常。始從齠齔之年，習於儒釋之典。天然聰辯，性自仁賢。博學則侔羅什之多聞，持明則具佛圖之靈異。禪心鏡淨，神遊華藏之間，戒體冰清，行出塵勞之外。加以霜松潔操，水月虛襟。曲己利人，輕身為法。恒思至理，匿在筌蹄。每念生靈，憒於修證。由是尋原討本，採異搜奇，研精甫僅於十旬，析理遂成於一卷，號之曰《顯密圓通成佛心要》，並《供佛利生儀》。」〔註101〕

　　陳覺撰寫的《顯密圓通成佛心要集》序文也載：「今顯密圓通法師者，時推英悟，天假辯聰。齠齔禮於名師，十五歷於學肆，參禪訪道，博達多聞。內精五教之宗，外善百家之奧，利名不染，愛惡非交。」〔註102〕

　　道㲀的家庭比較重視教育，他從小就拜師學習，接觸儒釋文化薰陶。後來出家為僧，其博學可與鳩摩羅什大師相比，在靈異方面則又具有佛圖澄名聲。最後集錄或撰寫完成《顯密圓通成佛心要》和《供佛利生儀》。

　　《顯密圓通成佛心要集》中標注道㲀為五臺山金河寺沙門，此處的五臺山不是指山西五臺山，而是指河北省蔚縣、涿鹿縣境內的太行山支脈的小五臺山。遼時西京道小五臺山之金河寺成了遼代皇家活動地區。小五臺山是遼的佛教聖地，分布於河北省蔚縣、涿鹿縣境內的太行山支脈，為與山西五臺山相區別而稱小五臺或東五臺。

　　《蔚州志》卷四「地理志」之「山川」記載：「五臺山在城東一百里，其山五峰突起，俗稱小五臺，又曰東五臺，以別於晉之清涼山。」〔註103〕還載：「金河在五臺山，源出北臺下，經橫山掌，過金河寺前，西北流數里浸入沙中，《宣鎮志》：石色黃映水如金色……金河寺泉在東五臺山北臺寺，寺踞山

〔註100〕《頻伽精舍大藏經》「秘密部」「成」十四，第128冊，第98～104頁。

〔註101〕閻鳳梧主編：《全遼金文》（上中下），太原：山西古籍出版社，2002年，第448～449頁。又見道㲀集：《顯密圓通成佛心要集》（下），《大正藏》，第46冊，第1955號，第1006頁中欄。

〔註102〕（遼）道㲀集：《顯密圓通成佛心要集》（下），《大正藏》，第46冊，第1955號，第989頁中欄。

〔註103〕察哈爾省《蔚州志》卷4，臺北：成文出版社，清光緒三年刊本影印，1968年，第57頁。

腰，茂林千株，環其左右，山頂有細泉，從寺外入，曲穿階砌間，遊者歎為奇絕也。」〔註104〕

　　道殿在厭倦了都城的生活，歸隱到人煙稀少的山林，山林應指小五臺山，把多年積累編輯成書，才有「積累載之勤悴，窮大藏之淵源，撮樞要而誠誦在心，剖義理而若指諸掌，以謂所閱大小之教，不出顯密之兩途」的記載。小五臺山是遼代佛教聖地，在當時影響很大，皇室成員還到五臺山金河寺飯僧禮佛，《遼史》卷13《遼聖宗本紀》載：「九月癸卯，幸五臺山金河寺飯僧。」〔註105〕遼代另一位僧人行均也是在小五臺山撰寫完成著名的《龍龕手鏡》。道殿自都城歸隱小五臺山，也是因為該地佛教興盛，道殿來小五臺山已是暮年，即大約在壽昌三年（1097）以後。《顯密圓通成佛心要集》也成為具有五臺山佛教文化象徵的文獻之一。使他成為遼代著名的高僧之一，顯密兼修，他的思想對同時代不同地域和後世產生很大影響。

　　道殿提倡顯密結合，選擇華嚴學與準提法為顯密二宗的心要，他在唐譯準提儀軌基礎上，結合五臺山的佛教文化信仰與自身修持心得揉合成為新準提法儀軌。如藍吉富先生所說：「道殿在顯教方面擅長華嚴宗學，密教方面則熟悉準提等法門，被譽為『顯密圓通法師』」。〔註106〕《顯密圓通成佛心要集》的流行正是遼代奉聖州一帶顯密思想融合與流行的見證之一。

2、道殿在燕京弘法

　　道殿有「顯密圓通法師」之名號，且在燕京永安寺從事弘法活動。永安寺是遼代燕京著名的寺院，也是顯密兼弘的道場。《燕京永安寺釋迦舍利塔碑記》（壽昌三年）載：「內有舍利戒珠二十粒，香泥小塔二千，《無垢淨光》等陀羅尼五部，水晶為軸。大遼壽昌三年三月十五日，顯密圓通法師道殿之所造也。」〔註107〕

〔註104〕察哈爾省《蔚州志》卷4，臺北：成文出版社，清光緒三年刊本影印，1968年，第64頁。

〔註105〕（元）脫脫等撰：《遼史》卷13《聖宗本紀》（四），北京：中華書局標點本，1974年，第143頁。

〔註106〕藍吉富：《〈顯密圓通成佛心要集〉與準提信仰》，楊曾文等編：《佛教研究中心論叢》，北京：中國社會科學院，2001年。

〔註107〕閻鳳梧主編：《全遼金文》（上中下），太原：山西古籍出版社，2002年，第776頁。向南編：《遼代石刻文編》，石家莊：河北教育出版社，1995年，第475頁。

《至元辨偽錄》卷五《聖旨特建釋迦舍利靈通之塔碑文》也載：

> 初，舊都通玄關北，有永安寺，殿堂廢盡，惟塔存焉。觀其名額「釋
> 迦舍利之塔」，考其石刻，大遼壽昌二年三月十五日，顯密圓通法師
> 道殿之所造也。內有舍利戒珠二十粒，香泥小塔二千，《無垢淨光》
> 等陀羅尼經五部，水晶為軸。因罹兵火，荒涼蕪沒，每於淨夜，屢
> 放神光，近居驚惶，疑為失火，即而仰視，煙焰卻無，乃知舍利威
> 靈，人始禮敬。奉御禿列奏其祥瑞，上聞而信之，欲增巨麗，俾開
> 舊塔，發而詳視，果有香泥小塔，下啟石函，中有鐵塔，內貯銅瓶，
> 香水盈滿，皎然鮮白，色如玉漿，舍利堅圓，燦若金粟。前二龍王
> 跪而守護，案上五經宛然無損，金珠七寶，異果十種，列而供養。
> 瓶底獲一銅錢，上鑄「至元通寶」四字。乃知聖人制法，預定冥中，
> 待時呈顯，開乎天意。即至元八年三月二十五日。帝后閱之，愈加
> 崇重，即迎其舍利，立斯寶塔。〔註108〕

在壽昌三年（1097）道殿負責修建「釋迦舍利靈通之塔」在永安寺內，在壽昌二年（1096），建永安寺，大概道殿也參與佛寺的修建，之後在永安寺住持，才有第二年建造「釋迦舍利靈通之塔」的記載。道殿在遼燕京弘法是他生命中重要時期，他收徒傳法，宣說顯密圓通之法。他的嗣法弟子性嘉就「親蒙其教誨」，撰寫序文的陳覺也是親近佛法，得到道殿法師的教誨。

陳覺為《顯密圓通成佛心要集》撰序文，他已有「宣政殿學士、金紫榮祿大夫、行給事中、知武定軍節度使事、上護軍、潁川郡開國公、食邑三千戶同修國史」等頭銜。〔註109〕陳覺還撰寫《秦晉國妃墓誌》（咸雍五年），《秦晉國妃墓誌》收入《遼代石刻文編》之中，有「翰林學士、中散大夫、行中書舍人、簽諸行宮都部署司事、輕車都尉、賜紫金魚袋臣」〔註110〕，說明其地位比較高，且信仰佛教。陳覺在《遼史》有載，陳覺與遼皇族的關係是非常密切，在道宗時受到皇室的重視。這既說明遼時佛教的興盛，皇室成員和官員士大夫信仰佛教。這一點在宣化墓的發掘也證實了這一點。

〔註108〕（元）祥邁撰：《辯偽錄》，《大正藏》第 52 冊，第 2116 號，第 779 頁中欄。
〔註109〕向南編：《遼代石刻文編》，石家莊：河北教育出版社，1995 年，第 308 頁。
〔註110〕向南編：《遼代石刻文編》，石家莊：河北教育出版社，1995 年，第 340 頁。
　　　　閻鳳梧主編：《全遼金文》（上中下），太原：山西古籍出版社，2002 年，第
　　　　387 頁。

（二）宣化遼墓文物遺存

現張家口遺存各類文物遺跡近八千處，其中有國家級重點文物保護單位二十八處，省級重點文物保護單位百餘處。截止 2010 年全市各級單位館藏文物近 2 萬件，既有著名古驛站城址、元中都遺址，也有著名的遼代墓葬群出土文物、文獻豐富，墓室壁畫豐富多彩。

1974～1993 年間河北文物考古所對位於張家口宣化市下八里村的遼代墓葬進行考古發掘，包括張世卿墓（M1）、張恭誘墓（M2）、張世本墓（M3）、韓師訓墓（M4）、張世古墓（M5）、張姓墓（M6）、張文藻墓（M7）、張姓墓（M9）、張匡正墓（M10）等進行考古發掘。不僅發掘出土大量墓葬物品，而且還有保存完好的墓室彩繪壁畫、陀羅尼經等。壁畫共計 90 多幅，300 多平方米，是我國獨一無二和極為珍貴的。出土的 50 多件悉曇體陀羅尼，如《般若波羅蜜多心經》《六字大明陀羅尼經》《五字大明陀羅尼經》《準提陀羅尼經》《準提觀音陀羅尼經》《智炬如來心破地獄真言》《佛說生天陀羅尼》《阿閦如來滅輕重罪障陀羅尼》《佛頂熾盛如來陀羅尼》《轉生淨土陀羅尼》《觀世音菩薩滿願陀羅尼》《觀自在如意輪陀羅尼》等。〔註111〕

宣化遼墓除了出土的佛教經典和陀羅尼以外，還有被譽為「地下藝術長廊」，據宣化文保所所長介紹，壁畫人物有漢人裝束，也有契丹人裝束，內容涉及天文、服飾、音樂、舞蹈、繪畫、體育、茶道、佛教、建築、家具、法式、衣冠等多個領域，從不同角度反映了遼代社會的經濟、文化、宗教和民族文化融合等。

〔註111〕河北省文物研究所編：《宣化遼墓：1974～1993 年考古發掘報告》，北京：文物出版社，2001 年，第 352～360 頁。

宣化遼墓壁畫備茶圖〔註112〕（圖23）

宣化遼墓壁畫穹窿頂蓮花圖（圖24）

〔註112〕圖片來自 2015 年 11 月 25 日張家口新聞網，鄭曉娟主編：《張家口宣化遼墓
　　　　壁畫：地下藝術長廊》，檢索日期 2018 年 12 月 6 日。

宣化遼墓壁畫局部生活場景（圖 25）

宣化遼墓壁畫是中國北方所見繪畫藝術的代表，1993 年度被國家文物局評為全國十大考古心發現之一，1996 年下八里墓群被國務院評為第四批全國重點文物保護單位，1996 年被國務院公布並載入北京中華世紀壇青銅甬道之上。

六、定州佛教文化遺存

宋遼金時期中山府即原來的定州，建隆元年（960），以易北平並來屬。太平興國初（976～983），改定武軍節度，本定州。慶曆八年（1048），始置定州路安撫使，統定保深祁、廣信、安蕭、順安、永寧八州。政和三年（1113），升為府，改賜郡名曰中山。中山府有著悠久的佛教發展歷史和佛教發展基礎，儘管宋遼時期，中山府地處在北宋和遼的邊境地區，但佛教信仰依然興盛。

由於時間悠久和戰亂等因素，很多寺院不存，但也有一些佛塔卻保存下來，定州開元寺塔，北宋咸平四年（1001）修建，是為了收藏寺僧會能往天竺求得舍利而建。《定州志》記載：「開元寺僧會能，嘗往西天竺取經，得舍利子，宋真宗咸平四年（1001）詔建塔。會能懂其役，伐材於嘉山，至仁宗至和二年（1055）始成。高十三級，圍六十四步，蓋築以望契丹者，故又名料敵塔。」﹝註 113﹞因為宋遼戰事頻繁，佛塔的修建也時斷時續，建成以後，塔又作為瞭望塔。

﹝註 113﹞《定州志》（據清道光二十九年刊本影印）卷 5《地理·古蹟》，見《中國方志叢書·華北地方》，臺北：成文出版有限公司，1969 年，第 524～525 頁。

　　開元寺塔是八角樓閣式磚塔，由塔基、塔身、塔剎三部分組成，塔身十一級，從下而上逐層收縮，是內外雙層的佛塔，內外塔體之間形成迴廊。內塔一層現存北宋大型佛教人物壁畫、金剛經函、有明代鑄的銅造像。清光緒十年（1884）毀壞最為嚴重，塔的東北角從上至下全部塌落。1985 年國家文物局撥款加固修復，2003 年完成。

修復後的開元寺塔（圖 26）　　開元寺塔塌落後形狀（圖 27）

開元寺塔內遺存宋代壁畫（圖 28）

　　定州淨眾院建於北宋端拱元年（988），而塔則建於北宋至道元年（995），今塔已不存，僅存塔基和地宮，地宮呈方形，磚築，面積 7.2 平方米，高 2.34 米，頂口蓋有石雕歇山式屋頂，南壁券門兩側繪天王像，北壁繪涅槃圖，釋迦牟尼右側偃臥，周邊繪姿態各異的奔喪弟子等，東西兩壁繪禮佛圖。地宮中共清理出瓷器 55 件，金銀器、石刻等 50 件。這些器物的出土，對研究北宋初期以及南北朝、隋、唐時期的經濟、佛教文化和喪葬文化提供了一批寶貴的實物資料。淨眾院塔基地宮 1969 年發現並發掘，現為全國重點文物保護單位。

淨眾院宋代涅槃圖〔註114〕（圖 29）

　　定州靜志寺建於北宋太平興國二年（977），塔寺皆不存，僅保存塔基和地宮。塔基全高 2.34 米，牆高 1.1 米。地宮坐北朝南，呈不規則的方形，東壁長 2.2 米，西壁長 2.1 米，北壁長 2.17 米。宮門為磚砌拱券式，門寬 0.63 米，門距東壁 0.81 米，距西壁 0.76 米。磚砌覆斗式封頂，頂口蓋一石雕歇山式屋頂。地宮內藏自北魏、隋、唐至宋太平興國年間歷代所藏的供養舍利和各種遺物，1969 年發掘，出土文物豐富，包括佛骨舍利、宋代壁畫和定州瓷器等。

〔註114〕此圖來自 https://baike.baidu.com/，2019 年 12 月 30 日檢索。

靜志寺地宮藏隋大業二年（606）鎏金銅函（圖 30）

靜志寺隋鎏金銅函蓋頂護法像（圖 31）

靜志寺隋鎏金銅函一側菩薩像（圖 32）

定州靜志寺所藏隋代舍利函蓋〔註 115〕（圖 33）

〔註 115〕此圖來自 www.douban.com/note/50，檢索日期 2019 年 12 月 30 日。

定州博物館藏阿育王塔（圖 34）

淶水慶化寺華塔（圖 35）

　　慶化寺在河北淶水縣，慶化寺華塔具有遼代（907～1125）建築特色，是中國遺存古塔中的精品，具有很好的研究價值和文物保護價值。華塔現為全國重點文物保護單位。慶化寺建於何時具體無考，古寺院無存，現在新建寺院。華塔為磚石結構，塔基也是磚石須彌座，勾欄的欄板上雕有各式的幾何圖案，束腰處各角雕皆有力士像，每面的壺門處雕有形態各異的伎樂。從第一層簷以上至塔頂是由八層磚砌小佛龕構成的圓形它簷，每個小佛龕上部雕有壽桃，排成三角形。自第二層至第七層，每層十六個佛龕，第八層縮減為八個，再往上一次縮減，形成圓形塔剎。慶化寺華塔與正定華塔又有很大差異。

淶水縣西崗塔〔註116〕（圖 36）

　　淶水縣西崗塔始建年代不詳，塔平面呈八角形，十三層密簷式磚結構，通高三十六米，須彌座式基座，下有八角形磚砌臺基，其束腰雕有騰龍角柱和間柱，柱間為素面壺門，從造像風格、結構特點看應為遼代遺構。第一層塔身高五米，八角施倚柱，二至十二層塔身較矮，各簷之間距離相等，西崗塔造型挺拔俊秀，結構雄偉壯觀。此塔集樓閣式塔和密簷式塔於一體，兼有經幢裝飾，是遼、金磚塔中不可多得的實例。

〔註116〕圖片來自 https://baike.baidu.com/，檢索日期 2019 年 11 月 2 日。

　　淶水興文塔建築形式為八角五級閣樓式實心磚塔，此塔由須彌座，塔身、塔剎三部分組成。第一層塔身最高，以上每層高度均勻遞減，全塔除角梁外，均採用仿木構件。須彌座下枋刻仰蓮，上枋刻俯蓮。用磚條砌成空，八個龜角刻花紋，裝飾華麗。塔頂呈八角攢尖式。塔剎建在小型須彌座上，須彌座上用磚砌成受花，受花內置鐵鑄八棱型覆體，覆體上飾四節鐵鑄塔剎，塔剎第一節頂端為蓮花。第二節、第三節、第四節為寶珠。明代嘉靖年間由僧道共同主持對佛塔的維修，1982 年被河北省確定為省級重點文物保護單位。2005年，在爭取各級政府的支持下，對該興文塔進行了修繕完成。

淶水興文塔（圖 37）

　　除了宋遼金時期定州保存到古塔外，在河北其他地方也保存豐富的古塔、古寺，如始建於遼太平十一年（1031）和大安八年（1092）涿州雙塔（南塔智度寺塔和北塔雲居寺塔）；豐潤遼代壽峰寺塔；景縣北宋元豐二年（1079）建開福寺舍利塔；冀州衡水北宋初年建寶雲塔，是一座穿心與空心相結合的木塔；易縣遼乾統三年（1103）始建聖塔院塔，在明清重修的八角十三級密簷式實心磚塔；高碑店存遼建開善寺的大雄寶殿；臨城縣北宋皇祐三年（1051）

修建普利寺塔，為方形七級密簷式仿木磚塔，由地宮、塔身、塔剎三部分組成，全塔有1041尊佛像。

　　張家口蔚縣南安寺塔，是遼代的八面十三級實心密簷磚塔，相傳始建於北魏，現存遼代重建遺存。南安寺塔塔高28米，塔基為石條疊砌面成，塔身置於蓮花座之上。塔身第一層較高，各隅皆有塔柱，四周相間設拱形隔扇門與小窗，頂部雕盤龍，盤龍之上又有磚斗拱。二層以上變低。各層都懸有鐵馬，微風吹過，叮咚有聲。塔頂雕飾蓮花，承托剎身。南安寺塔，是蔚縣著名的文物景觀之一，2001年被國務院公布為全國重點文物保護單位。

蔚縣南安寺塔（圖38）　　　　　　　易縣聖塔院塔（圖39）

　　盧龍縣《佛頂尊勝陀羅尼經》幢，始建於唐代，重修於金大定九年（1169），現為金代遺存，共7層，高10.35米，幢身上鐫刻經文、佛像和經變故事等。

盧龍陀羅尼經幢（圖 40）

此外，在北響堂山還保存一座佛塔，始建於宋代的北響堂寺塔，明重修，現在見到的影為明代磚塔。

北響堂寺塔（圖 41）

　　除了河北保存眾多佛塔以外，還保存遼金時期古鐘，保定鐘樓的古鐘，保定鐘樓創始年代最晚不遲於金朝，明宣德年間（1426～1435）重修後，稱「宣德樓」，成化年間重修後又稱「千雲樓」，清康熙四十二年（1703）重修後，又稱「鳴霜樓」，現為保定市內最古老的大型木式建築，全國重點文物保護單位。樓內藏有非常獨特的大鐘，高 2.55 米，口徑 2 米，唇厚 17 釐米，重 8 噸，是金大定二十一（1181）鑄造，採用我國傳統的無模鑄造法澆鑄而成，鐘壁銘文記載了金朝重臣名諱，並有佛教及八卦紋飾，具有非常重要的文物價值和藝術研究價值。

保定鐘樓（金大定二十一年）（圖 42）

邢臺開元寺大鐘（金大定二十四年）（圖 43）

除了保定保存的金朝大鐘外，在信德府邢臺開元寺也保存一口金朝鑄造的大鐘，鑄造於金大定甲辰歲，即大定二十四年（1184），高 2.7 米，下沿圍長 7.2 米，鐘厚約 0.2 米，重 15 噸，鐘壁上部鑄有日、月、人、獸、牛、魚等十二種圖案，與十二宮相對應，還有八卦圖，鐘壁上銘文有鑄鐘監製人、資助人和工匠名字、身份等。

保定保存金朝大鐘與邢臺開元寺保存金朝大鐘在鑄造年代上僅僅相差 3 年，鑄造大鐘的形制和銘文內容等都體現了佛道融合的內容，這為研究金朝鑄造藝術、佛道融合文化提供了極好的素材。

宋遼金時期，河北成為統治者中心地區，今北京開始成為都城之一，遼金時的南京或燕京成為其政治、經濟和文化中心。遼金統治者崇尚佛教，佛教成為各個階層的信仰，他們在今河北和北京境內廣建寺院佛塔，繼續刻經活動，繼唐之風修建經幢，為國家祈福，為信眾消災。

　　總之，宋遼金時期，佛教的中心隨著政治中心的變化也發生了很多的變化，在真定、宣化、涿州、豐潤、冀州、定州等逐漸成為佛教中心，各地遺存的寶貴佛教文化資源成為研究其佛教文化、社會生活、民族文化融合等珍貴材料，也是發展各地旅遊文化和提升旅遊文化內涵的寶貴資源。